Kohlhammer

Die Autorin

Prof. Dr. Heidrun Kiessl, Juristin und Dipl. Heilpädagogin FH, ist zertifizierte systemische Therapeutin und Beraterin (SG). Seit 2011 ist sie Professorin für Heilpädagogik und Beratung an der Fachhochschule der Diakonie in Bielefeld unter anderem mit den Schwerpunkten Methoden, internationale Konzepte der Heilpädagogik und Systemische Beratung. Sie forscht zur Lebensqualität in Familien mit einem lebensverkürzend erkrankten Kind. Zuvor arbeitete sie unter anderem mehrere Jahre als Heilpädagogin im heilpädagogischen Fachdienst einer Psychosomatischen Fachklinik für Familienrehabilitation, als wissenschaftliche Referentin im Max-Planck-Institut für ausländisches und internationales Strafrecht und Kriminologie sowie in verschiedenen Einrichtungen der Jugendhilfe.

Heidrun Kiessl

Systemische Ansätze in der Heilpädagogik

Verlag W. Kohlhammer

Dieses Werk einschließlich aller seiner Teile ist urheberrechtlich geschützt. Jede Verwendung außerhalb der engen Grenzen des Urheberrechts ist ohne Zustimmung des Verlags unzulässig und strafbar. Das gilt insbesondere für Vervielfältigungen, Übersetzungen, Mikroverfilmungen und für die Einspeicherung und Verarbeitung in elektronischen Systemen.

Die Wiedergabe von Warenbezeichnungen, Handelsnamen und sonstigen Kennzeichen in diesem Buch berechtigt nicht zu der Annahme, dass diese von jedermann frei benutzt werden dürfen. Vielmehr kann es sich auch dann um eingetragene Warenzeichen oder sonstige geschützte Kennzeichen handeln, wenn sie nicht eigens als solche gekennzeichnet sind.

Es konnten nicht alle Rechtsinhaber von Abbildungen ermittelt werden. Sollte dem Verlag gegenüber der Nachweis der Rechtsinhaberschaft geführt werden, wird das branchenübliche Honorar nachträglich gezahlt.

Dieses Werk enthält Hinweise/Links zu externen Websites Dritter, auf deren Inhalt der Verlag keinen Einfluss hat und die der Haftung der jeweiligen Seitenanbieter oder -betreiber unterliegen. Zum Zeitpunkt der Verlinkung wurden die externen Websites auf mögliche Rechtsverstöße überprüft und dabei keine Rechtsverletzung festgestellt. Ohne konkrete Hinweise auf eine solche Rechtsverletzung ist eine permanente inhaltliche Kontrolle der verlinkten Seiten nicht zumutbar. Sollten jedoch Rechtsverletzungen bekannt werden, werden die betroffenen externen Links soweit möglich unverzüglich entfernt.

1. Auflage 2019

Alle Rechte vorbehalten
© W. Kohlhammer GmbH, Stuttgart
Gesamtherstellung: W. Kohlhammer GmbH, Stuttgart

Print:
ISBN 978-3-17-033064-1

E-Book-Formate:
pdf: ISBN 978-3-17-033065-8
epub: ISBN 978-3-17-033066-5
mobi: ISBN 978-3-17-033067-2

Inhaltsverzeichnis

1	Einleitung	9
	1.1 Die Entstehungsphase Systemischer Ansätze und Begriffsklärungen	9
	1.2 Systemische Therapie und Systemische Beratung	12
	1.3 Zielsetzung des Buches	13
	1.4 Systemische Ansätze in den Heilpädagogik – Ausgangsüberlegungen	14
	1.4.1 Systemisches Denken und Handeln in der Heilpädagogik	15
	1.4.2 Systemische Ansätze in ihrer Anwendung in der Heilpädagogik	16
	1.5 Die Motivation für dieses Buch	17
	1.6 Gliederung	19
2	Theoriebasierte Reflektion Systemischer Ansätze zur Orientierung im heilpädagogischen Handeln	21
	2.1 Verschiedene systemtheoretische Konzepte der interdisziplinären Systemtheorie	21
	2.2 Die Kybernetik erster und zweiter Ordnung	22
	2.3 Das Prinzip der Autopoiese lebender, psychischer und sozialer Systeme	24
	2.4 Konstruktivismus: Die Konstruktion menschlicher Erfahrungs- und Wirklichkeitsräume	25
	2.4.1 Radikaler Konstruktivismus	26
	2.4.2 Sozialer Konstruktionismus	27
	2.4.3 Soziologische Systemtheorie nach Niklas Luhmann	28
	2.4.4 Synergetische Systemtheorie	31
	2.5 Zusammenfassung	32
3	Heilpädagogik im Umgang mit Beeinträchtigung: Die Betrachtung von Problemen unter systemischer Perspektive	36
	3.1 Systemischer Umgang mit Problem und die Schnittstelle zur Heilpädagogik	39
	3.2 Zusammenfassung	41

4	Schnittstellen heilpädagogischer und systemischer Haltungen	42
4.1	Heilpädagogisch-systemische Haltungen in der Praxis	45
4.2	Schnittstellen zwischen Heilpädagogischer Haltung und systemischen Haltungen	46
4.3	Die Basis systemisch-heilpädagogischer Gesprächsführung und entsprechender Haltungen	48
4.3.1	Aktives Zuhören, Gewahr Sein, Nachfragen und alle im Blick haben	49
4.3.2	Fragen Stellen und Neutralität	49
4.3.3	Neutralität als Haltung und ihre Nutzbarkeit in der Heilpädagogik	50
4.3.4	Feinfühligkeit	51
4.3.5	Mentalisieren	52
4.4	Zusammenfassung	53

5	Methodenschätze Systemischer Ansätze	54
5.1	Der Anfang der Beratung	54
5.1.1	Das Joining	54
5.1.2	Die Klärung des Kontexts: der Überweisungskontext	54
5.1.3	Vom Anlass über das Anliegen zum Contracting (Auftragsklärung)	55
5.2	Prozessorientierung	62
5.3	Die Magie der Fragen und das systemische Interview	65
5.3.1	Systemisches Interview und entsprechende Frageformen	66
5.3.2	Zusammenfassung	70
5.4	Hypothesen und Hypothetisieren	71
5.4.1	Hypothetisieren im Beratungsprozess	72
5.4.2	Intervention	74
5.4.3	Kritik am Hypothetisieren	78
5.4.4	Abschließende Empfehlung	78
5.5	Lösungsfokussierung und Lösungsorientierung	78
5.5.1	Entstehung der lösungsfokussierten Kurztherapie	78
5.5.2	Grundlagen der Lösungsfokussierung	79
5.5.3	Lösungsfokussierte Sprache	82
5.5.4	Forschung zu Wirksamkeit und Grenzen der SFBT	85
5.5.5	Lösungsfokussierung und Heilpädagogik	86
5.6	Ressourcenorientierung	87
5.7	Geschichten erzählen	90
5.8	Das Reflecting Team (dt. Reflektierendes Team): Der Vielstimmigkeit einen Ausdruck geben	91
5.8.1	Entstehung und Umsetzung	91
5.8.2	Reichweite und Einsatzmöglichkeiten	92
5.8.3	Offener Dialog und Multilog	92

		5.8.4	Kompetenzen der Unterstützter – Reflecting Team und Mehr	95
	5.9		Genogramm-, Biografie- und Rekonstruktionsarbeit	95
		5.9.1	Genese der Genogramm- und Beziehungsstrukturarbeit	96
		5.9.2	Das Genogramm als grafische Darstellung der Familie	97
		5.9.3	Grundüberlegungen zur Genogrammarbeit	100
		5.9.4	Der Einsatz der Genogrammarbeit	101
	5.10		Systemökologischer Ansatz	108
		5.10.1	Systemökologischer Ansatz in der Heilpädagogik	108
		5.10.2	Der Familienrat	113
		5.10.3	Ökosystemische Therapien	114
		5.10.4	Systemökologischer Ansatz in Bezug zur heilpädagogischen Praxis	115
		5.10.5	Die Heilpädagogin als Netzwerkerin	116
	5.11		Systemisch-gestalterische Methoden (Skulpturen, Malen, Inszenieren)	116
		5.11.1	Relevanz analoger und non-verbaler Methoden und kreative Mittler	117
		5.11.2	Prozessorientierung und der Einsatz gestalterischer Methoden	119
		5.11.3	Abschließende Empfehlung	128
	5.12		Weitere systemische Interventionen	129
		5.12.1	Der Schlüssel zur richtigen Intervention	129
		5.12.2	Das gute Ende finden: Beendigung, Abschlüsse, Abschied in Beratung oder Begleitung	136
		5.12.3	Wirksamkeit Systemischer Ansätze	138
6	Transfer Systemischer Ansätze in der Heilpädagogik			140
	6.1		Systemische Ansätze als Bereicherung in allen Feldern heilpädagogischen Handelns	144
	6.2		Grundlagen der Systemischen Heilpädagogik	149
		6.2.1	Grenzen der Systemischen Ansätze in der Heilpädagogik	149
		6.2.2	Sprachliche und kognitive Ressourcen	153
		6.2.3	Profession, Kompetenzen, Passungen	155
7	Fazit und Ausblick			158
Literatur				161
Abbildungsverzeichnis				170

1 Einleitung

In diesem Kapitel werden die Entstehungsphasen Systemischer Ansätze und der Bezug zu systemischem Denken und Handeln in der Heilpädagogik beschrieben. Dabei werden grundlegende Begriffe geklärt und ein kurzer historischer Überblick gegeben. Die Zielsetzung dieses Buches, die Motivation der Autorin sowie der ›rote Faden‹ in Form einer abschließenden Gliederungsübersicht wird vorgestellt.

1.1 Die Entstehungsphase Systemischer Ansätze und Begriffsklärungen

Der Systemische Ansatz ist einer der am weitesten verbreiteten Therapie- und Beratungsansätze, der Einzug in vielfältige Arbeitsfelder gefunden hat wie unter anderem in Beratung, Therapie, Supervision, Organisationsentwicklung, Pädagogik oder Pflege. Dahinter steht insbesondere eine bestimmte Art, die Wirklichkeit zu sehen und daraus Herangehensweisen für Beratung oder Therapie abzuleiten, um Kommunikation zu ermöglichen und Lösungsprozesse aus der Selbstorganisation heraus für manifeste Probleme anzustoßen (vgl. Systemische Gesellschaft 2016).

Historisch entstand die systemische »Familientherapie« in der 40er Jahren des 20. Jahrhunderts aus den Bedarfen und Bedürfnissen, die damals psychoanalytisch geprägte und als begrenzt erlebte Psychotherapie aus der Praxis heraus – zunächst ohne Theoriefundierung – zu erweitern (Kriz 2009), die Familie in die Therapie einzubeziehen, um Unsicherheiten zu reduzieren, Kooperation zu erreichen und Veränderungen nachhaltiger zu ermöglichen. Die ursprünglichen Ansätze der Familientherapie – zunächst bezogen auf das spezielle Setting der Beteiligung der Familie im Unterschied zur Einzeltherapie – waren pragmatisch angelegt mit dem Fokus auf praxistaugliche Konzepte und der Entwicklung von Methoden und Techniken.

In Abbildung 1 werden zur Hinführung zwei der Ansätze der frühen Familientherapie beschrieben, auf die im Folgenden an verschiedenen Stellen Bezug genommen wird (▶ Abb. 1).

Methoden beziehen sich im Folgenden auf die Art und Weise des Vorgehens und sind immer bezogen auf ein Regelsystem aufbauendes Verfahren, das zur Erlangung von Erkenntnissen oder praktischen Ergebnissen dient (Duden 2018). Die Gründerväter und Gründermütter der heutigen Systemtherapie hinterließen ein reichhaltiges

1 Einleitung

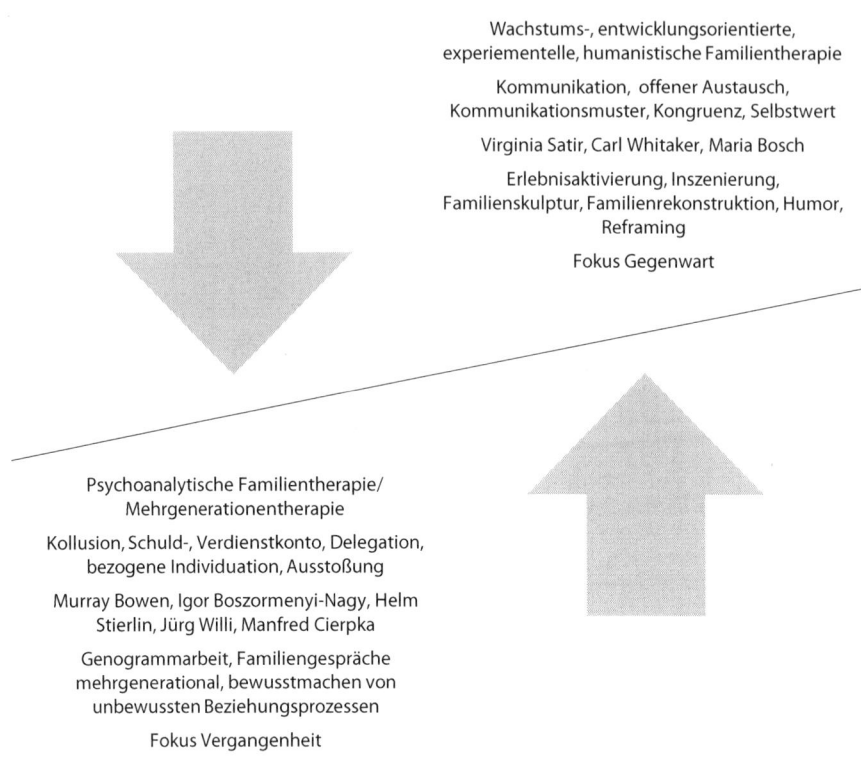

Abb. 1: Frühe Ansätze (1970 +), eigene Darstellung

und noch immer aktuelles Erbe an methodischen Schätzen, auf die insbesondere in Kapitel 5 ausführlich Bezug genommen werden wird. Folgende Übersicht dient der ersten Orientierung der ersten Ansätze der systemischen Familientherapie (▶ Abb. 2) unter Bezugnahme auf die Kybernetik erster Ordnung (ausführlich ▶ Kap. 2).

Bis in die 80er Jahre des 20. Jahrhunderts wandelte sich die Familientherapie begrifflich und inhaltlich hin zur Systemischen Therapie unabhängig vom Setting Familie. So konnte sie zunehmend in unterschiedlichen Systemen, Subsystemen oder Settings mit einer maßgeblich systemischen Herangehensweise, Haltung und Methodik der Therapeutin bezogen auf das zu unterstützende (Klienten-)System und auf die Umwelt eingesetzt werden (▶ Abb. 3). Diese Ansätze beziehen sich in ihrer theoretischen Verortung auf die Kybernetik zweiter Ordnung (ausführlich ▶ Kap. 2).

Nach Molter (2016, 23) ist Systemische Therapie »ein psychotherapeutisches Verfahren, dessen Fokus auf dem sozialen Kontext psychischer Störungen liegt. Dabei werden zusätzlich zu einer Indexperson (identifizierte Person mit ›Diagnose‹ oder Problem) weitere Mitglieder des für den Patienten bedeutsamen sozialen Systems einbezogen«. Im Unterschied zu den traditionellen Schwerpunkten der Familientherapie mit dem Fokus auf der innerfamiliären Interaktion und Beziehungsqualität erschließen sich in der systemischen Therapie darüber hinaus Kontexte wie Gemeinschaft, Gesellschaft, sozio-ökonomischer und kultureller Hintergrund.

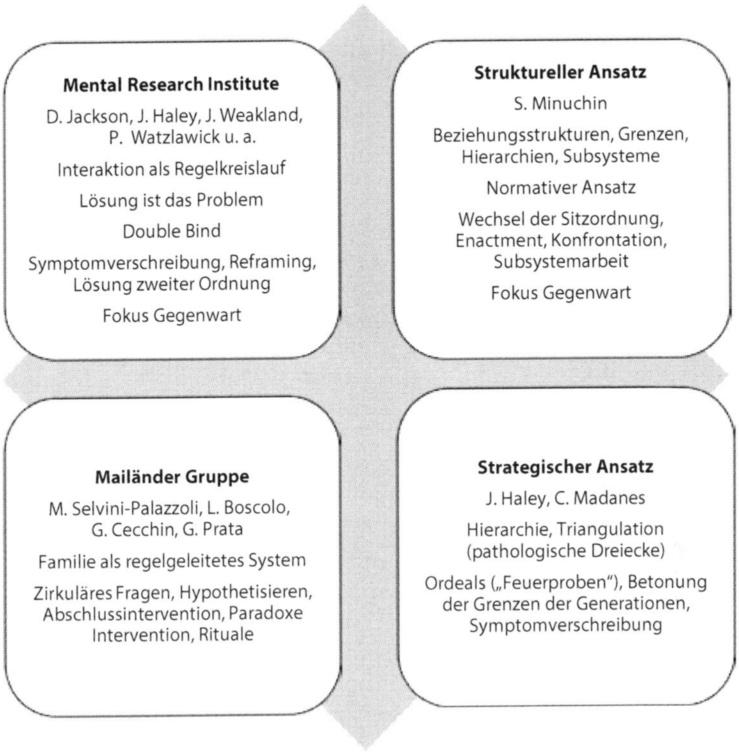

1.1 Die Entstehungsphase Systemischer Ansätze und Begriffsklärungen

Mental Research Institute
D. Jackson, J. Haley, J. Weakland, P. Watzlawick u. a.
Interaktion als Regelkreislauf
Lösung ist das Problem
Double Bind
Symptomverschreibung, Reframing, Lösung zweiter Ordnung
Fokus Gegenwart

Struktureller Ansatz
S. Minuchin
Beziehungsstrukturen, Grenzen, Hierarchien, Subsysteme
Normativer Ansatz
Wechsel der Sitzordnung, Enactment, Konfrontation, Subsystemarbeit
Fokus Gegenwart

Mailänder Gruppe
M. Selvini-Palazzoli, L. Boscolo, G. Cecchin, G. Prata
Familie als regelgeleitetes System
Zirkuläres Fragen, Hypothetisieren, Abschlussintervention, Paradoxe Intervention, Rituale

Strategischer Ansatz
J. Haley, C. Madanes
Hierarchie, Triangulation (pathologische Dreiecke)
Ordeals („Feuerproben"), Betonung der Grenzen der Generationen, Symptomverschreibung

Abb. 2: Methodenschätze ausgewählter Systemischer Ansätze (Kybernetik I) (1970 +), eigene Darstellung

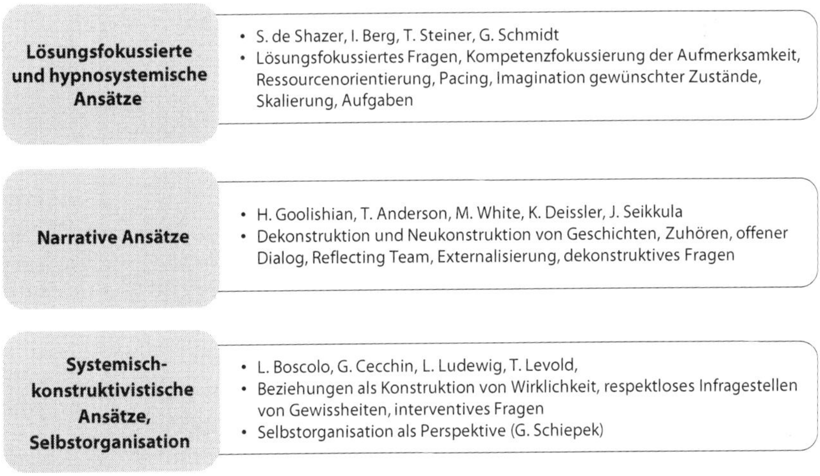

Lösungsfokussierte und hypnosystemische Ansätze
- S. de Shazer, I. Berg, T. Steiner, G. Schmidt
- Lösungsfokussiertes Fragen, Kompetenzfokussierung der Aufmerksamkeit, Ressourcenorientierung, Pacing, Imagination gewünschter Zustände, Skalierung, Aufgaben

Narrative Ansätze
- H. Goolishian, T. Anderson, M. White, K. Deissler, J. Seikkula
- Dekonstruktion und Neukonstruktion von Geschichten, Zuhören, offener Dialog, Reflecting Team, Externalisierung, dekonstruktives Fragen

Systemisch-konstruktivistische Ansätze, Selbstorganisation
- L. Boscolo, G. Cecchin, L. Ludewig, T. Levold,
- Beziehungen als Konstruktion von Wirklichkeit, respektloses Infragestellen von Gewissheiten, interventives Fragen
- Selbstorganisation als Perspektive (G. Schiepek)

Abb. 3: Methodenschätze ausgewählter Systemischer Ansätze (Kybernetik II) (1980 +), eigene Darstellung

Mittels einer Kontextualisierung wird beleuchtet, welche Auswirkungen die nun »weiter gefassten Systeme und der soziale Kontext« auf das Leben der Menschen haben. Einbezogen werden angrenzende Systeme und ihre Ressourcen. Es interessiert die System-Umwelt-Beziehung (Molter 2016, 22). Folgende Abbildung beschreibt exemplarisch aktuellere Weiterentwicklungen Systemischer Ansätze (▶ Abb. 4), auf die in diesem Buch an anderer Stelle noch ausführlicher Bezug genommen wird (▶ Kap. 5).

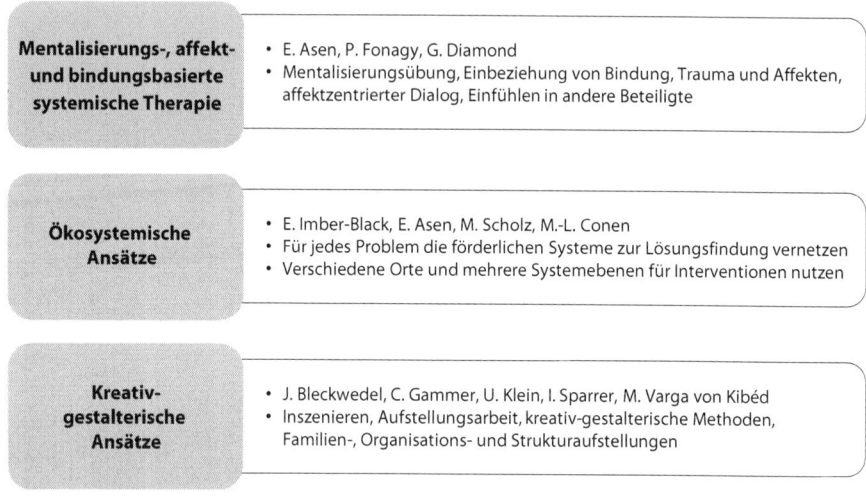

Abb. 4: Neuere Entwicklungen (1990+), eigene Darstellung

1.2 Systemische Therapie und Systemische Beratung

Systemische Therapie ist Systemische Beratung im besonderen Kontext, nämlich ein Heilverfahren im Gesundheitswesen und in der Psychotherapie. Sobald über diesen Kontext hinaus einzelne oder mehreren Menschen unterstützt werden, Lösungen für von ihnen identifizierte Probleme zu finden, befinden sich diese in Systemischer Beratung (sehr ausführlich Schlippe & Schweitzer 2016, 31).

Systemische Therapie und alle daraus abgeleiteten systemischen Beratungsformate widmen sich Ansatzübergreifend dem »Schaffen von Bedingungen für Selbstorganisationsprozesse auf allen Systemebenen« (Rufer & Schiepek 2014, 328). Eine Schwierigkeit einer klaren Definition ist gegeben, jedoch auch in anderen Therapieansätzen zu finden (Schiepek 2013, 10). Der Begriff Systemische Therapie beschreibt eine theoretische Orientierung und kein bestimmtes therapeutisches Setting – so gibt es systemische Einzeltherapie, Paartherapie, Gruppentherapie, usw. (Sydow, Beher, Retzlaff & Schweitzer 2006, 14). Unterschiedliche Fachrichtungen (wie zum Beispiel Physik, Biologie, Philosophie, Soziologie, Psychologie, Medizin) speisten und speisen mit ihren interdisziplinären systemwissenschaftlichen Erkenntnissen die Theoriebildung und Fundierung sowie die Entwicklung entsprechend systemisch ausgerichteter Methoden, die mittlerweile nicht nur im therapeutischen Setting, sondern vor allem auch in Beratung und anderen psychosozialen und auch wirtschaftsbezogenen Handlungsfeldern angewendet werden. Neue Sichtweisen und Haltungen konnten sich in diesen Handlungsfeldern daraus etablieren.

1.3 Zielsetzung des Buches

Dieses Buch hat das Ziel, professionelles heilpädagogisches Handeln und die heilpädagogische Beratungspraxis in der jeweiligen Vorgehensweise durch Begründungen aus den Systemischen Ansätzen heraus zu legitimieren und Synergien zwischen heilpädagogischem und systemischen Denken und Handeln herzustellen, die sich für die heilpädagogisch-systemische Praxis in unterschiedlichen Handlungsfeldern nutzbar machen lassen. Grundprinzipien wie Feinheiten des systemisch-heilpädagogischen Arbeitens werden illustriert. Gemeinsame Grundlagen, Haltungen, Sichtweisen, Kernkompetenzen, aber auch Grenzen von Methodenintegration genauso wie die Erforderlichkeit von Methodenanpassungen oder Neukreation an der Schnittstelle Systemischer Ansätze an die Heilpädagogik werden diskutiert.

Der Begriff Ansatz

Laut dem Duden ist ein Ansatz technisch betrachtet ein Verlängerungsstück, aber auch ein erstes sichtbares Zeichen, also die Stelle, wo ein Körperteil oder Glied ansetzt, beginnt.

Der Begriff System

Ein System (griechisch systema = das Gebilde, das Zusammengestellte, das Verbundene) meint einen »Zusammenhang von Teilen, deren Beziehungen untereinander quantitativ intensiver und qualitativ produktiver sind als ihre Beziehungen zu anderen Elementen« (Schlippe & Schweitzer 2016, 31). Von seinen Umwelten werden Systeme durch Grenzen unterschieden, das heißt, ein System ist von seiner Umwelt abgegrenzt.

Systemische Denkansätze und systemische Forschung betrachten nicht einzelne Phänomene und deren lineares oder kausales Ursache-Wirkungsverhältnis. Systeme sind aus einzelnen Teilen zusammengesetzte Einheiten, die in Beziehung zueinanderstehen. Sie werden zirkulär betrachtet. Die Stabilität und Funktionalität von Systemen in ihrer evolutionären Entwicklung sowie ihre Verknüpfung mit der Umwelt wird von Systemtheoretikern als Reflexionsfolien betrachtet, die Deutungen zum Verstehen der Eigengesetzlichkeit von Systemen liefern können.

1.4 Systemische Ansätze in den Heilpädagogik – Ausgangsüberlegungen

Denken und Handeln mit systemischem Blick, also systemische Praxis, kann Ausgangspunkt für heilpädagogisches Handeln sein. Wo ergänzt es die Heilpädagogik als pädagogische Disziplin und Profession in ihrer Methodenvielfalt sinnvollerweise, ohne zum selbstverständlichen Bestandteil zu werden oder gerade als selbstverständlicher Bestandteil? Wo ›beißt‹ sich das ›Ansetzen‹ möglicherweise?

Beratende Tätigkeit wird in den verschiedenen heilpädagogischen Settings zunehmend als Schlüsselkompetenz und Aufgabe abgerufen. Sie ist dann ein »genuiner Bestandteil« unterschiedlicher Handlungsfelder (Greving & Ondracek 2013, 7). Laut Mutzeck ist Beratung »eine spezifische Interaktions- und Kommunikationsform zwischen einem Ratsuchenden und einem Berater, die strukturiert, planvoll, fachkundig und methodisch geschult durchgeführt wird« (Mutzeck 2007, 39). Beratung erfordert eigene Kompetenz (Speck 2008, 383; Mutzeck 2007) und es kann nicht entsprechende Beratungskompetenz als beruflich-fachliche Kompetenz jeder Heilpädagogin per se zu geschrieben werden (so Häußner 2016). Es ist mit Greving & Ondracek zu hinterfragen, ob Beratung im Kontext des heilpädagogischen Handelns ein eigenständiges Handlungsfeld darstellt (Greving & Ondracek 2013, 22) oder dem jeweiligen Setting als Arbeitsmethode zuzuordnen ist. Beratung kann in der Heilpädagogik zum alltäglichen Handlungsfeld gehören und/oder als spezifische Beratungsdienstleistung angeboten werden.

Bedarfe, Anlässe und Kontexte von Beratung sowie der damit verbundene Aufbau heil- und sozialpädagogischer Beratungsstellen nehmen zu (Wagner 2012, 287). Das neue Bundesteilhabegesetz (BTHG) formuliert unabhängige Teilhabe-Beratung für Menschen mit Behinderung als Dienstleistung zur Unterstützung in der Wahrnehmung eigener Belange, vgl. § 32 SGB IX. Heilpädagoginnen können die Funktion der unabhängigen Teilhabeberatung sehr gut übernehmen und werden auch dazu angefragt. Ferner besteht in diesem Handlungsfeld Beratungsbedarf für Angehörige und Netzwerke der Adressatinnen von Leistungen. Dazu kommt die Beratung und möglichst gelingende Kommunikation an den Schnittstellen Leistungserbringer, Nutzerinnen und Eingliederungshilfeträger.

Heilpädagogisches Handeln vollzieht sich über die gesamte Lebensspanne hinweg und diesbezügliche Beratungsbedarfe erfordern von den professionell agierenden Heilpädagogen den Aufbau von entsprechenden Beratungskompetenzen.

Insbesondere im heilpädagogischen Handlungsfeld im Umgang mit Kindern, Jugendlichen und Familien setzen interdisziplinär aufgestellt Profis und ganze Organisationen auf Systemische Ansätze, in denen somit Heilpädagoginnen zumindest sprachfähig oder auch umfänglich weitergebildet sein sollten, um überhaupt Zugang zu entsprechende Stellenausschreibungen zu haben.

1.4.1 Systemisches Denken und Handeln in der Heilpädagogik

In der Heilpädagogik lässt sich der Systemische Ansatz (als Denk- und Handlungsansatz) mit den sich vollziehenden Paradigmenwechseln des letzten Jahrzehntes verknüpfen und für heilpädagogisches Handeln nutzbar machen. Behinderung und besondere Herausforderung wird in der Heilpädagogik heute immer als Wechselspiel von Interaktionen und im Kontext des sozialen Umfeldes betrachtet. Die Heilpädagogik vertritt das soziale Modell von Behinderung. Umweltfaktoren beeinflussen die Konstruktion und die Auswirkungen einer Beeinträchtigung im Leben von Kindern, Jugendlichen und Erwachsenen über die gesamte Lebensspanne hinweg.

Menschen versuchen wiederum, sich den Umweltbedingungen und dem Kontext anzupassen, so dass die Umwelt in ein Gleichgewicht kommt, selbst wenn der Preis dafür individuelles Leid sein sollte (Systemische Gesellschaft 2016). Otto Speck für die Heilpädagogik und Alfred Sander für die Integrationspädagogik haben in der Heil- und Sonderpädagogik metatheoretischen Boden für systemisch-ökologisches Denken bereitet, das in konkretem systemischen Arbeiten einmünden kann, wie zum Beispiel in der von Alfred Sander entwickelten Kind-Umfeld-Analyse. Er konzipierte diese als systemökologische Förderdiagnostik zur Mobilisierung der kindlichen Netzwerke in den Regelschulen der 80er Jahre des letzten Jahrhunderts im Saarland (Sander 2003). Weitergehende kritische Forderungen nach Veränderungen der Gesellschaft, wie sie Wolfgang Jantzen, Vertreter der kritisch-materialistischen Theorie zu Behinderung, formuliert, fußen unter anderem auf systemisch-konstruktivistischen Ideen (Moser & Sasse 2008). In seine Theorie zu Behinderung bezieht Wolfgang Jantzen (systemisch-)konstruktivistisches Denken ein. Heinrich Greving setzte sich mit konstruktivistisch begründetem Handeln in der Heilpädagogik auseinander (2011, 38 ff). Ein grundlegendes Buch zum Konstruktivismus und der Auseinandersetzung mit dem Verständnis von Behinderung haben Holger Lindemann & Nicole Vossler schon 1999 vorgelegt – es trägt den bezeichnenden Titel »Die Behinderung liegt im Auge des Betrachters«. Das systemische Denken hat schon über zwanzig Jahre lang immer mal wieder die Heilpädagogik inspiriert und sowohl theoretischen als auch praktischen Boden bereitet.

Heute ist es allgemein und in der Heilpädagogik anerkannt, dass der allein individuumszentrierte (oftmals defizitorientierte) Blick auf Adressatinnen von Unterstützungsleistung oder auf Klientinnen nicht mehr zielführend ist. Das traditionelle Verständnis von Behinderung als Defizite einer Person stößt zunehmend an fachliche Grenzen. Diese Perspektive wurde abgelöst, da sie weiteren, nun deutlich sozialpolitisch artikulierten und gesetzlich vollzogenen Bedarfen nach

Teilhabe und Inklusion sowie der Einbeziehung des Kontexts der begleiteten Person, der Familie, dem Lebensumfeld wie Schule oder Arbeitsstelle, dem Sozialraum und dem Gemeinwesen als theoretische Reflexionsfolie nicht mehr ansatzweise gerecht wird.

Insbesondere in der Klinischen Heilpädagogik können Systemische Ansätze sehr gut eingesetzt werden (vgl. Kiessl 2015). Aber unter Einbezug einzelner bedeutsamer Aspekte kann jedes andere heilpädagogische Arbeitssetting und jede Facette an heilpädagogischem Handeln dazu gewinnen. Heilpädagogisches Handeln kann an systemisches Denken anknüpfen, mit dem damit verbundenen radikalen Ansatz, dass anvisierte Veränderungen nicht von außen gesteuert oder herbeigeführt werden können. Somit knüpft Heilpädagogisches Denken und Handeln immer an Selbstorganisationsprozesse an und verabschiedet sich von jedem überstülpenden, überfürsorglichen und nicht mehr zeitgemäßen Paternalismus. Jede diesbezügliche heilpädagogische Intervention ist nur zielführend, wenn sie dem System Impulse setzt, sich aus sich selbst heraus zu verändern und in Bewegung zu kommen und ein neues Gleichgewicht zu finden. Heilpädagogisches Handeln kann in seiner Begründung systemisch sein, das heißt aus systemtheoretischen Überlegungen abgeleitet werden.

Beratung suchende Menschen werden in der Systemischen Beratung als Expertinnen für ihre selbst zu organisierenden Angelegenheiten betrachtet. Die Beraterin ist Expertin für den Beratungsprozess. So verschränkt sich der Ansatz mit dem in der Heilpädagogik angekommenen Fokus auf Selbstermächtigung, also Empowerment, einem Konzept der Schwesterdisziplin Soziale Arbeit (Herriger 2014), das in der Bürgerrechtsbewegung von Selbstvertreterinnen in den Vereinigten Staaten von Amerika entwickelt wurde, in viele Länder exportiert wurde und das als Konzept in entsprechend formulierte Menschenrechteverträge wie auch in die UN-Behindertenrechtskonvention Eingang gefunden hat (Theunissen 2014; Kulig & Theunissen 2016).

Prozessorientierte Systemische Beratung ermöglicht Empowerment im Sinne von Selbstbefähigung, Selbstorganisation und Mündigkeit. Das Erleben von Selbstwirksamkeit und Autonomie durch die ›Steuerhoheit‹ der Klientinnen für die Beratungs-, Begleitungs- wie Therapieinhalte wird ermöglicht und gefördert (ausführlich ▶ Kap. 5).

1.4.2 Systemische Ansätze in ihrer Anwendung in der Heilpädagogik

Der Systemische Ansatz stellt als eine anwendungsorientierte Vorgehensweise über metatheoretische Anknüpfungen und Reflexionsfolien hinaus vor allem methodisches Handwerkszeug für zeitgemäßes und reflexives heilpädagogisches Handeln in verschiedenen Settings zur Verfügung, das in diesem Buch genauer beschrieben wird, mit dem Ziel, systemisch-heilpädagogisches Handeln durch systemisches Denken, systemische Beratungsmethoden und -techniken, Haltung u. v. m. miteinander zu verzahnen und weitere Schnittstellen zu beleuchten.

Dazu formuliert Gröschke (2008, 215), »dass heilpädagogisches Handeln im Rahmen solcher Handlungskonzepte eine Sphäre und ein Medium von *Begegnung/*

Beziehung/Interaktion/Kooperation/Kommunikation, bzw. sein sollte: Ein von Respekt und Achtung getragener kooperativer Prozess gemeinsamen *Lebens, Lernens, Arbeitens, Spielens*, einer umfassenden ›heilpädagogischen‹ Daseinsgestaltung«. Letzteres betrifft genauso die heilpädagogische Beratungsgestaltung. Geht es um Begegnung, Beziehung, Interaktion, Kooperation und Kommunikation, sind die Übergänge zwischen Begleitung und Beratung oftmals in der Praxis fließend.

Leitend sind die Fragen: »Wie gehe ich als Heilpädagogin vor und wie begründe ich mein Vorgehen? Nach welchen Regeln und Techniken berate oder begleite ich, und auf welchen theoretischen Vorannahmen stützte ich mein Handeln?« Das professionelle heilpädagogische Handeln ist dabei nicht beliebig. Es ist in seinen Facetten von Erziehung, Bildung, Entwicklungsbegleitung, Therapie bis zu der Gestaltung inklusiver Prozesse oder Teilhabebegleitung und Assistenz wertgeleitet. Es sollte sich seiner Ziele reflexiv bewusst sein und sich auch vor anderen legitimieren können (Gröschke 2008, 81).

Um als Profession Heilpädagogik in der Jugend- und Behindertenhilfe für Arbeitgeber attraktiv zu bleiben oder zu werden, ist es wichtig, dass Heilpädagoginnen systemisches Handwerkszeug nutzen können, um sich mit Systemischen Ansätzen »sprachfähig« zu zeigen und gleichzeitig ihre heilpädagogische Professionalität einzubringen. Gerade in zunehmend interdisziplinär aufgestellten Teams oder im in seiner Bedeutsamkeit wachsenden vernetzten Arbeiten bei komplexen Problemlagen und Kooperationen können sie Systemische Ansätze praktizieren, mit ihrem heilpädagogischen Knowhow verknüpfen und sich damit etablieren. Heilpädagogen arbeiten nämlich nicht nur ›am Kind‹, sondern mit dem Kind, seiner ganzen Familie und seinem ganzen Unterstützungsnetzwerk – oder mit der Adressatin und ihrem Lebensumfeld, was in manchen Praxisfeldern unserer Profession auch heute noch nur sehr begrenzt zugestanden oder zugeschrieben wird oder durch zeitlich und ökonomisch begrenzte Ressourcen gehemmt wird.

1.5 Die Motivation für dieses Buch

Die Motivation für dieses Buch entspringt aus der bereichernden Erfahrung der Begleitung von Familien, Kindern und Jugendlichen in einer psychosomatischen Fachklinik für Familienrehabilitation im heilpädagogischen Fachdienst, an der Schnittstelle zwischen meiner Tätigkeit als Diplom Heilpädagogin und als Systemische Therapeutin sowie meiner langjährigen Tätigkeit als Professorin für Heilpädagogik in der Vermittlung systemischer Familienberatung an Studierende in überwiegend berufsbegleitenden Studiengängen der Heilpädagogik sowie anderer Studiengänge im Sozial- und Gesundheitswesen. In ihren Grundprofessionen von der Pflege, der Assistenz von Menschen mit Beeinträchtigung über Heilerziehungspflege, erzieherischer Tätigkeiten, in Bereichsleitungs- oder Leitungsfunktionen, in der Familienhilfe oder in einer Beratungsstelle empfinden viele Studierenden die Auseinandersetzung und das Erlernen Systemischer Ansätze als inspirierend und bereichernd für ihre Arbeit.

An den dort stattfindenden Fallbesprechungen, der Beratungswerkstatt und der Supervision nehmen Studierende teil, die während ihres Studiums in ihren Ausgangsberufen im Sozial- oder Gesundheitswesen arbeiten, in ihren Lehr-Lernanalysen einen direkten Theorie-Praxis-Transfer leisten können und also den unmittelbaren Mehrwert, den Systemische Ansätze mit ihren Methodenschätzen in die beratende Tätigkeit sowie in Teams oder Organisationen entfalten, erfahren. Andere neue Sichtweisen, eigene persönliche Reflektion und Wachstum, Perspektivenwechsel und Veränderung werden genauso erlebt wie bei den Adressatinnen, deren Angehörigen und Netzwerken. Es wird die Lebenswelt der Adressatinnen (nicht nur der Familien) systemisch betrachtet und zum Ausprobieren von Neuem eingeladen.

Uns Lehrenden (meinem Kollegen Eckehard Herwig-Stenzel und mir) wurde über die Jahre immer deutlicher, dass besonders die bei uns berufsbegleitend studierenden Heilpädagoginnen von dem Transfer in verschiedenste Praxisfelder (Erziehungsberatung, Frühförderung, heilpädagogische Praxis, Werkstatt für Menschen mit Behinderung, Behindertenhilfe, Inklusionsassistenz, Schule, Jugend- und Familienhilfe u. v. m.) durch die direkte Umsetzung der erworbenen Beratungskompetenz profitieren. Die Studierenden können viele Synergien zwischen Heilpädagogik und Systemischen Ansätzen herstellen, diese konstruktiv und innovativ für das heilpädagogische Handeln nutzen, indem sie sich systemisches Vorgehen und neue Sichtweisen sowie veränderte Perspektiven direkt in der Arbeit erschließen. Die wesentlichen Ansätze, die uns Lehrende und die Studierenden inspirierten, werden in diesem Buch beschrieben.

> **Begriffserklärungen**
>
> In diesem Buch wird der Begriff Klientin dann verwendet, wenn er in der systemischen Literatur in ihren historischen Zusammenhängen so gebräuchlich war im Sinne einer Bezugnahme von einer Klientin zu ihrer Therapeutin als Expertin. Darüber hinaus verwende ich statt ›Klientin‹ überwiegend den neutraleren Begriff der ›Adressatin‹ oder den an der Selbstorganisation orientierten zeitgemäßen Begriff der ›Auftraggeberin‹ einer Leistung, einer Dienstleistung, einer Unterstützungsleistung und von Beratung. In den Hilfeplanverfahren werden Leistungen eingefordert, die bestimmte Adressatinnen als Bedürfnisse formulieren und per Gesetz einfordern, sie werden dann zu Auftraggeberinnen für heilpädagogische oder andere psychosoziale Leistungen in ihrer originären Selbstorganisation.
>
> Der Begriff Kundin (customer), der in der lösungsfokussierten Beratung von Steve de Shazer verwendet wurde, um auszudrücken, dass jemand etwas von Beratung möchte und dafür offen ist, dies also entsprechend kundtut und so zur Kundin wird, findet hier keine Verwendung, da dieser Begriff marktwirtschaftlich geprägt ist und aus dem ökonomischen Kontext entspringt, was in der Heilpädagogik kritisch betrachtet wird, da sie sich damit den ökonomischen Prinzipien unterordnen würde (Haeberlin 2005, 79).

> **Zur gendergerechten Schreibweise**
>
> Weitgehend verwendet dieses Buch für Personen die weibliche Form der Schreibweise. Nur da, wo es konkret um eine Person männlichen Geschlechts geht, wird die maskuline Schreibweise gebraucht. Dies entspringt dem Bedürfnis der Autorin, die weibliche Form zu nutzen – schließlich ist die Heilpädagogik überwiegend weiblich. Ferner gibt es selten – wie im Fall der Autorin – originär aus der Profession Heilpädagogik stammende Professorinnen. Diese Verwendung soll ferner ausgleichen, dass in vielen anderen Publikationen weitgehend die männliche Form verwendet wird. Selbstverständlich sind in die Betrachtungen genauso männliche oder Transgender- Heilpädagogen eingeschlossen.

1.6 Gliederung

Nach diesem einführenden Kapitel 1 steht in Kapitel 2 die theoriebasierte Reflektion Systemischer Ansätze an, um heilpädagogisches Handeln theoretisch rückbeziehen zu können. Verschiedene systemtheoretische Konzepte der interdisziplinären Systemtheorie werden in ihrem Denken vorgestellt, wie die Kybernetik erster und zweiter Ordnung, der radikale Konstruktivismus, der Soziale Konstruktionismus, die soziologische Systemtheorie nach Luhmann sowie die Synergetische Systemtheorie. In Praxisbeispielen wird der Transfer in die Heilpädagogik beschrieben (▸ Kap. 2).

Anschließend befasst sich Kapitel 3 mit dem zentralen Thema der Heilpädagogik: ihrem Umgang mit Beeinträchtigung, Behinderung und anderen Zuschreibungen. In die Betrachtung von Problemen und den Umgang mit Diagnosen werden Systemische Ansätze einbezogen (▸ Kap. 3).

Die Schnittstellen zwischen der Heilpädagogischen Haltung und systemischen Haltungen arbeitet Kapitel 4 heraus. Systemisch-heilpädagogische Haltungen stehen in direktem Bezug zu konkretem heilpädagogischen Handeln unter Einbezug Systemischer Ansätze (▸ Kap. 4).

Daran anknüpfend werden im umfänglichen Kapitel 5 die Methodenschätze der Systemischen Ansätze und ihre Nutzbarkeit für die Heilpädagogik vorgestellt. Mittels Praxisbeispielen aus der Heilpädagogik wird der gelingende Transfer in verschiedene heilpädagogische Praxisfelder illustriert. Umschrieben werden der Anfang der Beratung, das Joining, die Klärung des Kontexts und die Auftragsklärung, der Kontrakt (▸ Kap. 5.1) und die Prozessorientierung (▸ Kap. 5.2). Ausführlich wird das systemische Fragen und das systemische Interview vorgestellt (▸ Kap. 5.3). Es wird das Hypothetisieren und seine Umsetzung in der Heilpädagogik beschrieben (▸ Kap. 5.4). Anschließend wird der gegenteilige Ansatz, die Lösungsfokussierung mit ihrer Schnittmenge mit der Heilpädagogik betrachtet (▸ Kap. 5.5). Erörtert werden ferner Ressourcenorientierung (▸ Kap. 5.6), Geschichten erzählen (▸ Kap. 5.7), das Reflecting Team (▶ Kap. 5.8), Offene Dialoge (▶ Kap. 5.8.3), Genogramm-, Biografie- und Rekonstruktionsarbeit, Netzwerkarbeit (▶ Kap. 5.9) und systemökologischer Ansatz (▶ Kap. 5.10), systemisch-gestalterische Methoden wie Inszenieren, Malen und Visualisieren, Aufstellungen (▶ Kap. 5.11) sowie weitere systemische Interventionen (▶ Kap. 5.12). Mit der Intention, ein gutes Ende zu finden in Beratung und in diesem Kapitel, widmet sich der Abschluss der Betrachtung der Beendigung von Beratung oder Begleitung (▶ Kap. 5.12.2).

Kapitel 6 befasst sich über die Nutzbarkeit Systemischer Ansätze für heilpädagogisches Denken und Handeln hinaus mit den Möglichkeiten zur Umsetzung und zum Transfer in die Heilpädagogik (▶ Kap. 6). Schnittstellen werden beleuchtet, Stärken werden herausgearbeitet, Grenzen werden ausgelotet und systemisch-heilpädagogische Kompetenzen der Profession skizziert und entsprechende Fachlichkeit eingefordert. Abgerundet wird dieses Buch in Kapitel 7 mit einem Fazit und Ausblick (▶ Kap. 7).

2 Theoriebasierte Reflektion Systemischer Ansätze zur Orientierung im heilpädagogischen Handeln

Dieses Kapitel befasst sich mit den wesentlichen Bestandteilen theoretischer Basis und den dadurch entstanden »Landkarten« (Rufer & Schiepek 2014, 329), die mit der erworbenen Orientierungskompetenz beim Transfer in die heilpädagogischen Handlungsfelder nützlich sein können. Diese Landkarten lesen und verstehen zu können, ist für die Umsetzung Systemischer Ansätze in die Praxis an vielen Stellen bedeutsam. Ein Blick in die Landkarte dient immer wieder dem Rückbezug und der Verortung heilpädagogischen Handelns nach Systemischen Ansätzen und der Reflektion der Vorgehensweise, dem Einsatz von Methoden, Interventionen bis hin zur Etablierung entsprechender Haltungen.

2.1 Verschiedene systemtheoretische Konzepte der interdisziplinären Systemtheorie

Die theoretische Fundierung des Systemischen Ansatzes und das systemischen Denken wurden von zwei Strömungen beeinflusst.

Die kommunikationsanalytische Theorie war der Dreh-und Angelpunkt für die ausstehende Theoriebasierung der »systemischen Familientherapie« vor allem am Mental Research Institute (MRI) in Palo Alto, Kalifornien. Das MRI wurde 1959 von Don D. Jackson gegründet und war mit seinen prominenten Mitarbeitern und Mitarbeiterinnen wie unter anderem Virginia Satir und Paul Watzlawick sowie seinem Mentor Gregory Bateson über Jahrzehnte richtungsweisend.

Mit den Grundeigenschaften menschlicher Kommunikation befassten sich dort in den 1960er Jahren vor allem der Kommunikationswissenschaftler und psychoanalytisch ausgebildete Psychotherapeut und Philosoph Paul Watzlawick (1921–2007), aber auch andere wie Janet H. Beavin und Don D. Jackson. Sie erarbeiteten fünf Axiome menschlicher Kommunikation, die sich auf das Verhalten in einer zwischenmenschlichen Situation unter Einbezug von verbalen und non-verbalen Aspekten beziehen mit dem Fokus auf stattfindende Kommunikationsprozesse (vgl. Watzlawick, Beavin & Jackson 1967). Diese bildeten die Grundlage für ihre Kommunikationstheorie. Unter anderem erkannten sie so, dass in der Kommunikation der Beziehungsaspekt immer den Inhaltsaspekt in einer Nachricht dominiert.

Darüberhinausgehend erweiterten der Anthropologe, Biologe und Sozialwissenschaftler Gregory Bateson (1904–1980) und andere den Beobachtungsrahmen über das Verhalten eines Individuums als Element von Kommunikation hinaus auf seine Psychodynamik sowie biologische Prozesse des Organismus als Netzwerke von Kommunikation und unter Einbezug des Kontexts (Ruesch/Bateson 1987). Gregory Bateson befasste sich insbesondere mit der Kybernetik, worauf im Folgenden noch ausführlicher eingegangen wird.

2.2 Die Kybernetik erster und zweiter Ordnung

Die Kybernetik als »Kunst des Steuerns« untersucht seit den 1950er Jahren des letzten Jahrhunderts die Steuerung zunächst von Maschinen, lebenden Organismen und sozialen Organisationen. Der Mathematiker Norbert Wiener (1894–1964) fungierte als Namensgeber (Wiener 1952).

Betrachtet wird das Verhalten der Elemente untereinander, unabhängig von der Materialität des jeweils untersuchten Gegenstands bezogen auf den interaktionellen Kontext und bezogen auf das Gesamte. Heute werden allgemeine Theorien komplexer Systeme, Systembiologie oder Selbstorganisationstheorien als Kybernetik erfasst (Schiepek 2013, 13).

Anfangs konzentrierte man sich auf die »systemische Modellierung der Welt« (Schiepek 2013, 13) als aus mehreren Teilen zusammengesetzte Einheiten, also Systeme (griechisch syn = zusammen, hinstanai = stellen, setzen, legen). Ein Beobachter nimmt das System aus der Außenperspektive wahr (entsprechend dem lange vorherrschenden Ideal objektiver Erkenntnis) und betrachtet nicht isoliert einzelne Objekte. Die aus mehreren Teilen zusammengesetzten Einheiten funktionieren im Miteinander nicht durch einfache Addition der Eigenschaften ihrer Teile. Die Regelung von Verhalten, sei es von Flugabwehrgeschützen, Heizungen (so der ursprüngliche Forschungsgegenstand), Automaten, Organismen oder Gruppen von Individuen, ist erst dann erklärbar, wenn die Rückkoppelungsprozesse im System beobachtet werden. In Letzteren wird Verhalten korrigiert, der Verlauf des Verhaltens wird beeinflusst, Störungen werden ausgeglichen oder verstärkt. Es bildet sich ein Regelkreis, dessen Elemente gegenseitig die Bedingungen ihres Verhaltens bestimmten. Auch bei komplexeren und dynamischen Systemen organisieren sich die Prozesse zirkulär auch in ihren Ursache-Wirkungserklärungen. Einem Ereignis oder dem Verhalten eines Teils des untersuchten Systems wird nicht die ›Verantwortung‹ in Bezug auf andere Ereignisse oder Verhaltensweisen der anderen Elemente eines Systems oder die ›Schuld‹ (ein bedeutsamer Begriff in sozialen Systemen) zugeschrieben. Betrachtet wird eine Ganzheit von Elementen in ihrem Netzwerk von wechselseitigen Beziehungen. Jedes Element bestimmt die Bedingungen aller anderen. Die Ursache kann die Wirkung sein und wieder Ursache werden, je nach Rückkoppelung. Das bedeutet, dass die Ursachen-Wirkungsverhältnisse nicht mehr linear zu betrachten sind, sondern Systeme werden zirkulär betrachtet.

2.2 Die Kybernetik erster und zweiter Ordnung

Untersucht werden in der Kybernetik erster Ordnung (Kybernetik I) Strukturen und Funktionen, Beziehungen und Positionen von Elementen zueinander innerhalb eines Gesamtgefüges, die Regeln ihrer Interaktion und Kommunikation. Die Stabilisierung (Homöostase) und die Veränderungen (Morphogenese) von Systemzuständen und Systemstrukturen werden in ihrer Gesetzmäßigkeit betrachtet. »Das Ganze erweist sich nicht nur als mehr, sondern als etwas qualitativ anderes als die Summe der Teile« (Simon 2015, 16, Bateson 1985).

Die frühe Systemtheorie ging davon aus, dass ein System danach strebt, einen Zustand des Gleichgewichts, ein Zustand der Homöostase herzustellen. Schon in den Anfängen der Familientherapie wurden die Konzepte der Kybernetik aufgegriffen, da man damals davon ausging, wie ein System ›wirklich‹ ist. Es hat Grenzen, Regeln, bildet Subsysteme und Koalitionen. Insbesondere die Vertreter und Vertreterinnen der strukturellen Familientherapie (wie zum Beispiel Salvador Minuchin) oder der Mailänder Schule (zum Beispiel Mara Selvini-Palazzoli) griffen dies auf. Sie fokussierten unter anderem auf Regeln, Strukturen und die Beobachtung von Mustern in den Interaktionen des Klientensystems und setzen in ihren Interventionen bewusste Anregung und Verordnung im Sinne von Instruktion von neuem oder anderem Verhalten bis hin zum Einsatz von Irritation ein, um Veränderungen anzustoßen und um daraus wieder eine neue Stabilität, eine neue Homöostase zu entwickeln.

Die Kybernetik zweiter Ordnung (Kybernetik II) relativierte später den Glauben an eine objektive Erkenntnis der außenstehenden Beobachterin (Beraterin) und der Festlegung bestimmter Regelgrößen als »gesunde Sollwerte«, wie zum Beispiel Nähe und Distanz oder Hierarchie oder Grenzen. Die Beobachterin und ihre Erkenntnismöglichkeiten sind Teil des Kontexts, den sie beobachtet und konstruiert. Die Beraterin wird selbst Teil des Systems und verliert so ihren Status als Expertin (Foerster 1981).

Das Verständnis der Beobachterin von der ›Sache‹, dem ›Verhalten‹, dem ›Prozess‹, den ›Strukturen‹ oder ›Grenzen‹ des Systems ist nur eine von vielen möglichen Optionen, also konstruiert und relativ. Eine Veränderung ist somit nicht instruierbar, nicht von außen steuerbar oder vorhersehbar oder durch ein simples Verstellen des Reglers auslösbar, das heißt nicht durch die Beraterin zielgerichtet steuerbar.

So werden in der Kybernetik zweiter Ordnung (Kybernetik II) die kybernetischen Prinzipien auf die Kybernetik selbst bezogen (das heißt in der zweiten Ordnung). Dieser Schritt vollzog sich Anfang der 1980er Jahre einhergehend mit der Umbenennung der Familientherapie in Systemische Therapie und der Verabschiedung der Notwendigkeit des Settings ›Familie‹.

Untersucht wird, wie menschliche Erkenntnis organisiert ist. Das heißt, die erfassten Regelkreise werden in Beziehung gesetzt zu der Gesamtheit aller anderen Systeme. Betrachtet wird dann die Umweltkomplexität. Die Beobachterin (also Beraterin) ist in das zu beobachtende System eingeschlossen. Fokussiert wird nun auf Prozesse statt Strukturen und auf Ganzheiten statt auf Teile (Levold 2014a, 53). Mittels weiterer ›außenstehender‹ Beobachterinnen (zum Beispiel einem Reflecting Team, ▶ Kap. 5.8, oder dem Einbezug einer Supervisionsgruppe) werden weitere Hypothesen anhand der beobachtenden Interaktionen im Beratungssystem (Beraterin als nicht objektive Beobachterin erster Ordnung sowie die Adressatinnen) aufgestellt und nutzbar gemacht.

2.3 Das Prinzip der Autopoiese lebender, psychischer und sozialer Systeme

Die Biologen Humberto Maturana (geboren 1928) und Francisco Varela (1946–2001) entwickelten in der Biologie in den 1970er Jahren das Konzept der Autopoiese (griechisch = Selbst-Erzeugung). Dieses Konzept beleuchtet die Selbsterschaffung und Selbstorganisation lebender Systeme. Die beiden Biologen und Neurowissenschaftler erkannten, dass sich alle Lebewesen sowohl in ihren einzelnen Bestandteilen als auch in ihrer Organisation der Beziehungen zwischen ihren Bestandteilen produzieren und reproduzieren – als einen sich selbst erzeugenden und auf sich selbst rückbezüglichen Prozess.

Im Rahmen experimenteller Forschung beobachteten Maturana und Varela (1987), dass ein Ereignis, das als außerhalb eines lebenden Systems liegend definiert wird, auf das System keine Einwirkung im Sinne einer festgelegten Ursache-Wirkungsbeziehung hat. Das heißt, ein Ereignis kann nur als eine Anregung fungieren, die bei einem lebenden System Verhalten auslöst, es aber keineswegs steuern.

Lebende Systeme stehen im Austausch mit ihrer Umwelt. Sie sind aber autonom. Ferner sind sie strukturell determiniert. Ihre jeweils aktuelle Struktur gibt vor, in welchen Grenzen sich ein Lebewesen verändern kann, ohne seine autopoietische Organisation zu verlieren, also zu sterben. Alleiniger Zweck autopoietischer Systeme ist die eigene Selbsterhaltung. Alle anderen Behauptungen über ihren Sinn werden durch Beobachterinnen an sie herangetragen. Lebende Systeme sind somit operational und organisatorisch geschlossen (Maturana & Varela 1987; Lindemann & Vossler 1999). Hier führen Rückkoppelungsprozesse nicht allein zur Regulierung von einzelnen physikalischen Variablen, wie zum Beispiel der Raumtemperatur beim Thermostat, sondern zur Bildung gegenüber irgendwelchen Umwelten abgegrenzten Einheiten, also Systemen (Simon 2015, 34). Selbstorganisation als Konzept ermöglicht das Verständnis von der Entstehung, Aufrechterhaltung und Entwicklung von Ordnungsmustern (Hagmann 1994, 55).

Die Arbeiten von Maturana und Varela zur Erkenntnis und Wissenschaftstheorie haben die Heilpädagogik durch neuere Systemische Ansätze befruchtet, wie Günther Opp und Franz Peterander schon 1997 notierten (Opp & Peterander 1997).

Bezogen und hier fokussiert auf den Transfer zum heilpädagogischen Handeln zeigt die so begründete Selbstreferenz des Adressatensystems (zum Beispiel einer Familie oder Wohngemeinschaft), oder einer Organisation (zum Beispiel einem Träger der Behindertenhilfe) die Grenzen und Möglichkeiten der kommunikativen Beeinflussung durch die Umwelt auf. Im Rahmen der internen Selbstorganisation innerhalb des Systems wird der konkrete Umgang mit von außen kommenden Anregungen oder Vorgaben vollzogen. Die Umwelt sowie die Angebote, welche beispielsweise die Heilpädagogin an Bildung, Unterstützung oder Intervention macht, erschließen dem Adressatensystem (zum Beispiel einer Familie) Möglichkeiten und zeigen weitere Perspektiven auf. Das System selbst bestimmt jedoch, welche dieser Möglichkeiten angenommen wird. Eigenheiten des Adressatensystems sind deswegen grundsätzlich als zu deren Strukturen passend und als zu ihrem Überleben nützlich zu betrachten. Durch die operative Geschlossenheit des Adressatensystems sind der Heilpädagogin Grenzen des Möglichen an Beeinflussung gesetzt, insbesondere ihre Deutungen und Sinnannahmen betreffend. Die Heilpädagogin kann von außen allenfalls perturbieren, stören oder irritieren. Das System selbst entscheidet verantwortlich, wie es reagiert, selbst wenn es von außen noch so widersinnig erscheint. Es gilt, das Auftraggebersystem kennenzulernen, zu verstehen und wertzuschätzen und Anregungen mit diesem System und seinen Strukturen abzustimmen. Heilpädagogische Interventionen oder Empfehlungen können nur dann berücksichtigt werden, wenn sie an einer gelungenen Beziehung, die diese Selbstorganisationskompetenz berücksichtigt, anschließen.

»Denkkategorien wie Input, Output, Zweck, Entwicklung und Zeit sind Zuschreibungen von Beobachtern« (Ludewig 2014, 62). Über Modelle für Interventionen wie Objektivität oder Kausalität aus der klassischen Medizin konnte sich die Psychotherapie für alternative Modelle öffnen und den Weg zur systemischen Therapie auf solider Theoriebasis bereiten (Ludewig 2014, 64).

Dieser Diskurs kann und wird nun auch in der Heilpädagogik geführt, deren Aufgabe es mehr und mehr ist, durch ihr Handeln in einer Begegnung auf Augenhöhe Selbstorganisationsprozesse zu initiieren und diese konzeptionelle Ausrichtung theoretisch zu fundieren. Es gilt, den Abschied von paternalistischer Fürsorge, medizinisch orientierter Beseitigung von ›Defekten‹ hin zu der Erhöhung von Teilhabechancen und Reduzierung von Teilhabebarrieren durch die Ermöglichung von Selbstorganisation, durch Befähigung und Empowerment zu gewährleisten. Die Art und Weise, wie wir uns organisieren hängt im Wesentlichen von unserer Sichtweise auf die Natur der Prozesse im sozialen System ab. Dies ermöglicht Vielfalt, Respekt vor unterschiedlichen Interaktionen und auch die Idee von Wandelbarkeit. Bedingungen, die das Schaffen von Ergebnissen forcieren, sind bedeutungslos. Hingegen Bedingungen, die das Schaffen von Kontexten ermöglichen, werden als förderlich betrachtet.

Auf Basis der Selbstorganisationstheorie vollzieht sich zum Beispiel mit speziellen Selbstorganisationsmodellen in der Psychotherapie ein ähnlicher, aber schon fortgeschrittener Prozess (Schiepek 2013).

2.4 Konstruktivismus: Die Konstruktion menschlicher Erfahrungs- und Wirklichkeitsräume

Der Konstruktivismus bietet in seinen Facetten (vom radikalen bis zum Sozialen Konstruktionismus; vgl. ausführlich zum Beispiel Levold 2014b) eine wichtige theoretische Reflexionsfolie für die Heilpädagogin. Aussagen und Beschreibungen werden nicht als objektive Abbildung der Realität verstanden, sondern als grundsätzlich abhängig von der Perspektive einer Beobachterin. Gleichzeitig ist es so: »(A)lles, was gesagt wird, wird von einem Beobachter gesagt« (Levold 2014b, 60).

2.4.1 Radikaler Konstruktivismus

Wirklichkeit entsteht also erst durch die Beobachtung und durch Beschreibungen und ist nie losgelöst von der beobachtenden Person. Somit sind Behinderung, Beeinträchtigung, Herausforderung oder Problembeschreibungen subjektgebundene Konstruktionen und insofern Bewertungen der jeweiligen Betrachterin (ebd., 58). Jede, die eine Situation oder ein Verhalten beschreibt, liefert ihre eigene Version. Vergleicht man Versionen verschiedener Beobachterinnen, erweisen sich diese als unterschiedlich. Keine Beschreibung ist besser als jede andere, denn alle sind gleichermaßen gültig (Andersen 1996, 41).

Für das heilpädagogische Handeln und Beraten ergeben sich dadurch als Konsequenz, nach allen bestehenden Beschreibungen und Erklärungen einer Situation oder einem Verhalten zu suchen und diese zu wertschätzen und in sich zu akzeptieren. Gleichermaßen wird die Suche nach anderen, noch nicht aufgestellten Erklärungen, Beschreibungen oder Definitionen gefördert. Es eröffnet sich dadurch eine Vielfalt an Betrachtungsweisen und Perspektiven.

Durch diese Erkenntnis wird das heilpädagogische Selbstverständnis berührt. Es entsteht eine Anerkennung aller Beschreibungen als gleichwertige Konstrukte von Wirklichkeit im Sinne von Würdigung vielfältiger Haltungen und Verhaltensoptionen sowie in Konsequenz eine »wertfreie Akzeptanz« (Lindemann, Vossler 1999, 94). Diese dadurch gewonnene Bewertungsfreiheit, die ja gleichermaßen eine wichtige Säule des heilpädagogischen Selbstverständnisses und des entsprechenden Ideals ist, kann auf der anderen Seite möglichweise das Austragen von Meinungsverschiedenheiten, also das Lebendig-Werden von bestimmten Konfliktkulturen, verhindern (Levold 2014b, 59). Letzteres gilt es, nicht zu vernachlässigen.

Kritiker des konstruktivistischen Ansatzes befinden allerdings, dass die Auseinandersetzung mit Affekten und Emotionen im Konstruktivismus genauso wie Handlungen und körperliche Tätigkeiten wenig Resonanz und Berücksichtigung finden (vgl. Levold 2014b, 60 m. w. N.). Gemäßigtes konstruktivistisches Denken führte zu der Kybernetik zweiter Ordnung (▶ Kap. 2.2), die jeweilige Sicht auf die Dinge ist abhängig von der Person, die darauf blickt. Dies gilt auch für die Beraterin. Sie ist der jeweilige »Sensor der Wirklichkeit« (Ciompi 1997, 35).

Im Konstruktivismus sind wir Teil der beobachteten Systeme, sie sind unser Produkt. Diese Auffassung des Konstruktivismus hat Konsequenzen. Sie führt zur Schlussfolgerung, dass wir, die wir Wirklichkeiten konstruieren im Wahrnehmen, Denken und Handeln, dafür auch verantwortlich sind. Die soziale Welt entsteht aus den Interaktionen von Menschen, die selbst Teil sind der Interpretation dieser Aktionen durch andere (Hagmann 1994, 54).

Eine wichtige Säule der heilpädagogischen Kompetenzen, die heilpädagogische Diagnostik, nutzt Testverfahren und äußert Diagnosen, die möglicherweise Probleme mit der ›Namensgebung‹, dem ›Labeling‹, manifestieren oder chronifizieren. Heilpädagoginnen unterliegen in ihrem Handeln dem Ressourcen-Etikettierungsdilemma, so dass durch die Diagnosestellung eine sozialrechtliche Leistung (Ressource) ermöglicht werden kann und diese in alle weiteren Unterstützungsprozesse einfließt. Aus konstruktivistischer Herangehensweise sind Diagnosen Konstrukte und somit relativ (▶ Kap. 3).

2.4.2 Sozialer Konstruktionismus

In einem weiteren konstruktivistischen Ansatz, dem Sozialen Konstruktionismus, wird davon ausgegangen, dass das, was wir als Wirklichkeit bezeichnen, in sozialen Beziehungen hergestellt wird. Es vollzieht sich in bestimmten Kommunikationszusammenhängen und nur nachrangig innerhalb der beteiligten Personen. Alles, was wir tun und wie wir es tun oder sagen, die Bedeutung von Dingen und Ideen, wird in Beziehungen hergestellt. Die Konstruktionen der Bedeutungen sind somit in sozialen Prozessen verankert und befinden sich in ständigem Wandel. Sie sind nicht objektiv gegeben.

Der Soziale Konstruktionismus lehnt die Konstruktion eines Problems einer Klientin ab, genauso wie das mono-kausale medizinische Modell von Behinderung und Beeinträchtigung (Gergen 2005, 257). Der Schwerpunkt liegt stattdessen auf konstruierten Bedeutungen, dem Bedeutungsvokabular, das eine Klientin verwendet und das ihr Leben beinhaltet (Gergen 2005, 258). Darin erfahren Narrative, Beschreibungen und Geschichten dann einen Zuwachs an Bedeutung. Das Erzählen ermöglicht über Zuhören ein Verstehen und dient der Identitätsherstellung und der Arbeit an der Identität. Beispielsweise wird dies im Umgang mit erfahrenen Traumatisierungen durch Völkermord, Krieg oder Flucht in vielen Ländern zur Trauma-Verarbeitung und in Wiedergutmachungsverfahren eingesetzt, so im Kongo, Rwanda oder Südafrika sowie den Philippinen (Al Fuertes 2012), aber auch in Deutschland für das Sprechen und anerkennende Hören bei Kindern, die Gewalt erlebt haben (Schulze 2014). Diese Vorgehensweise bildet den Kern des Narrativen, dialogisch orientierten Ansatzes mit seinen großen Vertretern Michael White, Tom Anderson und Jaakko Seikkula, der sich Ende der 1980er Jahre herausbildete.

Aussagen und Handlungen stehen in zeitgebundenen und lokalen Beziehungen. Äußerungen von Klientinnen und Beraterinnen sind gleichwertig, es gibt das »Nichtexpertentum« und »Nichtwissen der Experten« einerseits und das »Expertentum des Klienten« andererseits (Goolishian, Anderson 1989, zit. n. Deissler 2014, 68). Somit ist die Zusammenarbeit im heilpädagogischen Setting und in Beratung zwischen Klientin und Beraterin ein ko-kreativer Prozess und das Expertentum geteilt. Vielstimmige, unterschiedliche Äußerungen eröffnen eine dialogische Verständigung und bringen neue soziale Konstruktionsprozesse in Gang. Die beständige Transformation von Bedeutungen steht in einem fortwährenden Prozess von Bedeutungsvorschlägen und ihren Ergänzungen (Gergen 2002). In der Beratung gilt es, gemeinsame Bedeutungen zu erzeugen. Insbesondere in der narrativen Therapie, aber auch in therapeutischen Konzepten des Einbezugs von Selbstvertreterinnen, so zum Beispiel im Recovery Konzept, das von Selbstvertreterinnen zur Bewältigung psychischer Erkrankungen entwickelt wurde und mittlerweile auch im klinischen Kontext eingesetzt wird (vgl. Amering, Schmolke

2012), hat das Konzept des Erzählens und der Erzählung eine wichtige Funktion. Denn darüber machen wir uns einander verständlich. Ein wichtiger Schritt kann hier sein, dass im und mit dem Erzählen das Problem von sich selbst getrennt, also externalisiert werden kann (zur Externalisierung ausführlich ▸ Kap. 5.11). Dann können Klientinnen sich selbst, andere und ihre Beziehungen zueinander neu beschreiben – ohne Problemorientierung. Dies kann zur Kreation von anderen Familiengeschichten beitragen (White, Epston 1998).

Heilpädagogisches Handeln nach Systemischen Ansätzen vermeidet festzurrende Diagnosen (Kiessl 2015). Dabei interessiert die Vielfalt der Beobachtungen und Erfahrungen, von denen keine als die wahre oder die objektive festgeschrieben werden kann. Die Heilpädagogin vermeidet es, einseitig und eigeninitiativ ein Problem zu definieren. Sie hofft darauf, zu verstehen, was andere ihr sagen. Sie ist sich bewusst, dass es unmöglich ist, irgendjemanden zu diagnostizieren, selbst wenn im klinischen Kontext genau das immer noch gefordert wird. Sie hält diese Ambivalenz aus und schafft Verständnis für die vielfältigen Betrachtungsweisen und Möglichkeiten sowie Perspektiven innerhalb des Adressatensystems.

Gleichzeitig vollzieht sich ihr heilpädagogisches Handeln in einem Dilemma: Denn es wird von ihr als Fachperson häufig gefordert, Position zu beziehen, Diagnosen zu formulieren und entsprechende Interventionen vorzuschlagen. Die Heilpädagogin eröffnet den Blick auf Kontexte und die Umweltkomplexität und dies in einem ganzheitlichen Sinne und nicht mit dem Fokus allein auf die Indexperson.

Konstruktivisten gehen davon aus, dass es keine Werteneutralität in therapeutischen Beziehungen geben kann, denn »jede Intervention bevorzugt eine bestimmte Lebensweise und unterdrückt eine andere« (Gergen 2005, 259). Zum Beispiel verringert die Stärkung des Männlichen die Optionen des Weiblichen.

Diese Sichtweise fördert die aktive Bewegung hin zu einer Therapie oder Beratung an bestimmten Standpunkten, die sich zu expliziten politischen Zielen bekennt, wie zum Beispiel schwule, lesbische, feministische Therapeutinnen oder Therapeutinnen mit Behinderung. Übertragen auf die Heilpädagogik würde dies bedeuten, dass Heilpädagoginnen selbst eine Behinderung aufweisen sollten, um diesen Standpunkt explizit vertreten zu können. Ist diese »Betroffenenperspektive« nicht direkt vorhanden, ist es wichtig, dass eine Beraterin und Heilpädagogin eine Werte- und Kultursensibilität besitzt. Sollte es schwierig werden im Verlauf der Beratung, werden die Werte und die Kultur der Beraterin und Heilpädagogin dargelegt und darüber diskutiert (Gergen 2005, 259). Hilfreich ist der Diskurs über unterschiedliche Wertvorstellungen. Eine Heilpädagogin kann auch mittelbar betroffen sein, durch Erkrankung, Behinderung oder seelischer Beeinträchtigung in ihrem Herkunftssystem, so dass sie sich eine Sichtweise von Betroffenheit, die wiederum eine individuelle Konstruktion ist, erschließen kann. Sie kann ferner als Angehörige persönlich betroffen sein.

2.4.3 Soziologische Systemtheorie nach Niklas Luhmann

Die umfassendste Theorie sozialer und psychischer Systeme entwickelte der Soziologe Niklas Luhmann (1927–1998) in den 1980er Jahren (Luhmann 1984). Ziel

2.4 Konstruktivismus: Die Konstruktion menschlicher Erfahrungs- und Wirklichkeitsräume

war es, mit der Systemtheorie die Gesellschaft als Gesamtheit aller sozialen Phänomene im Unterschied zu biologischen und psychologischen Phänomenen zu erfassen. Diese stellt auf abstraktem Niveau Beschreibungen von relevanten Phänomenen einer klinischen bzw. Beratungspraxis zur Verfügung (Levold 2014c). Im Anschluss an den Biologen Bertanlaffy sowie den amerikanischen Soziologen Parsons identifiziert Luhmann als entscheidendes Bestimmungsmerkmal für die Konstitution von Systemen die Unterscheidung zwischen System und Umwelt und die Festlegung von spezifischen »Systemoperationen« als Elemente, aus denen das System besteht. Seine funktionale Sichtweise auf Systeme prägt systemische Ansätze bis heute. In der Systemischen Beratung werden systemtheoretische Überlegungen nach Luhmann weitgehend vereinfacht, und mit dem Fokus auf Praxis sind sie mit einer gewissen Trivialisierung verbunden (kritisch dazu Kühl 2015, 327–339).

Körperliche Prozesse oder individuelles Bewusstsein sollte nicht als Bestandteil sozialer Systeme erachtet werden. Denn der Mensch ist für Luhmann keine soziologisch brauchbare Kategorie (1995) und soziale Systeme sind autonom gegenüber menschlichem Willen und Bewusstsein. Soziale Systeme sind also Interaktion, Gruppe, Familie, Organisation, Kooperation, Netzwerk sowie die Gesellschaft (Schlippe 2012, 129).

Unsere Gesellschaft differenziert sich nach Luhmann in operativ geschlossene Funktionssysteme aus, die nach jeweils eigener Logik funktionieren. Systeme sind operationell geschlossen und existieren nur so lange, als ihre Einheit durch ihre systemspezifischen Operationen (biochemische Prozesse, Vorstellungen, Kommunikationen) in einem kontinuierlichen Prozess gewährleistet wird. Im Unterschied zu Maturana & Varela bezeichnete Luhmann nicht nur biologische, sondern auch soziale und psychologische Systeme als autopoietisch (Levold 2014c, 65) und als sich mittels ihrer eigenen Operationen reproduzierend. Systeme koppeln sich in ihren Strukturen und sie synchronisieren Systemereignisse.

Für diese Prozesse hat Sprache eine wegweisende Bedeutung. Kommunikationen können beobachtet werden, psychische Systeme hingegen nicht. In der Systemtheorie werden sie somit zur Black Box. Kommunikation dient in sozialen Systemen zur Selbstreproduktion. Sie besteht aus Information (was wird kommuniziert), Mitteilung (wie wird kommuniziert) und Verstehen (wie wird der Unterschied zwischen Information und Mitteilung zur Fortsetzung der Kommunikation genutzt). Nur in diesem Dreiklang kommt es zu Kommunikation. Soziale Systeme verarbeiten ausschließlich Umwelteinflüsse und Umweltreize, die anschlussfähig sind an den Sinn der bisherigen Kommunikationen. Der theoretische Verzicht auf menschliche Akteure (ebd.) verschiebt den Fokus in Beratung hin zu Kommunikation als Akteur. Im Fokus von Systemischer Beratung oder Therapie steht nach Luhman'scher funktionaler Prägung nicht das menschliche Leid oder Problem, sondern die Kommunikation darüber. Die Kontingenz jeder Kommunikation erzeugt notwendigerweise bei den beteiligten psychischen Systemen (Kommunikationspartnern), die füreinander Black-Boxes sind, Ungewissheiten über den Fortgang der Kommunikation und über die Bedeutung, die den Kommunikationen gegeben wird. Dies kann zu Irritationen führen und zu paradoxen oder selbstrückbezüglichen Schleifen (ebd., 66).

Jede Kommunikation lässt sich anhand von sachlichen (Inhalt), sozialen (Teilnehmer) und zeitlichen (Anschluss an frühere oder zukünftige Kommunikationen) Sinndimensionen beschreiben (ebd.). Je nach Systemtyp ergeben sich daraus unterschiedliche Strukturen, die spezifische Anforderungen an heilpädagogische, therapeutische oder Beratungsprozesse stellen (Familienberatung, Supervision, Organisationsberatung).

Zum Beispiel sind in einer Organisation wie einer Einrichtung der Behindertenhilfe spezifische Inhalte und Themen durch das Ziel Teilhabe für Menschen mit Behinderung (ehemals Eingliederungshilfe) und die Umsetzung der entsprechenden Leistungen gebunden. Wählt man als Adressatin das ambulant betreute Wohnen dieser Einrichtung, dann ist man durch den Abschluss von Miet- oder Assistenzverträgen als Kundin eingebunden. Auch eine Mitarbeiterin übernimmt diesbezüglich eine spezifische Rolle, solange sie in der Einrichtung arbeitet. Hier hängen die Interaktionen von den Rollen ab, die für die Dauer der Mitgliedschaft in der Organisation übernommen werden. Eine kurze Begegnung auf der Straße oder eine Teamsitzung, also Face-to-Face-Begegnungen, sind hingegen temporäre Systeme, deren Dauer von der zeitlich begrenzten Interaktion der Teilnehmer begrenzt ist.

Hingegen wird in der Familie Zugehörigkeit und Teilnahme nicht über eine Mitgliedsrolle definiert. Nimmt ein Familienmitglied nicht teil, wird es im Unterschied zur Organisation nicht ausgeschlossen. Thematisch ist hier die Person – im Unterschied zur Organisation – als ›Vollperson‹ von größter Relevanz. Bei Übergängen oder Krisen ist es zum Erhalt der Identität der Familien sowie einzelner Familienmitglieder wichtig, dass die familiären Kommunikationsmuster hinreichend stabil sind und andererseits flexibel genug, um zur Krisenbewältigung notwendige Veränderung zu ermöglichen.

> Die Heilpädagogik ist ein System, das sich im Kontext des Sozial-, Bildungs- und Gesundheitssystems befindet und bestimmte Funktionen übernommen hat. Ähnlich wie die Schwesterdisziplin Soziale Arbeit bestehen diese Funktionen nämlich in der Verwaltung oder Begrenzung von Exklusion und/oder der Vermittlung von Inklusion (Luhmann, zit. n. Wohlfahrt 2016, 464) und der Schaffung von Teilhabe.

Auf Exklusion ist dann immer mit Inklusion zu reagieren. Diese Inklusion ist wiederum an Erwartungen, formuliert von obigen Funktionssystemen, gebunden. Sind Menschen nicht in der Lage oder bereit, diese Erwartungen zu erfüllen, werden sie aus den entsprechenden Systemen exkludiert. Auch Heilpädagoginnen verfolgen ihren in den Sozialgesetzbüchern – als Ausdruck des Sozialstaatsprinzips unserer Verfassung (vgl. Art. 20 GG) – formulierten professionellen Unterstützungsauftrag, wenn entsprechende Unterstützungsleistungen eingefordert werden. Die Heilpädagogik vollzieht an dieser Stelle entsprechende Schutz- und Überwachungsaufgaben unter Einwirkung auf die individuelle Lebenspraxis (genau wie die Soziale Arbeit, so kritisch Wohlfahrt 2016, 466), in dem Dilemma Selbstständigkeit und Befähigung zu fördern und, durch die professionalisierte heilpädagogische Dienstleistung, diese wiederum durch ihr Angebot und die implizite Verantwortungsübernahme möglicherweise gleichzeitig zu schmälern. Die Heilpädagogik und ihre professionellen Vertreterinnen beziehen sich immer positiv auf das zu beratende System und machen sich die Selbsteinschätzungen des Systems zu Eigen. Sie sind »affirmative Serviceleister(innen)« der sie bezahlenden Organisationen (Kühl 2015, 332).

2.4.4 Synergetische Systemtheorie

Die Grenzen des sehr biologisch geprägten Autopoiese-Modells von Maturana & Varela sowie der makrosoziologischen Ausrichtung der Systemtheorie nach Luhmann zeigen sich da, wo Prozesse in Beratung oder Therapie sprunghaft verlaufen, scheinbar nicht-linear, aber dennoch rückgekoppelt und vernetzt. Bisher fehlt für diese Erfahrungswerte ein schlüssiges Theoriemodell, welches komplexe »Störungsmuster« aus dem Zusammenwirken verschiedener bio-psycho-sozialer Faktoren sowie aus dem Wandel der daraus resultierenden Systemdynamiken hinreichend modellieren und erklären könnte (Schmitt 2014). Interventionen sind danach Anregungen und der Kontext von Selbstorganisation. »Das Schaffen von Bedingungen für Selbstorganisationsprozesse auf allen Systemebenen« ist Ziel der systemischen Therapie (Rufer & Schiepek 2014, 328).

Zunehmend wird als zukunftsweisende und praxisnahe Theorie und als ein Systemmodell relevanter Wirkfaktoren von systemischer Therapie die Synergetik – als struktur- und brückenwissenschaftliches Modell und grundlegende Theorie der Selbstorganisation – diskutiert (Kriz & Tschacher 2013; Rufer & Schiepek 2014). Bei der Anwendung auf naturwissenschaftliche Prozesse betrifft die Synergetik Moleküle, Menschen (als physikalische Körper) oder Energie. Angewandt auf psychosoziale Prozesse geht es um Sinn, Bedeutung, Interaktionen und Kommunikationen (Kriz & Tschacher 2013, 20). Die eingangs naturwissenschaftlich geprägte Synergetik befasste sich als Strukturwissenschaft mit dem Entstehen von Ordnung und dem Übergang von einem Ordnungszustand in einen anderen. Nach ihr besteht eine Wechselseitigkeit an Beeinflussung zwischen Kontext und Umgebungsbedingungen für Interaktion und Handlungen und umgekehrt (ebd., 13). Ferner erweist sich ein teilweise geordnetes System mit vorhandener Ordnung als diese in der weiteren Dynamik (meist) komplettierend.

Hierbei werden interaktionale Prozesse und Kommunikation anders und neu gedacht als nach der soziologischen Systemtheorie nach Luhmann (▶ Kap. 2.4.3) oder dem Autopoiese-Konzept von Maturana & Varela (▶ Kap. 2.3) (Tschacher & Storch 2015). Im Modell der »Embodied Communication« umfasst das System, das durch Kommunikation entsteht, nicht die Übermittlung einer Botschaft zwischen Sender und Empfänger, sondern es bezieht den ganzen Geist und Körper der beteiligten Personen ein. Diese Personen geraten in Resonanz und Synchronie. Dies vollzieht sich automatisch und immer körperlich, oft symbolisch-sprachlich. Kommunikationen sind anders als im kommunikationstheoretischen Modell von Watzlawick oder Schulz von Thun nicht mehr kontrollierbar. Rand- und Kontextbedingungen der Kommunikation sind jedoch indirekt beeinflussbar (ebd., 120). Randbedingungen für gelingende Kommunikation fördern die Synchronie zwischen Interaktionspartnern. Sie schaffen ein Stimmigkeitsgefühl, das sich auf körperlicher Ebene einstellt (nicht auf der intellektuellen Ebene) und Selbstorganisation gelingen lässt (ebd., 124).

Systemische Therapie oder Beratung nach diesem Ansatz bedeutet folglich eine Förderung der Umgebungsbedingungen (Kriz & Tschacher 2013, 16) und nicht nur eine Fokussierung auf Interaktion und Beziehungen. Dieser Gedanke hat mit der Umsetzung der ICF (der International Classification of Functioning, Disability and Health) und der ICF-CY (Children Youth) der Weltgesundheitsorganisation und der Berücksichtigung von Umgebungsbedingungen und förderlichen oder hinderlichen Faktoren im Umgang mit der Behinderung, was sich ja nun sogar im neuen Bundesteilhabegesetz (BTHG) niedergeschlagen hat, vollzogen und könnte hier eine weitere theoretische Verankerung finden.

2.5 Zusammenfassung

Durch die oben beschriebene theoretische Fundierung der Systemtheorie und dem Konstruktivismus gelang die Beschreibung sehr unterschiedlicher sozialer Phänomene auf der Mikro- wie auf der Makroebene und konnte für die systemische Praxis der Pionierinnen der ersten Stunde eine solide theoretische Basis für die Reflexion Systemischer Ansätze und ihrer Umsetzung geriert werden. Hier erfolgt abschließend eine Zusammenfassung wesentlicher Aspekte.

Soziale Systeme grenzen sich von ihrer Umwelt ab und definieren sich über diese Unterscheidung. In der Umwelt existiert eine Vielzahl anderer Systeme. Für jedes soziale System ist die Umwelt eine andere, weil alles, was nicht das System ist, Umwelt ist. Verändert ein System seine Wahrnehmung der Umwelt, verändert es seine Identität.

Systeme reagieren auf die Umwelt und die vorhandenen Umgebungsbedingungen. Sie haben immer verschiedene Anschlussmöglichkeiten, also müssen sie Prioritäten setzen. Sie müssen die Komplexität reduzieren, differenzieren und Entscheidungen treffen sowie Unsicherheiten aushalten, welche Option die Richtige ist. Soziale Systeme existieren nebeneinander und überschneiden sich nicht.

Soziale Systeme haben genau wie lebende Organismen die Fähigkeit zur aktiven Anpassung an eine sich verändernde Welt. Sie sind offen gegenüber ihrer Umwelt und stehen mit dieser in einer Wechselwirkung. In dieser Dynamik und zur Selbstorganisation und Selbsterhaltung sind Fluktuationen und die Aufrechterhaltung des inneren Gleichgewichts, der Homöostase, bedeutsam. Als wichtige Regulationsmechanismen gibt es Feedbacks, also Rückkoppelungen, die das Gleichgewicht eines Systems bei wechselnden Umweltbedingungen aufrechterhalten können. Auch die Heilpädagogik wird als eigenes in sich geschlossenes Funktionssystem der Gesellschaft beobachtbar, das über einen eigenen Code und die entsprechenden Handlungsprogramme verfügt.

Die soziologische Systemtheorie nach Luhmann, der Autopoiese-Ansatz von Maturana & Varela, der radikale und soziale Konstruktivismus, die Kybernetik I und II sowie die Synergetik führen zu einem veränderten »Problemverständnis« bei der Heilpädagogin wie den Adressatinnen hin zum Überwinden des Problems. Sie bieten sich als »Landkarten an, die der Orientierung dienlich sind« (Rufer & Schiepek 2014, 329). Die Sichtweise von ›etwas‹ als Problem hängt von der Bedeutung ab, die man dem ›etwas‹ zuschreibt (ausführlich ▶ Kap. 3).

- Ein System ist ein Zusammenschluss von Einheiten (Elementen), deren Beziehung untereinander viel intensiver ist als zu anderen. Mit der Verbundenheit ihrer Elemente sind Systeme Ganzheiten. Eine Familie ist etwas anderes als die Summe ihrer Teile, mit denen sie sich in Wechselwirkung befindet.
- Systeme sind zerlegbar in Subsysteme, die ebenfalls als Systeme zu betrachten sind.
- Systemische Sichtweisen sind mehrperspektivisch.
- Ein System ist eingebunden in die sie umgebenden Systeme, welche wieder größere Systeme bilden (Kontext). Alle Teilsysteme sind einzubeziehen, an denen die Auftraggeberinnen Anteil haben.
- Probleme oder Störungen sind das Ergebnis von Kommunikation und Beziehungen innerhalb eines Systems. Das heißt, im Fokus steht die Entwicklung anderer oder neuer Kommunikationen und mehreren Perspektiven. Der Blick richtet sich weg vom Individuum zu Mustern, Regeln, Strukturen und Kommunikationsweisen im sozialen System.
- Ursachen und Wirkung stehen nicht in linear kausalem, sondern in einem wechselseitigen Zusammenhang.
- In einem Geschehen (Problem) artikuliert sich das Zusammenspiel von biologischen, psychischen, sozialen und interaktiven Faktoren.
- Beobachtet und kommuniziert wird besonders über spezifisches Verhalten und Interaktion statt über Gefühle oder Interpretationen von Gefühlen durch die Systemmitglieder. Verhaltensunterschiede werden konnotiert und weniger die Eigenschaften, die als typisch für eine Person angesehen werden.
- Phänomene werden stärker als Prozess und weniger als feststehend betrachtet. Teilprozesse beeinflussen sich gegenseitig und wirken in komplexer Weise zusammen, im Sinne eines Wirkungsnetzes (Kriz 2009, 25).
- Gegenseitige Bedingtheiten werden betrachtet. Zirkularität wird hergestellt von Sichtweisen, Haltungen, Verursachungsideen, Lösungen. Es wird zirkulär kommuniziert, welche Funktion ein zu beobachtendes Phänomen in seiner Umgebung hat und welche nicht. Es wird reflektiert, welche Bedingungen in der System-Umwelt förderlich oder hinderlich sind.
- Methodeneinsatz und Interventionen sind immer in Bezug zu Prozess und Kontext sowie Umgebungsbedingungen zu setzen. Die Kontextanalyse und ein kontextsensibles Arbeiten, die Kontextualisierung (zum Beispiel zeitlich-dynamisch oder interpersonell) werden erforderlich.

Praxisbeispiel: Sandra – Heilpädagogik im System

Sandra, eine 13-jährige Jugendliche, die heilpädagogische Entwicklungsbegleitung (Förderung) bekommt, gehört immer verschiedenen Systemen an (wie zum

Beispiel der Herkunftsfamilie, der Jugendhilfeeinrichtung mit ihren Fachkräften, in der sie lebt, der Schule), die sich wechselseitig beeinflussen. Hier ist es bedeutsam zu wissen, welche Systeme in die heilpädagogische Entwicklungsbegleitung (Förderung) involviert sind und wie die jeweiligen Systembeteiligten zur heilpädagogischen Entwicklungsbegleitung (Förderung) stehen und welche Aufträge (▶ Kap. 5.1.3) sie an die Heilpädagogin für die Entwicklungsbegleitung formulieren. Von Interesse könnte ferner sein zu eruieren, welche Regeln es in den unterschiedlichen Systemen gibt und nach welchen unterschiedlichen Mechanismen diese funktionieren. Gibt es dort etwas, was tabuisiert wird? Gibt es dort etwas, womit ich als Heilpädagogin Schwierigkeiten habe, oder gibt es Unterstützung für Sandra, ihre Familie und für mich?

Die Heilpädagogin ist ein Individuum und gleichzeitig Teil des Unterstützersystems, was wiederum Teil der Gesellschaft ist. Sie hat zu reflektieren, welche Aufträge aus dem Adressaten- und dem Unterstützersystem sie gut annehmen kann und welche sie nicht erfüllen kann oder möchte. Sie hat ferner den Kontext, das Lebensumfeld der Adressatin mit ihren formellen und informellen Unterstützern zu eruieren und in ihre Überlegungen und in ihr Handeln einzubeziehen.

Heilpädagoginnen sind in ihrem heilpädagogischen Handeln Teil des Systems und sie sollten ihren Einfluss auf die Beratung oder Begleitung sorgfältig reflektieren (Kybernetik zweiter Ordnung) und gegebenenfalls auf Supervision zurückgreifen oder ein Reflecting Team (▶ Kap. 5.8) installieren. Ferner ist es sinnvoll, eine Feedbackschleife in der Beratung zu installieren und die Klientinnen explizit danach zu fragen, welches Verhalten der Heilpädagogin nützlich oder hinderlich erlebt wird und welche Ideen als hilfreich erachtet werden. Diese Fragen können auch an Kinder (ab einem gewissen Alter und Entwicklungsniveau) sowie an Jugendliche gestellt werden.

Praxisbeispiel: Tim 1 – Verhaltensauffälligkeit/ADHS und System

Die heilpädagogische Entwicklungsbegleitung des verhaltensauffälligen Tims (9 Jahre) hat Auswirkungen auf die anderen Familienmitglieder. Zunächst bekam Tim sehr viele negative Rückmeldungen seiner Familie, und er wurde als Verursacher von sehr viel Stress und Ärger und als Unruhestifter innerhalb der Familie betrachtet. Die innerfamiliären Beziehungen waren stark belastet. Herr und Frau Müller stritten ständig, wie mit Tim bestmöglich umzugehen sei. Die Eltern Müller hatten unterschiedliche Erziehungsstile. Frau Müller fühlte sich deutlich stärker belastet als Herr Müller, der wiederum im familiären Alltag durch seine berufliche Selbständigkeit deutlich weniger präsent war als Frau Müller, die den familiären Alltag überwiegend erledigte. Tims zwei Jahre jüngere Schwester Anna litt sehr unter seinen Wutausbrüchen und zog sich in Folge mehr und mehr zurück.

Durch die heilpädagogische Entwicklungsbegleitung fand Tim zunächst einen Raum der Wertschätzung und Entlastung. Die Eltern fühlen sich in den Elterngesprächen entlastet und durch die als positiv erlebte Beziehung zur Heilpädagogin akzeptiert und geschätzt. Sie konnten ihre Unterschiedlichkeiten in ihrer Erziehung und ihrer eigenen Sozialisation würdigen und gemeinsame Ideen entwickeln. Tims Schwester Anna freut sich, mit den Eltern Zeit ohne Tim verbringen zu können, wenn dieser in der ›Heilpädagogik‹ ist.

In einem stattfindenden Familiengespräch können alle Beteiligten ihre Wünsche und Bedürfnisse formulieren und ihre Betrachtungsweisen von Tim als ›Problem‹ thematisieren. Dabei werden durch ein systemisches Interview (▶ Kap. 5.3) Problemsichten und Interpretationen ins Zirkulieren gebracht, es eröffnen sich neue Wege der Betrachtung der Verhaltensauffälligkeit getrennt von Tim als Person (▶ Kap. 5.11.2, Externalisierung). Die Familie erkennt, dass es keine allgemeingültige Definition vom Problem ›Verhaltensauffälligkeit‹, ›ADHS‹ gibt.

Die Familie wird angeregt ihre Ideen für eine mögliche Verbesserung der familiären Situation zu entwickeln, die am Ende Veränderung im Alltag möglich macht (▶ Kap. 5.5). Die Familie und vor allem Tim erlebt sich entlastet. Anna und Tim können wieder Momente gemeinsamen Spielens oder Sport erleben, die ihre Beziehung stärken.

In einem weiteren Gespräch werden Tims Lehrerin und sein Judotrainer eingeladen. Es wird deutlich, dass Tim im Judoverein sehr gut integriert wird und ihm das dortige Training sehr gut tut. Hingegen in der Schule wird klar, dass Tim unter massivem Mobbing leidet und Tims Lehrerin und sein Klassenverband sich durch Tims Unruhe belastet fühlt.

Die jeweiligen Probleme der Familienmitglieder und der Lehrerin können verbunden sein oder sich gegenseitig beeinflussen. Das Problem, das die Lehrerin auf Grund ihrer Funktion sieht, ist ein anderes als das, das die Eltern Müller oder Tim erleben. Letztendlich haben jede Akteurin und jeder Akteur ihr bzw. sein eigenes Problem. Jeder und jedem steht ein einzigartiger Blickwinkel auf das Problem offen, da keine der Beteiligten den gleichen Platz in der sozialen Beziehung hat (Seikkula & Arnkil 2007, 55). Selbst wenn es sich bei Tims Verhaltensauffälligkeit um eine diagnostizierte ADHS handeln würde, wäre das Problem ›ADHS‹ für die verschiedenen Beteiligten unterschiedlich zu betrachten und zu erfahren.

Durch die Informationen und Sichtweisen im Netzwerk lassen sich dann gemeinsam Lösungen für die schulisch sehr belastende Situation von Tim entwickeln (▶ Kap. 5.10).

Blickt man auf den Beratungsprozess der Familie Müller, kann es sein, dass die Heilpädagogin instabile psychische und soziale Operationsmuster der Familie durch ihre kommunikativen Angebote irritiert und zu Veränderungen anregt oder eben nicht. Letzteres gilt es dann auszuhalten.

3 Heilpädagogik im Umgang mit Beeinträchtigung: Die Betrachtung von Problemen unter systemischer Perspektive

Woher beispielsweise eine Entwicklungsverzögerung kommt hat im Systemischen Ansatz wenige bis keine Relevanz. Die Ursache wird nicht erfragt oder analysiert. Denn: Das ›Problem‹ Entwicklungsverzögerung kreiert ein System. Um ein »entstandenes Verhalten oder Thema herum entsteht ein besonderes Sozialsystem, das durch Kommunikationen über das Problem gekennzeichnet sind« (Schlippe 2012, 157). Ein unerwünschter und veränderungsbedürftiger Zustand wird von jemandem identifiziert und als Problem beschrieben. Dieser beschriebene Zustand ist als prinzipiell veränderbar zu betrachten (ebd., 158).

Die Beraterin versucht, das ›Problemsystem‹ mit dem Verzahnen verschiedener Beschreibungen zu fassen, die das ›Problem‹ hervorbringen, und zu eruieren, wer Mitglied eines solchen Problemsystems ist und wer nicht. Denn nicht alle Familienmitglieder sind beteiligt an der Verursachung (ebd., 159). Angestrebt wird eine Lösung, in der das Problem seine Relevanz verliert und in Folge nicht mehr als Problem beschrieben wird. Folgende Abbildung verdeutlicht diese Herangehensweise im Beratungsprozess (▶ Abb. 5).

Aus der Ätiologie werden somit keine Handlungs- oder Behandlungsempfehlungen abgeleitet. Sondern betrachtet wird – so im obigen Beispiel von Tim und seiner Familie (Praxisbeispiel Tim 1, ▶ Kap. 2.5) –, was das Problem für Tim, seine Familie und sein soziales Netzwerk bedeutet, was dies für eine Bedeutung für die Eltern hat, welche Auswirkungen es für Geschwister oder Lehrerinnen oder gegebenenfalls Erzieherinnen im Kindergarten sowie die behandelnde Ärztin oder die Heilpädagogin hat. Das Symptom wird in seiner Funktion im Kontext gesehen. Die Umweltbedingungen werden betrachtet. Das menschliche Verhalten wird kontextbezogen erklärt (Sodogé & Eckert 2007). Alle Mitglieder des Problemsystems sind aktiv an diesem zirkulären Prozess beteiligt und direkt oder indirekt einzubeziehen, um als System eine Lösung zu fokussieren. Die Familie wird mitsamt ihrer bisherigen Lösungsversuche gewürdigt. Die Beraterin geriert Hypothesen (▶ Kap. 5.4) und nutzt sie für ihre Systemdiagnose auf der Metaebene und formuliert aus ihren Ideen heraus systemische Fragen, die diesen Prozess unterstützen (▶ Kap. 5.3). Die Wirkungen und Wechselwirkungen von Handlungsmustern von Tim und seinem Herkunftssystem sowie auch Auswirkungen von heilpädagogischen Interventionen können wahrgenommen werden. Die systemische Herangehensweise kann Rollenerwartungen aufschlüsseln und auf diesem Weg das Verantwortungsbewusstsein und die Bereitschaft der Verantwortungsübernahme beispielsweise von den Eltern stärken.

Heilpädagogik bezieht sich unter anderem im Umgang mit Beeinträchtigung, Behinderung, Herausforderung oder anderen Zuschreibungen auf systemtheoretisch-konstruktivistische Fundamente (▶ Kap. 2.4). Im Fokus steht die individuelle

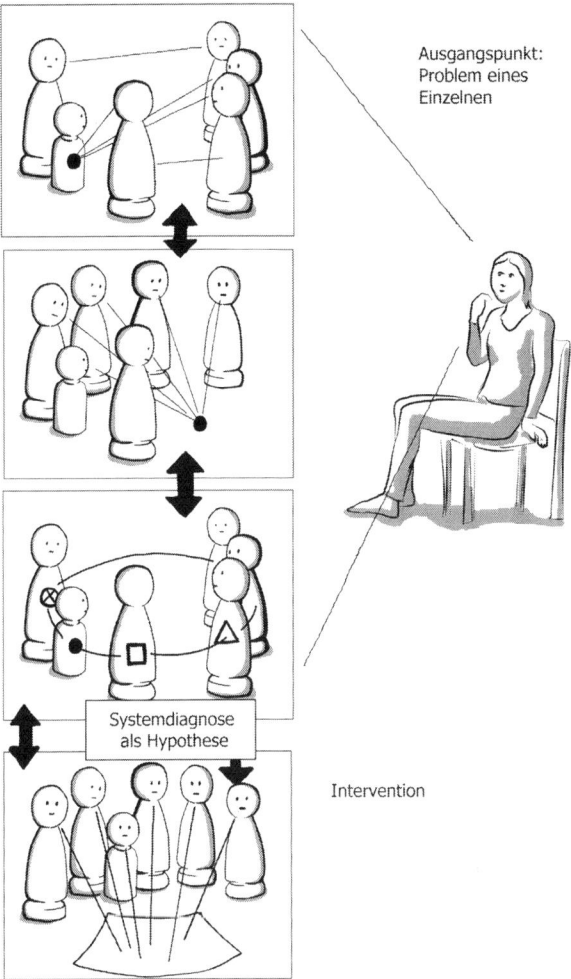

Abb. 5: Die Betrachtung von Problemen aus systemischer Perspektive (grafische Umsetzung Bernd Heide von Scheven)

Entwicklung und Wirklichkeitskonstruktion jedes Menschen, seine Handlungsanleitungen und Sinnhaftigkeiten und seine Versuche, die Komplexität der Welt zu reduzieren. Wichtig ist insbesondere das Verständnis der ›guten Gründe‹, die es beispielsweise für herausforderndes Verhalten oder ›Verhaltensoriginalität‹ bei Kindern und Jugendlichen gibt. Versteht man diese guten Gründe, gibt man die Idee auf, dass Kinder und Jugendliche nur auf Grund einer Störung handeln. Ein auffälliges Sozialverhalten ist dann nicht kausal auf die zugrundeliegende ›Schädigung‹ oder ›Pathologie‹ zurückzuführen, sondern kann auch in der Sozialisation oder in ausgrenzenden Reaktionen, beispielsweise des Schulsystems, zurückgeführt werden (Lindemann & Vossler 1999).

Betrachtet werden Wechselwirkungen zwischen Person und Umfeld sowie Kommunikationen. Kommunizieren Menschen miteinander, positionieren sie sich in der Beziehung zur jeweils anderen. Es werden Ressourcen in Person und Umfeld gesucht, die Funktion eines ›Problems‹ zu verändern. Zirkuläre Bedingtheiten wirken sich verändernd auf ein ›Problem‹ aus – wie es sich auch in obiger Abbildung (▶ Abb. 5) darstellt.

Praxisbeispiel: Paula – Konsequenzen von Zuschreibungen

Formuliert beispielsweise eine Grundschullehrerin wissentlich vor der Schulklasse gegenüber der achtjährigen Paula, ein Kind mit einer ›diagnostizierten‹ posttraumatischen Belastungsstörung, »sie checke es einfach nicht«, weil Paula »abwesend« im Unterricht vor sich hinträume oder verzögerte bzw. falsche oder fragmentarische Antworten gebe. Damit suggeriert die Lehrerin, dass Paula etwas nicht kann und anders ist. Lässt die Lehrerin ihre Sichtweise von Paula im Kollegium verlauten, manifestiert sich diese Sichtweise möglicherweise und wird zum Selbstläufer. So manifestieren sich durch die Verlautbarungen der Lehrerin möglicherweise Paulas Ausgrenzungs- und Stigmatisierungserfahrungen innerhalb des Klassenverbundes oder im Lehrerkollegium. Es manifestiert sich möglicherweise auch die Idee, Paula sei nicht in Ordnung. Es macht Paula im Kontext Schule möglicherweise zu einem Störfaktor, der im inklusiven Setting keinen Platz finden soll. Negative Zuschreibungen von Anderssein, Behindertsein, nicht der Norm entsprechen beeinflussen gleichermaßen den Selbstwert und das Erleben von sich selbst, was wiederum zu entsprechend negativen Reaktionen führen kann (vgl. mit einem weiteren Beispiel Kiessl 2015). Die Wirklichkeitsvorstellung der Lehrerin ist als zuschreibende Bewertung unzulässig (zur Bewertung ausführlich Palmowski & Heuwinkel 2000, 10). Paula verdient die gleiche Anerkennung wie alle anderen Schülerinnen. Aus systemtheoretischer Sicht sollte stattdessen versucht werden, »für die Fülle der meist zahlreichen, gleichzeitig oder nacheinander ablaufenden Prozesse innerhalb und zwischen Systemen adäquate Beschreibungen zu entwickeln« (Schlippe & Schweitzer 2012, 31). Der Fokus läge dann weniger auf der Symptomträgerin Paula mit ihrem Problem, sondern auf dem ganzen System und seinen Umwelten, zum Beispiel der Herkunftsfamilie, dem Unterstützernetz, der Schule, dem Tanzsportverein, mit deren Sichtweisen und jeweiligen Problemen, um so Veränderungen zu erreichen.

Neben Paula, die traumatisierende Erfahrungen gemacht hat, werden auch ihr soziales Umfeld und die bestehenden Beziehungen geprägt. Traumatisierung wird systemisch verstanden (Jegodtka & Luitjens 2016, 59). Bedeutend ist, was in der Gegenwart als Folge der Traumatisierung im System sichtbar wird und weniger der Fokus auf belastenden Erlebnissen der Vergangenheit. Es ermöglicht eine prozessorientierte Herangehensweise an die aktuelle Situation von Paula sowie ferner eine traumapädagogische Vorgehensweise entsprechend daran anzulehnen (ebd., 97).

3.1 Systemischer Umgang mit Problem und die Schnittstelle zur Heilpädagogik

Beeinträchtigung, Behinderung und besondere Herausforderung wird in der Heilpädagogik heute immer als Wechselspiel von Interaktionen und im Kontext des sozialen Umfelds betrachtet. Die Heilpädagogik vertritt das soziale Modell von Behinderung. Umweltfaktoren beeinflussen die Konstruktion und die Auswirkungen einer Beeinträchtigung im Leben von Kindern und Jugendlichen wie der oben beschriebenen Schülerin Paula (siehe Praxisbeispiel Paul, ▶ Kap. 3) (Kiessl 2015).

Heilpädagogik, die in sich pädagogische und therapeutische Wissensbestände vereinigt und aufeinander bezieht, bietet den theoretischen Hintergrund und das methodische Handwerkszeug für ein vertieftes Verständnis normabweichender und störender Verhaltensweisen (ebd.). So können die ›guten Gründe‹ der Adressatinnen übersetzt werden für Hilfeplanung, für Schulen und Familie und weitere beteiligte Systeme, insbesondere da, wo Kommunikation unter erschwerten Bedingungen abläuft.

Dabei schafft Heilpädagogik Verständnis für Handlungen und Motivationen von Menschen, die erst einmal auf Unverständnis oder Grenzen in der Gesellschaft, im Schulsystem, bei der Arbeit oder in der Familie stoßen. Heilpädagogik verliert sich nicht in Zuschreibungen, sondern hinterfragt diese kritisch. Darin sowie in der Wertschätzung der ›guten Gründe‹ liegt eine Schnittstelle zu Systemischen Ansätzen. Beides ergänzt sich an dieser Stelle hervorragend. Entsprechend systemischen Haltungen (▶ Kap. 4) betrachtet die Heilpädagogik mit der oben beschriebenen systemisch-konstruktivistischen Reflexionsfolie (▶ Kap. 2) alle Menschen als aktive Gestalter ihrer Lebens- und Lernwelten. Was jede Person und jedes soziale System aufgreift, um zu lernen und um sich weiterzuentwickeln, liegt in ihnen selbst begründet und kann von außen irritiert, angestoßen, gespiegelt und begleitet werden (ebd.). Was sich dann tatsächlich verändert, liegt nicht in der Verantwortung der Heilpädagogin, sondern in der Selbstorganisation des jeweiligen Systems in seiner entsprechenden inneren Logik. Menschen können somit nicht instrumentalisiert werden, durch Methodeneinsatz oder Intervention innere Zustände und Prozesse zu beeinflussen und von außen zu verändern.

Praxisbeispiel: Toni – Kritischer Umgang mit Diagnosen und ihren Konsequenzen

Jeder Mensch hat das Recht darauf, seine ganz eigene individuelle Entwicklung zu durchlaufen. Diese sollte zum Beispiel nicht pauschal in einem Arbeitsplatz in einer Werkstatt für Menschen mit Behinderung münden, auch dann nicht, wenn – wie im Fall des 20-jährigen Toni – eine diagnostizierte sogenannte schwere Autismus-Spektrum-Störung mit herausforderndem Verhalten vorliegt. Diese Behinderung führe, so impliziert die Empfehlung der Wohneinrichtung, in der Toni seit 15 Jahren lebt, »zwangsläufig« in eine Werkstatt für Menschen mit Behinderung.

Diese Aussage der Wohneinrichtung wirkt wie eine sich selbst erfüllende Prophezeiung, die jegliche persönliche Zukunftsplanung obsolet macht.

So wird das heilpädagogische Handeln strukturell begrenzt und in einen asymmetrischen Unterstützungskontext eingebunden. Systemische Ansätze zu vertreten, wird so erschwert. Sie wären aber durchaus wirkungsvoll.

Je gravierender die gefundene Diagnose formuliert ist, desto mehr Ängste können im Umgang mit dem in den Hintergrund der Diagnose rückenden Menschen auftreten. Reaktionen der Abwehr, Zurückhaltung und Vorsicht in der Interaktion erschweren Begegnung sowie Teilhabe. Zuversicht und Zutrauen in die persönliche Entwicklung abweichend pauschaler Prognosen schwinden (Lindemann & Vossler 1999, 121). Persönliches Scheitern wird vorausgesagt und Bedingungen, eine berufliche Erfolgsstory zu schreiben, erschwert. Elemente der Persönlichen Zukunftsplanung oder auch andere Bildungsarbeit in der Einrichtung zu installieren, scheitert dann beispielsweise an der begrenzten Zeit der Mitarbeiter, einer Veränderung skeptisch gegenüberstehenden Belegschaft oder einer Organisation, die sich entsprechenden Change-Prozessen aus verschiedenen Gründen verschließt.

Der ›Autismus‹ von Toni wirkt sich auf die Angehörigen aus, Experten werden aufgesucht und Netzwerkbeziehungen entstehen. Die erfolgte Kategorisierung und Etikettierung verteilt die Verantwortlichkeiten und Aufgaben. Entsprechend begrenzt wird Tonis Perspektive betrachtet.

Durch die definierte Autismus-Diagnose vieler kompetenter Unterstützer entsteht eine scheinbare Klarheit. Es erscheint als das Problem von Toni, hinter dem das Dilemma der psychosozialen Fachkräfte verschwindet. Die Probleme der Angehörigen von Toni und die Probleme der verschiedenen Unterstützer in Beziehung zu Toni sind nicht die gleichen. Es bestehen verschiedene Aufgaben, Zugangswege und Kontakte und es resultieren daraus Unterschiede in der Art der Unterstützung (Seikkula & Arnkil 2007, 55).

Praxisbeispiel: Kai – Kritischer Umgang mit Diagnosen und ihren Konsequenzen

In einem Beispiel aus dem U6-Bereich wird den Eltern des zweieinhalbjährigen Kai, der wenige Wörter und kaum Zweiwortsätze spricht, bei diesen kleinen Anzeichen einer Normabweichung in der erfolgten U-Untersuchung eine entsprechende logopädische Förderung empfohlen. Bei entsprechender therapeutischer Behandlung würde Kai in seinen zarten Jahren verinnerlichen, er müsse repariert werden. Lassen sich Eltern durch die Idee nicht verunsichern in ihren Erfahrungen, dass Entwicklungen manchmal länger brauchen, und bieten sie Kai zu Hause und im Kindergarten eine hoffungsreiche und förderliche Umgebung, seine sprachlichen Fähigkeiten in seinem Tempo zu entwickeln, kann er Zutrauen in sich entwickeln, sich die Lernmöglichkeiten zur Sprachentwicklung suchen, die er gerade benötigt, und schließlich bei der eineinhalb Jahre später erfolgenden U-Untersuchung weit überdurchschnittliche Sprachkompetenzen aufweisen (so im Praxisfall geschehen). Eltern erfahren sich als handlungswirksam und entwickeln statt potentiellen Schuldgefühlen auf Grund potentieller Erziehungsfehler ein Vertrauen in ihre elterlichen Kompetenzen.

Dies soll die präventive Wirkung der U-Untersuchungen und deren wichtige Funktion nicht schmälern, jedoch auf sensible Problemfelder durch früh beginnende Stigmatisierungsprozesse sowie zu früh erfolgende Etikettierung durch starre und festlegende Diagnosen hinweisen und eine vorsichtige, reflektierte Herangehensweise von fachlicher Seite einfordern, die dem individuellen Entwicklungstempo und Entwicklungsniveau Rechnung tragen und der Relevanz des Umfeldes Bedeutung geben können.

Selbst ›kleine‹ Menschen wie Kai spüren sehr genau, dass sie in ihrem So-Sein nicht akzeptiert sind, also nicht ›ok‹ sind und an sich etwas verändern müssten. Dies beeinflusst die motivationalen Lernprozesse sowie Vertrauen in die eigenen Fähigkeiten negativ (Roth 2015). Die Aktivierung von positiven Emotionen ist ein wichtiger Faktor für gelingendes Lernen und Entwicklung und darüber hinaus für die Aktivierung von Ressourcen und der Förderung des emotionalen und physischen Wohlbefindens (so die Forschungen von Frederickson 2003).

Das Symptom »Sprachentwicklungsverzögerung« wird durch die sozialen Bewertungen im Kontext pathologisiert. Es macht einen bestimmten Entwicklungsstand ab einem gewissen Alter zum Symptom. So wird ein sozial und gesellschaftlich eigentlich nützlicher Vorgang (Kilian 1989, 6) für Kai weniger nützlich und sinnhaft, der ihn in der Aktivierung seiner Ressourcen, in den Möglichkeiten in seiner Entwicklung und im Lernen hemmt statt beflügelt.

3.2 Zusammenfassung

Beachtenswert im Umgang mit Problemen und Problemsystemen ist Folgendes:

- Das Entstehen von Problemen kann die unmittelbare Folge falscher Lösungsversuche einer bestehenden Schwierigkeit sein.
- Es kann auch die Folge des Versuchs sein, überhaupt nicht bestehende Schwierigkeiten zu lösen. Deswegen ist eine Vergangenheitsbetrachtung unwichtig. Es zählt die Gegenwart auch – oder besonders – dann, wenn sie auf die Zukunft schaut.
- Deswegen beobachte nicht die Probleme. Wichtig sind die Ressourcen, die einem System in seiner Umwelt zur Verfügung stehen.
- Also weg vom Tanz um das Problem!

4 Schnittstellen heilpädagogischer und systemischer Haltungen

Bevor in Kapitel 5 die Methodenschätze der Systemischen Ansätze ausführlicher vorgestellt werden, gilt es, in diesem Kapitel über die angemessene persönlich-fachlichen Haltungen einer Heilpädagogin, die nach Systemischen Ansätzen handelt, zu reflektieren. Haltungen und methodisches Handeln sind eng verknüpft. In der Didaktik und Vermittlung von Systemkompetenz an unsere Studierenden spielt das Etablieren und Reflektieren von entsprechenden Haltungen eine wichtige Rolle. Insofern ist der Stellenwert von Haltung(en) in diesem Buch zunächst höher als die daran anschließende Betrachtung der Methoden (▶ Kap. 5).

In der Heilpädagogik als beziehungsstiftender Pädagogik wird klar formuliert, dass die Person der Heilpädagogin, welche durch ihre persönlich-fachliche Haltung geprägt wird, entscheidend dafür ist, wie die Beziehung zur Adressatin gestaltet wird (Kobi 1977; Bundschuh 2010; Köhn 2013). Die Beziehung als ein »dynamischer dialogischer Prozess« (Bundschuh 2010, 109) zur Heilpädagogin stellt im Idealfall in ihrer Person eine positive Ressource für das Gelingen der Begleitung und Beratung dar. Mit ihrer beziehungsstiftenden Kompetenz liegt die Heilpädagogin im Trend. Aus vielen Studien über die Wirksamkeit von Therapien geht klar hervor, dass die Beziehung zwischen Therapeutin und Klientin einer der wichtigsten Wirkfaktoren darstellt (Weinberger 2015, 28, 38; Grawe & Grawe-Gerber 1999, 66). Innerhalb Systemischer Ansätze gilt es gleichermaßen als essentiell, eine tragende Beziehung, ein »Passen« zu allen Mitgliedern des Beratungssystems herzustellen (Stierlin 1997, 84).

Nach den theoretischen Reflektionen zu Systemischen Ansätzen in Kapitel 2 bekommt darüber hinaus der Kontext und die Umgebungsbedingungen für systemisch-heilpädagogisches Handeln eine Relevanz, in dem mit heilpädagogischem Knowhow (systemisch) je nach Aufgabenstellung gearbeitet wird. Auf die Verschränkungen, die sich in folgender Abbildung verdeutlichen, wird im Folgenden näher eingegangen (▶ Abb. 6).

Der innere Kompass, in diesem Fall, die heilpädagogisch-systemischen Haltungen, beeinflusst die Ausrichtung des konkreten heilpädagogischen Handelns in gelingenden Prozessen und ist nicht einfach von außen übernehmbar und normierbar. Der Kompass ist in seinen Richtungszuweisungen ethisch normiert, aber in seinem Gebrauch und seiner Ausgestaltung höchst individuell und reflexiv. Denn er knüpft an individuellen Erfahrungen und Prägungen an wie Biografie, Sozialisation und Kompetenzen beruflicher oder privater Art. Haltung als Orientierung an der Innenperspektive, getragen von einer Wertebasis und Persönlichkeit, sichtbar in Interaktionen und Beziehungen sowie getragen von persönlicher und professioneller Präsenz (ausführlich zum Begriff Hennecke 2011) ist umso notwendiger, je

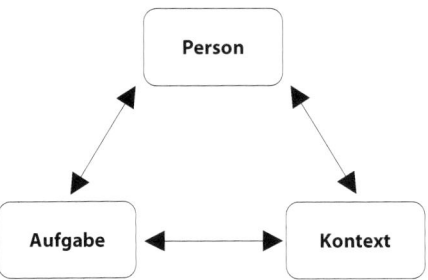

Abb. 6: Kontextualisierung heilpädagogischen Handelns, eigene Darstellung

komplexer und widersprüchlicher das heilpädagogische Handeln oder Arbeitsfeld wird und dadurch die Orientierung an der Außenperspektive erschwert wird.

Tragende Säulen der in Einzahl als stehender Begriff geläufigen »Heilpädagogischen Haltung« sind die Achtung der menschlichen Würde, die Anerkennung von Vielfalt und Anderssein, Wertschätzung, Echtheit und Echtsein (humanistisch), einfühlendes Verstehen als wichtige Schlüsselvariable für die Beziehungsgestaltung – also die Fähigkeit der Heilpädagogin, Erfahrungen und Gefühle des Gegenübers und des sozialen Systems verstehend zu entschlüsseln (Hofer 2007, 27). Beziehung gestaltet sich in gleichwertiger und gegenseitiger Begegnung. »Bei einer heilpädagogisch geprägten Beziehung ist es Aufgabe der Heilpädagogin, ein bestehendes hierarchisches Machtverhältnis zwar wahrzunehmen und sich der professionellen Rolle bewusst zu sein, aber diese nicht zu missbrauchen, um Begegnung auf Augenhöhe zu ermöglichen« (Kiessl 2015).

Historisch war die Heilpädagogische Haltung eine Ansammlung von idealisiert überhöhten Tugenden davon, was eine gute Heilpädagogin auszeichnete (Hofer 2007, 26; Häußler 2000). Da schwer fassbar, im individuellen Denken und Fühlen verankert, wurde die Relevanz der Heilpädagogischen Haltung mangels Wissenschaftsanspruches kritisch beleuchtet (Haeberlin 2005, 36, 45).

Für Hofer (Hofer 2007, 29) ist Heilpädagogische Haltung nichts anders als Beziehungsgestaltung. Ergänzt wird dies in obigem Schaubild und bisher nicht in den Schriften zur Heilpädagogik beschrieben (Menth 2018, 17) durch einen wesentlichen systemischen Bestandteil, nämlich durch das Mit-Bedenken und Mit-Einbeziehen des Kontexts der Adressatinnen und somit durch eine Kontextualisierung der zunächst dialogisch geprägten Beziehungen durch den Einbezug der Umwelt, der Gemeinschaft, der Gesellschaft.

Aktuell trägt die Heilpädagogische Haltung weiterhin die heilpädagogische Professionalität. Sie bildet ein Fundament für alle wesentlichen Aspekte und Fragen zur heilpädagogischen Professionalisierung und Berufsethik (Hofer 2007, 26). Durch die gezielte Reflexion der Interaktionen bildet sich durch theoretischen Rückbezug sowie Praxiserfahrungen ein professioneller Habitus heraus. Schwer erklärbar und wenig vermarktungsfähig wirkt nach Hofer (ebd.) die Heilpädagogin mehr durch das, was sie ist, als durch das, was sie tut.

Schon nach Emil Kobi (2010, 11) ist die Kernkompetenz der Heilpädagogin, also die Erziehung, keine spezifizierbare Tätigkeit, sondern eine wertbestimmte

Haltung beschrieben in Grundsätzen, die in jedwedem Tätigsein – aber auch im Nicht-Tun, im Schweigen und in der Stille – zum Ausdruck gelangen kann. Die Art der Begegnung, der Bildungsprozess, die Begleitung oder Unterstützung, also bei Kindern auch die Erziehung, ist durch persönliche und professionelle Präsenz, durch ein Gegenwärtigsein gekennzeichnet. Mit einer inneren ›Adlerperspektive‹, in ›internaler Präsenz‹ beobachten wir dabei uns und Andere. Nachrangig und im zweiten Schritt entfaltet sich dann die Heilpädagogische Haltung im Handeln oder Tun.

Darüber hinaus liegt in der Heilpädagogik die Ausrichtung des inneren Kompasses deutlich auf der Eröffnung von Perspektiven und Möglichkeiten, das heißt auf der Unterstützung der aktiven und kreativen Gestaltung von Gegenwart und Zukunft (Greving & Ondracek 2009; Haeberlin 2005; Hofer 2007; Kobi 2010) und weniger auf der Vergangenheit und ihrer Bewältigung. Heilpädagogik betrachtet alle Menschen als aktive Gestalter ihrer Lebens- und Lernwelten (Kiessl 2015). Sie widmet sich mit einer ausgeprägten Orientierung an Ressourcen deren Finden, ihrem Zugänglich-Machen und der Entfaltung ihrer innewohnenden Kräfte.

Der veränderte Bezug zwischen Menschen mit Behinderung und professionell heilpädagogisch Tätigen (Heimlich 2004, 256) wirkt sich auch auf den inneren Kompass, die Heilpädagogische Haltung, aus und fordert von der Heilpädagogin Anpassungsleistungen und eine gewisse Neuadaption an Kompetenzen und Persönlichkeit. Der Respekt vor den Impulsen der Auftraggeberinnen und deren Empowerment und Partizipation steht nun im Fokus.

Das bildet sich in einer Schnittstelle zur systemischen Haltung ab – hier eher in einer Pluralität gebräuchlich. Über die dialogische Beziehung hinaus gewinnt die Verflechtung des Systems mit ihrer Umwelt Bedeutung. In systemischen Haltungen soll das Bewusstsein für Möglichkeiten vergrößert werden, wie zum Beispiel durch den Einsatz zukunftsorientierter oder hypothetischer Fragen (Simon & Weber 2004) (▶ Kap. 5.4). Lösungen werden fokussiert (▶ Kap. 5.5). In der Heilpädagogik fußt dies auf der Beziehungsgestaltung sowie dem Einsatz von entsprechenden Methoden. In Systemischen Ansätzen liegt der Fokus darauf, mit entsprechenden Methoden »Beschreibungen zu hinterfragen, über die Wirklichkeit als problematisch erfahren wird (Schlippe & Schweitzer 2012, 200), und darauf, neue Sichtweisen zu gerieren. Gleichzeitig gilt hier der Respekt vor den Impulsen der Klientinnen und eine »interaktive« professionelle Präsenz (Bleckwedel 2009, 91), getragen von Entdeckungsfreude, von achtsamer bis hin zu manchmal frecher Neugier, von einer spürbaren Fehlerfreundlichkeit, von Behutsamkeit und der Fähigkeit, eine vertrauensvolle Beziehung aufzubauen (Klein 2010).

Dadurch wird das heilpädagogische Selbstverständnis berührt. Hier wird noch einmal hervorgehoben, dass die Anerkennung aller Beschreibungen als gleichwertige Konstruktionen von Wirklichkeit im Sinne von Würdigung vielfältiger Haltungen und Verhaltensoptionen sowie »wertfreier Akzeptanz« (Lindemann & Vossler 1999, 94; ▶ Kap. 2.4; Schwing & Fryszer 2012, 327) der heilpädagogischen Wertorientierung und Anerkennung der grundsätzlichen Bildungsfähigkeit aller Menschen (Greving 2009, 79, 80) genauso wie der systemischen Wertebasis entspricht. Nur ein System selbst kann Verantwortung übernehmen und hat die Fähigkeit, sein Leben zu gestalten und sich zu entwickeln.

Die systemische Wertebasis darf wiederum nicht zur Rechtfertigung des Vermeidens von Meinungsverschiedenheiten oder der Verhinderung einer lebendigen Konfliktkultur eingesetzt werden (Levold 2014b, 59). Die Verankerung einer reflektierten Haltung bedeutet dann Konfliktfähigkeit und (sozial-)politische Positionierung im Sinne einer gewissen sozialkompetent eingesetzten Streitbarkeit zum Nutzen der Klientinnen und der gewinnbringenden Vertretung der eigenen Profession.

Mittels Kommunikation erfolgt die Anerkennung von Differenz, »auf Verstehen angelegte Begegnungen führen daher leicht zu Verhärtungen« (Kobi 2010, 12). Das Einüben von Konsens kann Kommunikation überlasten. Notwendig ist die Einübung von Dissens, den Anderen so anzuerkennen, wie er ist, und nicht den Anderen so zu machen, wie wir sind. Da wo wir einander nicht verstehen, können wir uns für das Zusammenleben miteinander verständigen.

Im heilpädagogischen Alltag gilt es, Ambivalenzen und Gegenpole an Notwendigkeiten auszuhalten und auszubalancieren sowie Autonomie, Partizipation und Freiräume zu ermöglichen und Ressourcen zu aktivieren. Gleichzeitig gilt es, Grenzen zu setzen oder fürsorgliche Unterstützung und Anleitung zu geben. Es heißt ferner, Selbständigkeit und Selbstorganisation einzufordern, Frustrationen zuzumuten, zur Selbstbestimmung zu ermutigen und gleichzeitig Schutz zu gewähren.

Dieses Spannungsfeld kann durch systemische Haltungen nicht aufgelöst werden, aber bestimmte Anker und Impulse zu Autonomie, Partizipation, Ressourcenaktivierung und Selbstermächtigung können in ihrer Initiation gefördert werden.

4.1 Heilpädagogisch-systemische Haltungen in der Praxis

Eine Heilpädagogin wird beispielsweise in ihrer Praxis nicht nur mit dem Kind, das eine heilpädagogische Entwicklungsbegleitung oder Spieltherapie durchlaufen soll, konfrontiert. Sondern sie kommt nicht umhin, sich mit dem ›Problemsystem‹ und seiner Umwelt auseinanderzusetzen, einer oft über mehrere Generationen hinweg auf staatliche Hilfen und Kontakte mit verschiedenen Ämtern angewiesene sogenannte fachlich ›gelabelte Multiproblemfamilie‹, der das ›seelisch-emotional bedürftige und vernachlässigte‹ Kind angehört. Im Kontakt mit der Familie stößt sie auf Misstrauen und eingefahrene Wege, beteiligte Helfer elegant auflaufen zu lassen. Gleichzeitig erlebt die Heilpädagogin die Ohnmacht der Helfer. Sie erlebt bei der Familie als ratsuchendes System die Facetten an erlernter Hilflosigkeit, Ohnmacht und Bedürftigkeit in seiner entsprechenden Selbstorganisation.

Um davon nicht überrollt und in die Problematiken des ratsuchenden Systems hineingezogen zu werden, ist es wichtig, dass die Heilpädagogin ihre Stellung als Teil des Beratungssystems reflektiert. Durch diese Erkenntnis und möglicherweise durch eine Supervision kann sie ihre Haltung verändern, Neutralität als Haltung nutzbar machen, notwendige Distanz zum ratsuchenden System schaffen und einen neuen Blick auf die Familie entwickeln. Sie kann die Achtung vor der Autonomie des zu beratenden und zu begleitenden Systems verinnerlichen. Der Blick auf die Familie und somit auch auf das Index-Kind verändert sich weiter. Die Familie, die Adressatinnen, sind die Experten für ihr Leben. Jede geplante Intervention ist kontextsensibel abzustimmen. Die Reflektion mit der Familie im Vorfeld, wie sich eine Intervention gestaltet und wer wie reagiert, ist wichtig. Leitend kann hier sein, zu reflektieren, welche Vorgehensweisen für die Adressatinnen die meisten Veränderungsmöglichkeiten erschließen können, und das Umfeld dabei einzubeziehen. Hier kann es sinnvoll sein, die Vorgehensweise vor der Umsetzung mit den Adressatinnen zu diskutieren bis dahin, die Vorgehensweise gemeinsam zu entwickeln und abzustimmen, sollte dies möglich sein. Dies wiederum wirkt sich auf die Kommunikation der Heilpädagogin mit dem Familiensystem aus, was wiederum nutzbringend für alle Beteiligte ist und neue Wege der Kooperation und einer tragfähigen Beziehung (Heilpädagogische Beraterin/Adressatinnen) eröffnen und das Selbstwirksamkeitserleben sowie die Motivation zu Veränderungen bei allen Beteiligten initiieren kann.

4.2 Schnittstellen zwischen Heilpädagogischer Haltung und systemischen Haltungen

Wie oben ausgeführt, stützt sich die Theorie der Selbstorganisation darauf, dass die Heilpädagogin oder die Beraterin Adressatinnen und Auftraggeberinnen nicht einseitig verändern können. Diese systemische Haltung steht im Widerspruch zur Diagnostik und der Zielgenauigkeit entsprechender auf einer Diagnose basierten Intervention. Dies wird in Systemischen Ansätzen in Frage gestellt. Das heißt, die Heilpädagogin handelt wirksam und interveniert, vor allem ohne im Voraus zu wissen, was dadurch ausgelöst wird. Eine noch offenere und vor allem noch prozessorientiertere Haltung könnte in die Heilpädagogische Haltung einfließen.

Heilpädagogische Haltung kann da ergänzend ansetzen, wo Systemische Ansätze blinde Flecken haben, wie zum Beispiel im Ausblenden der Bedeutung von Affekten und Emotionen sowie in der Berücksichtigung und Einbeziehung biografischer Aspekte (Ludewig 1998, 52; Levold 2014b, 59). Das Individuum bekam vor der emotionalen Wende in der Geschichte der systemischen Therapie in seiner innerpsychischen Qualität und in seiner Geschichtlichkeit zunächst weniger Gewichtung. Zunächst hatten nur wenige Systemische Ansätze die Relevanz einer tragfähigen Beziehung als Begegnung und damit verbunden einer affektiven Rahmung vertreten (Dinkel-Sieber, Hildenbrand, Waeber, Wäschle & Welter-Enderlin 1998). Um zu verstehen, gilt es, Gefühlen Raum zu geben. Sie sind die »Kundschafter« in der Interaktion, sind einzubeziehen und nicht zu vernachlässigen, so formulieren dies die zwei finnischen Vertreter des Narrativen Ansatzes Seikkula & Arnkil (2007, 64).

4.2 Schnittstellen zwischen Heilpädagogischer Haltung und systemischen Haltungen

Eine gewisse Emotionslosigkeit bei der Fokussierung auf Kommunikationssysteme kann entlastend und mobilisierend zugleich sein. Werden Affekte jedoch ausgeblendet, kann dies zu Irritationen führen, die jeden weiteren Kontakt, Kommunikation und Interaktion erschweren. Die Würdigung des individuellen Leids, das empathische Mitschwingen bei emotionaler Betroffenheit oder Aufmerksamkeit für die Beachtung körperlicher Phänomene sowie ein tiefes Verstehen darf jedoch nicht in den Hintergrund der Betrachtung rücken oder vernachlässigt werden. Diese genuin Heilpädagogische Haltung bildet eine Basis und vervollständigt die Herangehensweise nach Systemischen Ansätzen. Ohne diese notwendige Würdigung entsteht keine tragfähige Beziehung oder Begegnung. Dann erst ist der Boden bereitet, um sich mit Kommunikationen zu befassen, die nicht losgelöst von den Adressatinnen und ihren Bedürfnissen erfolgt. Hier bildet die Heilpädagogische Haltung und Herangehensweise eine wirkliche Bereicherung Systemischer Ansätze, und beides kann sich hier wirkungsvoll ergänzen.

Eine Stärke der heilpädagogischen Professionalität ist die »bio-psycho-soziale Fachkompetenz« bezogen auf Erziehung, Bildung, Entwicklungsbegleitung oder Assistenz für Menschen mit Behinderung oder Beeinträchtigung (Büschges-Abel 2000, 16). Das Individuum wird in seiner innerpsychischen Vielfältigkeit und Geschichtlichkeit gewürdigt, in der traditionellen Heilpädagogik so sehr, dass Umweltbedingungen und systemische Betrachtungsweisen vernachlässigt oder ausgeblendet wurden, was der heilpädagogischen Profession zum Beispiel in der Jugendhilfe noch heute als Kritik entgegenschlagen kann.

Eine wichtige Säule heilpädagogischen Handelns ist die Fokussierung auf Ressourcen und ihre Aktivierung, getragen von einer Haltung, dass alle Menschen über eine Fülle von Ressourcen verfügen und das Potential haben, diese zu entwickeln (Kiessl 2015). Gleichzeitig stellt die heilpädagogische Begleitung eine Ressource für die Adressatinnen dar. Die Betrachtung der Ressourcen ist in der Heilpädagogik ganzheitlich und berücksichtigt sowohl innere, individuelle Ressourcen als auch äußere, soziale Ressourcen und förderliche Umweltfaktoren. Hinzu kommt aus den hier deckungsgleichen systemischen Haltungen heraus die Idee, dass Adressatinnen alles in sich tragen, aus ihren Ressourcen heraus ihre eigenen Lösungen für Probleme entwickeln können (Schwing & Fryszer 2012, 326). Optimismus und Zuversicht, dass sich etwas verändern kann, darf und wird vermittelt sich Adressatinnen in der Person der Heilpädagogin, getragen von den systemischen und der Heilpädagogischen Haltung. Systemische Haltungen verknüpfen dies mit dem radikalen Respekt vor der Selbstorganisationskompetenz und Autonomie der Auftraggeberinnen. Verbunden damit ist die Akzeptanz der im System getroffenen Entscheidung, dass es sich möglicherweise nicht verändern möchte. Letzteres stellt eine Herausforderung für die heilpädagogische Fachlichkeit dar und bietet eine Neuerung in der Heilpädagogischen Haltung an.

Die wechselseitige Verschränkung heilpädagogischer und systemischer Haltungen bereichert wiederum die heilpädagogische Profession und Fachlichkeit. Heilpädagogik fokussiert auf den Ausdrucksmöglichkeiten und der Beachtung von Affekten und Gefühlen aller im System und betrachtet dies als wichtiges Initial für Veränderung (Haeberlin 2005, 295). Systemische Ansätze verdeutlichen hingegen der Heilpädagogik und somit der Heilpädagogischen Haltung die Begrenztheit des eigenen Wissenshorizonts hinsichtlich der Adressatinnen und ihrer Umwelt. Gerade bei den Grenzen des Verstehens und Unverständnis durch die Heilpädagogin sind Systemische Ansätze und entsprechende Haltungen eine wichtige Ergänzung. Diese Verschränkung eröffnet andere Zugänge, andere Schwerpunkte oder Betrachtungsweisen und vergrößert entstehende Möglichkeitsräume.

Aktuellere Selbstorganisationstheorien gehen davon aus, dass als stabilisierendes Fundament die »affektive Rahmung« der Situation wichtig ist, um zu Übergängen anzuregen, welche die Systemordnungen durch Schwächung gewohnter Muster anregen, neue Ordnungen zu ermöglichen. Hierfür bedarf es einer vertrauensvollen Beziehung, um eine Auseinandersetzung mit bedrohlichen Inhalten und Herausforderungen zu bewältigen und zu kooperieren (Rufer & Schiepek 2014). Aktuell orientiert sich Systemische Beratung und Therapie neben Begegnung oder Systemveränderung an Kooperation als Modell, als dem gemeinsamen Suchen nach guten Beschreibungen (Schlippe & Schweitzer 2012, 200).

4.3 Die Basis systemisch-heilpädagogischer Gesprächsführung und entsprechender Haltungen

Systemische Gesprächsführung bedeutet, die »Wechselwirkungen zwischen den verschiedenen Systemebenen (Emotion, Kognition, Verhalten, sozialen Beziehungen) zu erfassen und zu gestalten«. »Die Bearbeitung subjektiven Erlebens in einem Einzelsetting wie auch die Bearbeitung zwischenmenschlicher Dynamik in einem Paar- oder Familiensetting gehören in den Werkzeugkasten jedes/r Therapeuten/in« (Rufer & Schiepek 2014, 334).

Folgende Abbildung verdeutlicht die Basis systemisch-heilpädagogischer Gesprächsführung (▶ Abb. 7).

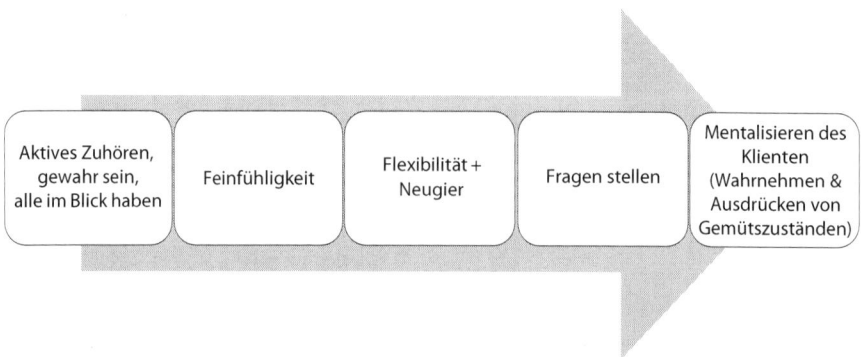

Abb. 7: Basis systemischer Gesprächsführung, eigene Darstellung

4.3.1 Aktives Zuhören, Gewahr Sein, Nachfragen und alle im Blick haben

Aktives Zuhören, Flexibilität und Neugier sowie das Fragen-Stellen sind Elemente, die die Gesprächsführung nach Systemischen Ansätzen schon seit der Entstehung prägen.

Aus neueren Ansätzen kommen weitere Elemente dazu. Das aktive Zuhören wird ergänzt durch das Gewahr Sein auf allen Ebenen und mit allen Kanälen der Adressatinnen sowie von sich selbst im Beratungsprozess. Dies entschlüsselt sich nach dem »Embodiment« (▶ Kap. 5.11.2, Aufstellen) im Sinne der Achtsamkeit und Aufmerksamkeit für andere und sich selbst (Tschacher & Storch 2015, 124). Darüber hinaus sind alle im Blick zu haben (ebd.) und in den Blick zu nehmen.

Aktives Zuhören verbindet sich mit Nachfragen und Fragen-Stellen, nicht nur zum besseren Verständnis, sondern dazu, das eigene Narrativ im eigenen psychischen System mit der Geschichte des Gegenübers zu synchronisieren (ebd., 124). Indem man Inhalte, die das Gegenüber erzählt, mit eigenen Worten wiedergibt, baut man dessen Geschichte in das eigene assoziative Netzwerk ein. So können sich Assoziationen angleichen. Eine gemeinsame Sprache kann entstehen. Auf diese Weise fragt die Heilpädagogin für sich selbst nach, um sich selbst einzuschwingen und um so einen Beitrag zum Entstehen des Stimmigkeitsgefühls zu leisten (ebd., 125).

4.3.2 Fragen Stellen und Neutralität

Darüber hinaus spiegeln sich in Fragen, die in der Beratung gestellt werden, entsprechende Haltungen der Beraterin wie zum Beispiel die Haltung des Nichtwissens (Schlippe & Schweitzer 2016, 277). In der Arbeit des Mailänderteams um Mara Selvini-Palazzoli wurde für eine neugierige und auf gewisse Weise respektlose Haltung der Begriff Neutralität geprägt (Selvini Palazzoli, Boscolo, Cecchin & Prata 1981). Neutralität kann aber auch anders gefasst werden: Eine neutrale, neugierige Grundhaltung muss offen und achtsam sein, um sich sensibel annähern zu können und möglichst abstinent zu sein vom Einsatz von Stereotypen, Labeln oder Schuldzuweisungen.

Neutralität bedeutet aber nicht, keine eigene Meinung einzubringen und zu vertreten. Meinungen sollten jedoch möglichst nicht belehrend sein im Sinne von: »So sollten Sie sein und so nicht!« (Cecchin 1988). Neutralität als Haltung kann auch mit einem persönlichen, empathischen, authentischen, herzlichen oder humorvollen Stil praktiziert werden und unterscheidet sich von dem distanzierten, eher gefühlsabstinenten Stil der Begründer der Mailänderschule.

Es wird differenziert zwischen Konstruktneutralität, Beziehungs- oder sozialer Neutralität sowie der Veränderungsneutralität (Retzer 2002).

- **Konstruktneutralität** bedeutet, dass keine Parteinahme für oder gegen Sichtweisen und Konstruktionen der Klientinnen erfolgt.
- Eine Bewertungsneutralität und Offenheit für die Vielstimmigkeit und Alternativen, die in die Diskussion gebracht werden ist mit der **Veränderungsneu-**

tralität verbunden. Negative oder positive Bewertungen des Symptoms genauso wie die Einladung zum Kontrollieren oder Bekämpfen eines Symptoms werden ausgeschlagen.
- Koalitionsangebote von Seiten der Klientinnen für oder gegen andere Mitglieder des Problemsystems oder andere relevante Personen werden nicht angenommen, die Beziehungs- oder **soziale Neutralität** wird eingehalten.

Neutrale Haltung einnehmen fordert von der Beraterin eine Haltung des »Nichtwissens« (Anderson & Goolishian 1992) gegenüber eigenen Glaubenshaltungen, Interpretationen und liebgewonnenen Methoden, damit neue und andere Ideen für die Praxis entwickelt werden können, welche die Optionen der Klientinnen erweitern entsprechend der Anleitung von Foerster (1988, 33): »Handle stets so, dass die Anzahl der Wahlmöglichkeiten größer wird«. Dies eröffnet den Klientinnen Raum für neue Handlungsoptionen und Übergänge in neue Handlungen.

Es ist bedeutsam genau zu reflektieren, wann und in welchem Kontext Neutralität sinnvoll sein kann. Es kann Situationen geben, in denen eine neutrale Haltung bewusst abgelegt werden sollte (Schlippe & Schweitzer 2016, 206), zum Beispiel bei einem Kontrollauftrag bei Kindeswohlgefährdung oder bei einer ersichtlich werdenden Menschenrechtsverletzung in einem Wohnheim für Menschen mit Behinderung oder wenn Empörung oder deutliche Unterstützung bis hin zur Parteinahme erforderlich wird, um auf Missstände entsprechend zu reagieren.

4.3.3 Neutralität als Haltung und ihre Nutzbarkeit in der Heilpädagogik

Ältere Modelle der Heilpädagogik bezeichneten das Fach als parteiergreifende Pädagogik (Haeberlin 2005). Dies kann unter einer Menschenrechtsperspektive im Sinne von advokatorischer Pädagogik dann heute noch gelten, wenn es Adressatinnen selbst mit Unterstützender Kommunikation nicht gelingt, sich selbst auszudrücken oder zu partizipieren. Dann ist soziale Neutralität im obigen Sinne unpassend. Gleichzeitig wird eine ideologiefreie Offenheit in der wertgeleiteten Heilpädagogik schon früh rezipiert (Haeberlin 2005, 286)

Neutralität ist auch dann obsolet, wenn es darum geht, Missstände der Unterdrückung oder Politik anzuklagen oder Veränderungen einzufordern, von fachlicher Seite. Darüber hinaus kann jedoch, gerade um den Paradigmenwechsel in der Haltung zu vollziehen, die Orientierung an dem Neutralitätskonzept der Systemischen Ansätze hilfreich sein, um heilpädagogische Beratung und Begleitung mit neuen Akzenten und möglichst viel Selbstorganisation von Adressatinnen durchzuführen. Die systemisch-heilpädagogischen Haltungen sind getragen von einer Offenheit für deren Interpretationen und Einstellungen, einer Offenheit für vielfältige Meinungen der beteiligten Systemmitglieder und vor allem für deren Ideen von Veränderung oder Lösung.

Der Heilpädagogin kann die Haltung des Nichtwissens und der Neutralität bei der Durchführung von heilpädagogischer Diagnostik, besonders bei einer zuteilenden Diagnostik, die »pauschale Typologisierungen vermeidet« (Haeberlin 2005, 81), hilfreich sein. Gerade bei analoger (non-verbaler) Kommunikation ist die Informationsgewinnung durch geschulte heilpädagogische Beobachtung wichtig, um ein Verstehen zu ermöglichen. In jeglichem heilpädagogischen Beratungssetting kann eine ›neutrale‹ Haltung gegenüber den beteiligten Systemmitgliedern und den Adressatinnen eine gute Basis für jegliche Gesprächsführung sein.

4.3.4 Feinfühligkeit

Ein weiteres Element der heilpädagogischen Interaktionsgestaltung fließt in die systemisch-heilpädagogische Gesprächsführung ein. Es ist die Fähigkeit zur Feinfühligkeit (Brisch 2013) sowie im weiteren Sinne die Empathie- und Mentalisierungsfähigkeit, die auf die Aktivität der Spiegelneuronen im menschlichen Gehirn zurückgeht.

Das Konzept der Feinfühligkeit, mit der Eltern auf die Initiativen des Kindes reagieren, wurde von Mary Ainsworth im Zusammenhang mit der Säuglings- und Bindungsforschung entwickelt. Es bezieht sich unter anderem darauf, Kinder in ihrer zunehmenden Selbstständigkeit und wachsenden Explorations- und Kommunikationsfähigkeit zu fördern und gleichzeitig eine sichere Basis und einen emotionalen Resonanzraum zu bieten (Brisch 2013). Feinfühligkeit gilt dem Deuten kindlicher Signale und entsprechend dem Zeigen möglichst passgenauer Reaktionen.

Heilpädagogische Gesprächsführung und Begleitung zeichnet sich durch feinfühliges Erfassen und Interpretieren der Signale und Reaktionen der Adressatinnen aus (Kiessl 2015). Erschlossen werden dabei Aufnahmebereitschaft und Toleranzgrenze, Überforderung oder Unterforderung, Aufmerksamkeitsfokus, bei Kindern das Spielthema, Entwicklungsbausteine genau wie bei Erwachsenen mögliche Entwicklungsthemen, affektives Erleben und Motivation, Fähigkeiten und Schwierigkeiten (Papousek 2004). Während die Heilpädagogin begleitet, beobachtet sie, wird den Adressatinnen und sich gewahr. Sie sieht, wie die Adressatinnen auf Weiterentwicklung und Aktualisierung zielen und daraufhin ihre Ressourcen zu aktivieren und zu entfalten beginnen. Sie unterstützt diese natürlichen Prozesse einfühlsam und achtsam, indem sie ermutigt und gleichzeitig eine sichere Basis an Vertrautheit bietet. Die Erkenntnisse der Bindungs- und Resilienzforschung fließen in die Gestaltung eines heilpädagogischen Settings ein, um bindungsunterstützend und bindungsbewusst zu agieren (ebd.; Schumann 2017, 21; Brisch & Hellbrügge 2008; Brisch 2016).

Gleichermaßen befassen sich aktuelle Systemische Ansätze damit, dass die Beratung eine sichere Basis an Vertrautheit sowie eine gewisse Bindungssicherheit bietet, damit sich Adressatinnen öffnen, ja überhaupt aufnahmefähig werden, um dann erst die Beratung nutzen zu können (Dallos & Vetere 2009; Schlippe & Schweitzer 2016, 300). Dabei wird Bindung nicht nur als biologisches Verhaltenssystem betrachtet, sondern als Kontext für ein sich entwickelndes Repräsentationssystem, der sogenannten inneren Arbeitsmodelle (Asen 2017a, 43). Hier und im Folgenden verschränken sich heilpädagogische und Systemische Ansätze.

4.3.5 Mentalisieren

Hinzu kommt die Erkenntnis, dass für erfolgreiche Beratung die Fähigkeit, eigenes Verhalten und das anderer Menschen durch Zuschreiben mentaler Zustände interpretieren und sich erklären zu können, für die gelingende Kommunikation sowie Akzeptanz und Verständnis für die Sichtweisen anderer grundlegend ist. Die aufmerksame Beachtung und Reflexion des eigenen psychischen Zustandes und der Verfassung anderer Menschen, das sogenannte Mentalisieren, wird auf Grund der Erkenntnisse der Bindungsforschung sowie der Neurobiologie (Theory of Mind) zum Schlüssel für erfolgreiche Beratung (Asen & Scholz 2017; Schlippe & Schweitzer 2016). Fokussiert wird sowohl auf interne als auch auf externe Vorgänge. Die Betrachtung und Reflexion erfolgt selbst- und gleichermaßen fremdorientiert. Es geht auf der kognitiven Ebene um rationales Erfassen und Verstehen genauso wie um ein Absorbiertsein von Affekten. Idealerweise können sich Menschen flexibel zwischen diesen Polen und Ebenen bewegen (so ausführlich Asen 2017a, 44 ff.).

In England befassen sich aktuell Peter Fonagy und Eia Aasen in ihrer systemischen Praxis für Mehrpersonensysteme insbesondere dann damit, wenn zum Beispiel bei Gewalttätigkeit in der Familie ein hohes Aufregungsniveau entsteht und es zu destruktiven Aussagen oder Handlungen kommt (Asen & Fonagy 2017, 244).

Die Fähigkeit zur Mentalisierung, das heißt die Fähigkeit »der aufmerksamen Beachtung und Reflexion des eigenen psychischen Zustands und der psychischen Verfassung anderer Menschen« (Asen 2017a, 40), entsteht in frühen Bindungserfahrungen und entfaltet sich in der kindlichen Entwicklung durch entsprechende Eltern-(Bezugspersonen-)Kinder-Interaktion. Dabei ist Bindung mehr als das biologische Verhaltenssystem. Bindung begründet den Kontext für ein sich entwickelndes inneres Repräsentationssystem, den sogenannten inneren Arbeitsmodellen (ebd., 43).

Mentalisierung umfasst gleichermaßen das kognitive und das emotionale Verständnis mentaler Prozesse und fokussiert sowohl auf Verhaltens- als auch auf Beziehungsmuster. Beispielsweise im Training von Mentalisierung in Schulen oder Gruppensettings, zum Beispiel auch im Umgang mit Autismus oder in der Behandlung von Mehrpersonensystemen oder der mentalisierungsbasierten (Familien-)Therapie (MBT) sollen intrafamiliäre Bindungen gestärkt werden und im Austausch mit anderen (Gruppen) Mentalisieren eingeübt werden. Unter der Beteiligung von Kindern wird bei Letzterer dies mit dem Einsatz diverser kreativer Methoden umgesetzt (ausführlich ▶ Kap. 5.11), wie zum Beispiel mit dem sogenannten »Gehirn-Scanning-Spiel«, in dem die Mitspielerinnen jeweils in ein Hirnschnittbilddiagramm die Gefühle und Gedanken eines weiteren Familienmitglieds eintragen und dann ein gemeinsamer Austausch über die Bilder durchgeführt wird (Asen 2017a, 55). In diesen Trainings und Settings unter dem Einsatz einer Fülle von kreativ-gestalterischen Methoden können diese Kompetenzen nachreifen und nachgerüstet werden (Asen & Scholz 2017).

4.4 Zusammenfassung

Essentiell ist es für eine Heilpädagogin, die nach systemischen Ansätzen handelt, über ihre angemessenen persönlich-fachlichen Haltungen zu reflektieren. Diese Haltung prägt zunächst die Beziehung zu den Adressatinnen. Der innere Kompass an heilpädagogisch-systemischen Haltungen beeinflusst die Ausrichtung des konkreten heilpädagogischen Handelns in gelingenden Prozessen unter Anwendung verschiedener Methoden. Hierbei wird die heilpädagogische Haltung mit ihrem Fokus auf Beziehung, der Beachtung von Affekten und Gefühlen und ihrem Fokus auf biografischem Verstehen ergänzt um systemische Haltungen. Diese ermöglichen eine Erweiterung der Haltung der Heilpädagogin bei den Grenzen des Verstehens. Sie eröffnen andere Zugänge, andere Schwerpunkte oder Betrachtungsweisen und vergrößern entstehende Möglichkeitsräume mit ihrem radikalen Respekt vor der Selbstorganisationskompetenz und Autonomie der Auftraggeberinnen. Heilpädagogische und systemische Haltungen sind gleichermaßen getragen von einer ausgeprägten Ressourcenorientierung und vermitteln beide Optimismus und Zuversicht, dass sich etwas verändern darf. Die Basis systemisch-heilpädagogischer Gesprächsführung und entsprechenden Haltungen sind aktives Zuhören, Gewahr Sein, Nachfragen und alle im Blick haben. Dazu kommen das Fragenstellen in achtsamer Neugier sowie die Neutralität als Haltung, die Feinfühligkeit und die Fähigkeit zur Mentalisierung.

5 Methodenschätze Systemischer Ansätze

Systemische Ansätze werden lebendig in ihrer Anwendung – durch ihre Methoden und Techniken, die in diesem Kapitel unter beispielhafter Verknüpfung mit heilpädagogischem Handeln und entsprechenden Handlungsfeldern näher beleuchtet werden.

5.1 Der Anfang der Beratung

5.1.1 Das Joining

Das gelingende persönliche Ankommen in der Beratung, das wechselseitige Ankoppeln aneinander, also das Joining, stellt am Anfang einer ersten Begegnung die wichtigste Schlüsselvariable und Weichenstellung für alles Weitere in einer Beratung oder Begleitung dar. Das Joining ist in jeder, insbesondere in jeder neuen Begegnung, wichtig und wird im Laufe der Beratung oder Begleitung immer mal wieder aufgegriffen und erneuert, sollte es erforderlich werden.

Es beinhaltet den Small Talk, das »In-Beziehung-Treten« über beispielsweise gemeinsames Klagen über schlechtes Wetter, dem Staunen über ein Spielzeug, das von einem Kind in die Beratung mitgebracht wurde, oder über ein geschmackvolles Kleidungsstück. Das Joining kann auch umgesetzt werden durch das gemeinsame Betrachten einer an der Wand aufgehängten Weltkarte zur Auffrischung der Geografie-Kenntnisse sowie zur Auffrischung der Kontextsensibilität der Beraterin. Das Deuten (und Aussprechen) von Vor- oder Nachnamen eignet sich insbesondere für den Auftakt einer multikulturellen Systemischen Beratung (vgl. dazu ausführlich Radice von Wogau 2004).

5.1.2 Die Klärung des Kontexts: der Überweisungskontext

Es gilt zu Beginn der Beratung zu erfassen, welche Ereignisse dem Erstgespräch vorangingen. Diese Ereignisse können sich auf die Erwartungen, die Motivation, die Einstellungen zur Beratung und die Beziehung zur Beraterin auswirken. Es ist zu klären, ob es einen Überweisungskontext gibt, das heißt Vorerfahrungen mit Beratung, Begleitung oder Unterstützungsleistungen, die die aktuelle Situation prägen können. Durch den Einbezug können Wiederholungen erfolglos erlebter Lösungsvorschläge für Probleme vermieden oder aufgedeckt werden. Hier zeigt sich der Grad an Motivation für eine Beratung oder Begleitung. Erfolgt die Beratung auf Empfehlung von außen oder sogar auf Druck von außen, was in der heilpädagogischen Praxis häufiger der Fall sein kann, sind diese Faktoren im Vorfeld zu erschließen und einzubeziehen, um Kooperationsbereitschaft und Motivation für die Beratung zu wecken.

Darüber hinaus sind die konkreten sozio-ökonomischen und sozio-kulturellen Lebensbedingungen in Familie, Gemeinschaft und Gesellschaft zu berücksichtigende Kontexterfahrungen, denn menschliches Verhalten ist nicht ohne soziale Kontexte zu verstehen (Schulze 2014, 12).

5.1.3 Vom Anlass über das Anliegen zum Contracting (Auftragsklärung)

Der Begriff Auftragsklärung

Zunächst widmet sich die Beraterin zu Beginn der Beratung ausführlich der Auftragsklärung, also der Klärung und dem Abgleich vielfältiger und teilweise widersprüchlicher Erwartungen an und Vorstellungen über eine Systemische Beratung (Schlippe & Schweitzer 1996, 148) mit dem Ziel, eine gewisse Deckungsgleichheit in der Vielfalt an Interessen und Bedürfnissen zu erreichen.

Auftragsklärung als in sich logisch aufgebaute Abfolge vom Anlass über das Anliegen zum Kontrakt (die als Raster durchaus flexibel und fluktuierend gehandhabt werden können) betrachten Arist von Schlippe und Jochen Schweitzer auf der Grundlage von Wolfgang Loth (Loth 1998) als erfolgversprechende Rezeptur für Erstgespräche in Systemischer Beratung sowie für weitere Gesprächssituationen als zielführend (Schlippe 2003; Schlippe & Schweitzer 2010). Insgesamt bildet diese Rezeptur für den Auftakt einer Beratung eine Rahmung, an der sich die Beraterin wie an einem verinnerlichten Leitfaden entlanghangeln sollte.

Es ist für den gesamten Beratungsprozess gewinnbringend, eine sorgfältige Auftragsklärung an den Beginn der Beratung zu stellen. Bevor in den Beratungsprozess weiter eingetaucht wird, empfiehlt es sich, möglichst genau verstanden zu haben, was Anlass und Anliegen sind. Identifizierte Aufträge können sich im Beratungsprozess verändern, und es ist gelegentlich im Beratungsverlauf eine Auffrischung der Auftragsklärung erforderlich. Es kann sein, dass Anliegen erst später benannt oder erkannt werden und dann zu einer veränderten Auftragslage führen. Auftraggeberinnen und Beraterin benötigen Zeit zum Kennenlernen und zum Erfassen der Problemlage. Erst in der vertrauensvollen gemeinsamen Arbeit ist ein vertiefendes Erkennen möglich (Schwing & Fryszer 2012, 38), was der Heilpädagogik entspricht, die für die Begegnung vertieftes Verstehen und Erkennen als Schlüssel für die gelingende Beziehungsgestaltung formuliert – häufig auch über einen zweiten oder sogar dritten Blick auf Anlass und Anliegen. Dies bindet die Auftragsklärung nach heilpädagogischer Art dann möglicherweise in einen längeren Prozess ein.

Der Anlass

Der Anlass ist ein Ereignis oder eine Kette von Ereignissen, die so viel Druck oder Veränderungswünsche aufgebaut haben, dass die Klientinnen Unterstützung suchen. Der Anlass kann in einem Anliegen münden, einer Erwartung, einem Veränderungswunsch.

Zielführend ist für die Beraterin, sich folgende Frage auf ihrer Metaebene und in ihrer Innenschau zu beantworten:

- Habe ich schon verstanden, was der eigentliche Anlass ist, der die Familie herführt?

Dazu stellt sie den Adressatinnen konkrete, offene Fragen:

- Was führt Sie her? Gab es einen Auslöser oder einen aktuellen Anlass?
- Warum wünschen Sie gerade jetzt Beratung?
(Fragen modifiziert nach Schlippe & Schweitzer 2010)

Das Anliegen

Das Anliegen ist das, was die Klientin hier möchte. Bei mehreren Klientinnen ist es wichtig zu erfassen, was das Anliegen einer jeden ist. Um den Anliegen konkret auf die Spur zu kommen, eignen sich folgende Fragen:

- Was soll heute hier geschehen? (Diese Frage sollte von allen Beteiligten beantwortet werden.)
- Was soll am Ende der Sitzung/der Beratung/der Supervision/dem Hilfeplangespräch/dem Mitarbeitergespräch geschehen sein, dass Sie sagen können (oder: dass jede einzelne Beteiligte sagen kann), es hat sich gelohnt?
- Was möchten Sie mit meiner Unterstützung erreichen?
- Was soll sich verändern? Wie genau wäre es anders, wenn es richtig gut laufen würde?
(Fragen modifiziert nach Schlippe & Schweitzer 2010)

Auch hier gilt auf der Metaebene für die Beraterin, die Antworten innerlich abzugleichen und in sich zu reflektieren, ob diese Anliegen Aufträge sein können, die in der Beratung einen Platz finden können:

- Weiß ich, was er oder sie denkt, was mein Beitrag dabei sein sollte?
- Kann ich und will ich diese Aufgabe übernehmen oder mache ich ein Gegenangebot?

Ein Anliegen zu entwickeln, kann ein Eintauchen in einen gemeinsam zu gestaltenden Prozess bedeuten und erfordert ein kommunikatives Zusammenspiel in einem ergebnisoffenen, prozesshaften Erschließen durch eine Reihe von Fragen sowie entsprechenden Antworten (zu Fragen ▸ Kap. 5.3). Das Anliegen kann sich aber im Prozess der Beratung wandeln und prozessorientiert erneut erschlossen werden.

Anliegen in Verbindung mit Zielentwicklung

Ein Gespräch über die Zielvorstellungen und konkretes Nachfragen, wie genau der gewünschte Zielzustand aussehen könnte, kann schon der Einstieg in die Lösungsarbeit oder in zielführende Interventionen sein. Zunächst dient es der Konkretisierung eines persönlichen Anliegens. Hier sind die Übergänge gleichfalls fließend. Anliegen und Ziele sind beide zukunftsweisend (Michalak 2013, 38). Dennoch ist es wichtig, Ziele schon an dieser Stelle genau und klar zu formulieren und später weiter auszuformen und zu konkretisieren. Sie sollten für die Beratung richtungsweisend sein, denn Ziele sind »verhandelte und kontraktierte Anliegen« (ebd., 39).

Die jeweilige Problemdefinition und das jeweilige Anliegen sind von jeder zu erfragen, auch von Nicht-Anwesenden (vor allem Überweisenden oder Zuweisenden, wie zum Beispiel dem Kinderarzt, der Schule, dem Wohnheim und anderen Stellen, die Beratung oder beispielsweise heilpädagogische Entwicklungsbegleitung empfohlen haben oder sogar per Rezept überwiesen haben). Alle Beteiligten sollten zirkulär mit einbezogen werden.

Mögliche Fragen fokussieren zunächst auf das Problem, um dann einen ›Switch‹ herzustellen, indem konkret nach Lösungsideen und Ausnahmen gefragt wird:

- Problemerklärung: Was vermuten Sie, woran es liegt?
- Katastrophenphantasien: Was ist Ihre schlimmste Befürchtung?
- Umgekehrt: Wie erklären Sie es sich, dass es nicht schlimmer ist?
- Lösungsversuche: Was haben Sie bisher versucht? Gab es Ausnahmen?
- Lösungsideen: Was sollte passieren?
(Fragen in Anlehnung an Schlippe & Schweitzer 2010)

Vom Anliegen zum Auftrag

Der Auftrag beleuchtet, was die Auftraggeberinnen von der Beraterin möchten. Das Anliegen wird erst dann zum Auftrag, wenn die Adressatinnen zur Beraterin Vertrauen fassen und ihr eine aktive Rolle zuweisen (entweder durch Mitarbeit der Adressatinnen oder besser durch konkrete Klärung). Dies verdeutlichen folgende Fragen exemplarisch:

- Was genau wollen Sie dabei von mir?
- Womit würde ich Sie enttäuschen?
- Was sollte ich auf keinen Fall tun?
- Wie könnte eine gute Unterstützung durch mich/durch andere aussehen?
- Wer sonst aus dem Problemsystem (anwesend oder nicht anwesend) möchte etwas von mir – und was genau? Möchten Sie das auch? Wie gehen wir mit möglichen Unterschiedlichkeiten der Interessen um?
(Fragen in Anlehnung an Schlippe & Schweitzer 2010)

Der Kontrakt

Der Kontrakt beschreibt die Angebotsgestaltung der Beraterin und die Annahme dessen durch die Auftraggeberinnen. Erste Ziele und Unterstützungsbedarfe werden hier exploriert. Ein Kontrakt entsteht dann, wenn der Auftrag zu den Angeboten passt. Er kann explizit formuliert werden, bis hin zu schriftlichen Vereinbarungen, die von beiden unterzeichnet werden. Auch eine Reihe von vorläufigen, immer wieder angepassten Kurzkontrakten kann die Arbeit rahmen.

Gleichzeitig wird durch den Kontrakt, dem Contracting, ein kooperatives Arbeitsbündnis miteinander geschlossen. Dadurch wird Transparenz geschaffen und Sicherheit vermittelt. Denn beide Seiten wissen, worauf sie sich einlassen, was einzuhaltende Grenzen sind und welche Regeln kooperativ und verbindlich aufgestellt wurden.

Der Umgang mit Vertraulichkeit wird besprochen. Des Weiteren wann und wie Außenstehende und das Unterstützersystem mit notwendigen Informationen versorgt werden und wie das koordiniert werden soll (Schlippe & Schweitzer 2010). Die Anzahl der möglichen Gespräche, der Ort, die Zeit und die Kosten werden besprochen. Die Auftraggeberin wird in diesem kreativen und konstruktiven Aushandlungsprozess respektvoll und wertschätzend als Expertin für ihr Leben betrachtet und ebenbürtig einbezogen.

Im Einzelnen erfolgt in Anlehnung an Schlippe & Schweitzer (2010) ein Abgleich dessen, was die Beraterin zusammenfassend verstanden hat. Jede im Problemsystem wird gewürdigt mit ihren Gründen, die immer ernstgenommen werden müssen. Eine Kooperationsbasis wird gefunden über Passung oder Abgrenzung, was geht und was nicht gehen kann. Die Beraterin versteht, was das Problem für jede bedeutet. Sie bietet fachlich oder persönliche Unterstützung sowie Moderation zur Findung der Lösung durch die Klientinnen mit ihren Ideen und ihrer Hilfe. Transparent wird auf mögliche Turbulenzen auf der gemeinsamen Reise hingewiesen und darauf, dass es verschiedene Phasen geben kann – auch eine Phase der Nichtänderung oder Stagnation sowie mögliche kleinere oder auch größere Neuerungen oder Veränderungen im Kontrakt.

Die Auftragsklärung und insbesondere der Kontrakt (das Contracting) erfordern von der Beraterin ein Ja zur Verantwortungsübernahme für den Beratungsprozess sowie eine Reflektion ihrer vorhandenen Kompetenzen, Ressourcen und Möglichkeiten und Grenzen (Ludewig 1992). Von der Auftraggeberin erfordert die Auftragsklärung gleichermaßen Verantwortungsübernahme – weniger für den Prozess als für die Inhalte und das einzubringende Engagement.

Grenzen der Auftragsklärung

Möglicherweise kann es Adressatinnen deutlich überfordern, dies alles in der jeweiligen Komplexität zu besprechen. Folglich kann es sich lohnen, zu dosieren oder weniger zu besprechen, gerade bei eher handlungsorientierten oder verbal verlangsamten Klientinnen. Adressatinnen, die hingegen gerne die Kontrolle über ihre Angelegenheiten behalten wollen und/oder Sicherheit bedürfen, benötigen möglicherweise ein ausführliches ›Kontrakten‹ und insgesamt eine klare und transparente Vorgehensweise. Diese Beispiele verdeutlichen, dass der zeitliche Rahmen und die Vorgehensweise beim Kontrakten nicht standardisiert sein können, sondern dabei je nach Ausgangslage sehr wenig oder auch sehr viel Zeit benötigt werden kann.

Es kann Aufträge von Auftraggeberinnen geben, die trotz Fokussierung auf die Bedürfnisse der Auftraggeberinnen von der Beraterin aus objektiven oder subjektiven Gründen abgelehnt werden müssen. Beispielsweise die von der Adressatin formulierte Zielvorstellung, die Situation für ihre Mutter in der Familie erträglicher zu machen, kann so in der Einzelberatung nicht direkt als Ziel vereinbart werden. Die Adressatin kann nur die eigene Haltung reflektieren und für sich neue Umgangswege mit ihrer Mutter entwickeln. Verändert sie sich (Morphogenese, ▶ Kap. 2.2), kann es sein, dass das System nachzieht (nach dem Prinzip der Homöostase, ▶ Kap. 2.2) und ein neues Gleichgewicht sucht.

Ablehnung des Auftrags durch die Beraterin

Mal angenommen, die Beraterin wäre verführt, einen unmöglichen Auftrag anzunehmen, wenn sich die Adressatinnen in hohem Maße bedürftig und in Not zeigen und kommunizieren, nur sie könne helfen. Dann ist es für die Beraterin erforderlich, die Grenzen ihrer Möglichkeiten zu erkennen, dies zu benennen und transparent zu machen.

Beispielsweise kann sich eine Adressatin von einer Paarberatung versprechen, die Trennung zu thematisieren, da sie innerlich schon für sich entschieden hat, die Beziehung zu beenden. Die Beraterin soll – so die Adressatin – das Einverständnis des Mannes zur Trennung erreichen, obwohl davon auszugehen ist, dass der Mann die Beziehung gerne aufrechterhalten möchte.

Ferner können sich Situationen ergeben, in denen eine mögliche Überforderung der Beraterin mangels fachlicher Kompetenzen oder Erfahrung bestehen könnte. Diese Reflektion und ein entsprechender Verweis an eine kompetente andere Stelle würden dann einer guten professionellen Haltung entsprechen.

Biografische Parallelität mit einer ähnlichen oder auch einer konträren biografischen Konstellation (beispielsweise der Trennung vom Partner, dem Verlust eines Kindes oder eigener Kinderlosigkeit) kann viel Energie kosten und die Souveränität der Beraterin einschränken (Schwing & Fryszer 2012, 125). Auch in diesem Fall sollte sie den Auftrag ablehnen.

Sollten Adressatinnen aus dem eigenen Umfeld der Beraterin stammen und somit das eigene Leben und die Lebenswelt der Beraterin betreffen, muss die Beraterin den Auftrag ablehnen.

Ein Klassiker – auch in der heilpädagogischen Beratung – ist die Idee der Adressatinnen, dass durch die Beratung verbunden mit Kompetenz und Fachlichkeit der Beraterin, wie im Praxisbeispiel Tim 1 (▶ Kap. 2.5), eine Lösung sofort deutlich aufmerksamer, konzentrierter und kooperativer ›gemacht‹ werden kann. Auftraggeberinnen erhoffen sich rasche, bequeme, praktikable und zielführende Lösungen von Seiten der Beraterin, um schwierige Probleme zu beseitigen. Sie nehmen dabei eher eine passive als aktive Rolle in der Ermittlung der zielführenden Lösung ein. Ein weiteres Beispiel sind Eltern, die sich von der Beraterin wünschen, sie in Erziehungskonflikten mit der Tochter dahingehend zu unterstützen, dass die Tochter durch die Beratung wieder regelmäßig die Schule besucht.

Hier ist es wichtig zu erklären, dass die Beraterin die Familie dabei unterstützen kann, ihre eigene Lösung zu entwickeln, diese aber nicht für die Familie oder für den Sohn oder die Tochter stellvertretend erarbeiten oder initiieren kann. Hier ist also eine Motivation für Selbstorganisationsprozesse und die Aktivierung von Lösungskompetenz der Adressatinnen durch die Beraterin zu schaffen. Die Beraterin vermittelt so Zuversicht und Vertrauen in die Familie und ihre Ressourcen (▸ Kap. 4).

Bei Aufträgen, die aus fachlichen Gründen heraus nicht übernommen werden können, können im Gespräch darüber im Kontrakten neue und andere fachlich mögliche, realistische und erfolgversprechende Aufträge erarbeitet werden.

Vor dem Kontrakt gilt es für die Beraterin zu prüfen, ob der Auftrag ins Konzept der Organisation, für die sie berät, insbesondere in die eigene Stellenbeschreibung, passt und somit in den damit relativen Interpretationsrahmen der Beraterin gehört. Es kann auch sein, dass der Träger aus existentiell-ökonomischen Gründen fordert Aufträge zu übernehmen, selbst wenn die Beraterin dies so nicht möchte. Hier ist eine ethische Abwägung erforderlich. Abgewogen werden muss zum Beispiel zwischen einer Schädigung der Adressatin durch längere Krankschreibung oder Unterbringung im stationären Setting oder längere Zuschreibung der Hilfebedürftigkeit, als tatsächlich erforderlich (Schwing & Fryszer 2012, 128), sowie Schädigung der Beraterin, sollte sie die Ambivalenz ihrer Tätigkeit nicht mehr ertragen und deshalb gerne ihrem Gewissen folgen wollen.

Ähnliches gilt bei Androhung von Selbst- oder Fremdgefährdung, wie der Ankündigung von einem Suizid, einer Androhung von Gewalttätigkeit oder eine formulierte Tötungsabsicht hinsichtlich der Familie, beispielsweise nach der Entlassung aus dem Gefängnis, oder bei drohender Kindeswohlgefährdung durch Vernachlässigung oder durch vollzogene tätliche Übergriffe.

Im Prozess der Auftragsklärung zum gemeinsamen Auftakt kann es deutlich werden, dass einer oder alle direkten Gesprächspartnerinnen am Gespräch eigentlich nicht interessiert sind, also unfreiwillig dabei sind, wie es bei Jugendlichen oder Kindern häufiger der Fall sein kann, aber auch bei Familien mit langjähriger Erfahrung mit Helfersystemen, denen zum Beispiel der Sorgerechtsentzug droht. Trotz erzwungener Anwesenheit gilt es, eine Kooperationsbeziehung aufzubauen. Dies kann gelingen, wenn die Verweigerung als Ressource betrachtet werden kann. Ein Kontrakt kann dann unter der Prämisse funktionieren, daran zu arbeiten, wie man die Beraterin schnellstmöglich wieder loswird (ausführlich Conen 2015) und also das Problem löst.

Auftragsklärung und Berücksichtigung des Kontexts

Für ein gelingendes Beraten oder heilpädagogisches Handeln in der Begleitung der sogenannten Indexperson (identifizierte Person mit ›Diagnose‹ oder Problem) oder

der Problemträgerin ist bei der Auftragsklärung einzubeziehen, was die über- oder die zuweisenden Stellen, die Eltern, Kindergarten oder Schule von der Beraterin konkret erwarten.

Die hier beschriebene systemische Vorgehensweise der Auftragsklärung bedeutet für die heilpädagogische Praxis im Alltag eine konkrete Unterstützung, mit unterschiedlichen Erwartungen umzugehen und durch eine erfolgreiche Auftragsklärung Misslingen oder Abbruch von Beratung oder heilpädagogischen Interventionen zu reduzieren. Unterschiedliche Anliegen und Erwartungen werden offengelegt und aufeinander abgestimmt. Ein eindeutig und klar formulierter und gemeinsam erarbeiteter Auftrag wäre dann auch wesentlicher Bestandteil beispielsweise einer heilpädagogischen Entwicklungsbegleitung in Form einer Abmachung der am System Beteiligten oder der Gestaltung einer Assistenzvereinbarung.

Praxisbeispiel: Tim 2

Die Eltern von Tim versprechen sich von der heilpädagogischen Begleitung die Behandlung seiner sogenannten diagnostizierten ADHS. Die Eltern wünschen sich, dass sich Tim verändert. Das Jugendamt möchte die Familie unterstützen. Es sieht gleichzeitig durch das aggressive Verhalten von Tim gegenüber seiner Schwester ein gewisses Gefährdungspotenzial für diese in der Familie und verknüpft die Anfrage nach Entwicklungsbegleitung mit einem entsprechenden Kontrollauftrag. Auch die Klassenlehrerin möchte gerne entlastet werden und wünscht sich ein verändertes Verhalten von Tim. Nicht zuletzt möchte Tim entlastet werden und Raum für seine Bedürfnisse: Er möchte in Ruhe gelassen werden.

Nach dem Joining werden die unterschiedlichen Anliegen eruiert und miteinander gekoppelt. Es kommt zur Auftragsklärung und dem Umsetzen eines oder mehrerer konkreter Aufträge in der heilpädagogischen Entwicklungsbegleitung. Zunächst für sich – auf der Metaebene – klärt die Beraterin, welche Aufträge sie gut annehmen kann und welche nicht. Es erfolgt eine Umformulierung mancher Aufträge, beispielsweise hinsichtlich einer allgemeinen Unterstützung der Familie und der Schule im Umgang mit der ADHS. Hier kann sich die Beraterin gut der strukturierenden und ihre Klärung unterstützende Methode »Auftragskarussell« bedienen, um im System vorhandene offene und verdeckte Aufträge aufzuspüren, als »Self-Care-Methode« (Schlippe 2014, 224) die für die Beraterin Wesentlichen herauszukristallisieren, schwierige Auftragskonstellationen zu klären und Aufträge entsprechend anzunehmen, zu modifizieren oder abzulehnen (ebd., 226). Im Förderplan werden das Vorgehen, die Rahmenbedingungen und das Setting auf den oder die Aufträge abgestimmt. Die heilpädagogische Entwicklungsbegleitung wird gestaltet unter Einbezug der Familie und der Schule mit der Klassenlehrerin und weiteren Netzwerkpartnerinnen.

Zwischenbilanz und Auftragsklärung

Als letzte Abfolge der obigen zunächst vierschrittigen Rezeptur formulieren Schlippe & Schweitzer (2012, 240) einen erforderlichen und logischen fünften

Schritt, nämlich bei dem konkreten Beginn der gemeinsamen Bearbeitung der in den ersten vier Schritten identifizierten Themen eine (Zwischen-)Bilanz zu ziehen. Dies erfolgt mittels offener systemischer Fragen:

- Wo stehen wir jetzt?
- Sind Sie damit zufrieden?
- Wie fangen wir an?
- Gibt es noch etwas, was wichtig ist?
(Fragen modifiziert nach Schlippe & Schweitzer 2010)

Zufriedenstellend ist der Beratungsbeginn, wenn etwas Neues geschieht oder etwas anderes (Shazer 1995, 109).

5.2 Prozessorientierung

Dieses Kapitel beschreibt die Bedeutung der Prozessorientierung für Systemische Beratung und ihren Transfer in der Heilpädagogik. Es wird der Frage nachgegangen, wie die Beraterin den Beratungsprozess so gestaltet, dass sie die Fäden der Beratung in der Hand hält und ein Ankoppeln des Systems der Auftraggeberinnen an die Beraterin und umgekehrt durch den ganzen Beratungsverlauf aufrechterhalten kann. Dies gelingt durch Prozesssteuerung, in der Regel nicht im Sinne einer direktiv agierenden Steuerfrau und vor allem ohne systematische oder gezielte Beeinflussung. Arist von Schlippe und Jochen Schweitzer sprechen von »Prozessmitsteuerung«, Wolfgang Loth von »Bei-Steuerung« (Loth & Schlippe 2004). Beide Begriffe betonen eine kooperative Vorgehensweise, bei der die Direktion in den Hintergrund rückt hin zu einer orientierungsstiftenden Prozessgestaltung.

Übertragen auf heilpädagogische Beratungssettings und auch in einzelne Handlungsfelder liegen ganz konkret die Inhalte der Gespräche und der Auftrag in der Hand der Adressatinnen. Die Beraterin sorgt für den Gesprächsrahmen, das heißt die Rahmung, die eine bestmögliche und konstruktive Bearbeitung der Inhalte in weitgehend selbstorganisierten Prozessen erlaubt.

Systemtheoretisch liegt die Erkenntnis zugrunde, dass die erwünschten hilfreichen Veränderungen als sich selbst organisierende Ordnungsübergänge stattfinden. Prozesssteuerung erhöht die Wahrscheinlichkeit solcher Ordnungsübergänge – ohne darüber die Kontrolle zu haben. Selbstorganisation bedeutet nicht, »laufen lassen und das Beste hoffen«, sondern aktiv zu Prozessen beizusteuern. Günther Schiepek (2013) spricht von einer »Gesamtimprovisation« des Prozesses, in dem melodische und rhythmische Versatzstücke als dynamische Komponenten einer umfassenden Prozessgestalt eingebaut werden. Die Beratung selbst erfolgt dann im »freien Spiel« der Fragen und Hypothesen. Wie aus folgender Abbildung ersichtlich wird, hat die Prozessmitsteuerung zwei Funktionen (▶ Abb. 8).

5.2 Prozessorientierung

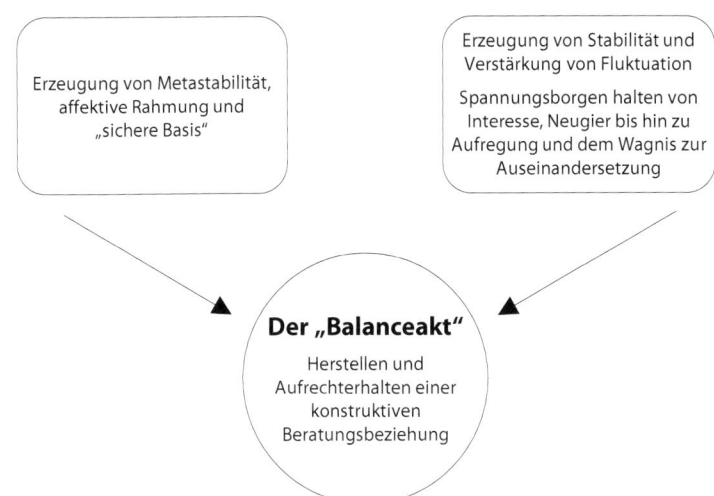

Abb. 8: Funktionen der Prozessmitsteuerung, eigene Darstellung

In der obigen Abbildung wird ersichtlich, dass die Beraterin zwei Bälle zu jonglieren hat. Sie hat diese in einem ›Balanceakt‹ in Bewegung und im Spiel zu halten, um eine konstruktive Beratungsbeziehung herzustellen und aufrechtzuerhalten. Zunächst ist die affektive Rahmung und das Schaffen einer sicheren emotionalen Basis ein grundlegendes Element der Prozessgestaltung (Levold 1997; Dinkel-Sieber u. a. 1998).

Die Absicherung dieser emotionalen Beziehung hat die Beraterin durchgängig von Beginn an durch den Beratungsprozess stabil aufrechtzuerhalten. Empathie, Feinfühligkeit, einfühlendes Verstehen und achtsames Zuhören, sogenannte klassische Schlüsseltugenden einer Heilpädagogin, sind da sehr wichtige tragende Elemente der Beziehungsgestaltung sowie der affektiven Rahmung. Körpersprache, Mimik und Gestik werden aufgegriffen und feinfühlig aufeinander abgestimmt (ausführlich ▸ Kap. 4). Es wird affektiv angekoppelt.

Gleichzeitig kommt dazu ein gegenläufiges Element an Instabilität oder Irritation. Die Beraterin erzeugt Spannung, getragen von Interesse und Neugier, damit sich Klientinnen auf sicherer Basis in die kreative Auseinandersetzung wagen und Veränderungen möglich werden (Schlippe & Schweitzer 2010). Dekonstruktion und Querdenken wird durch verschiedene systemische Techniken angeregt, sei es zum Beispiel durch Umdeuten gewohnter Beschreibungen, durch verabredete Musterunterbrechungen oder kleinere oder größere Experimente.

Wichtig ist es dabei, den richtigen Moment, den richtigen Zeitpunkt zu beachten. Die gleiche Intervention kann zu unterschiedlichen Zeitpunkten sehr unterschiedlich verlaufen. Zusammenfassend konnotieren Schlippe & Schweitzer (ebd., 17), dass die Erzeugung von Instabilität ohne tragende Beziehung ethisch nicht vertretbar sein kann. »Jedoch zu viel Vergewisserung von Sicherheit kann in eine Dynamik von Lähmung führen«.

Nach Kindl-Beilfuß (2012, 51) benötigt die Beraterin erstens Situationskompetenz, um Angebote in stetig wechselnden Situationen machen zu können. Erforderlich ist

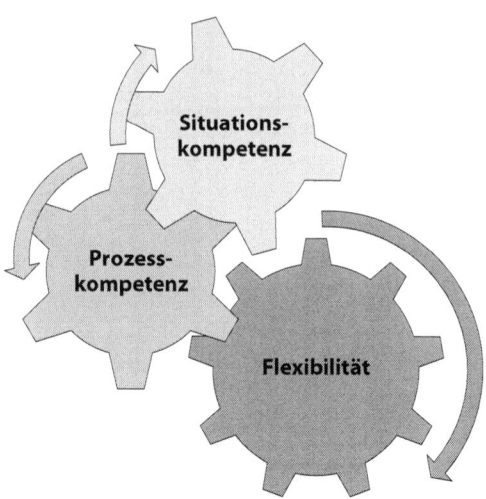

Abb. 9: Inhalte der Prozessorientierung, eigene Darstellung

zweitens Prozesskompetenz, das heißt das Ziel der gemeinsamen Aktion in den Mittelpunkt zu stellen und das gemeinsame Handeln darauf auszurichten. Notwendig ist drittens in hohem Maße Flexibilität, um entsprechende Ankerpunkte im fortlaufenden Beratungsgespräch zu finden (▶ Abb. 9).

Insgesamt können die Prozessorientierung und das Vertrauen in die Selbstorganisation Konsequenzen für das Setting bedeuten, weg von kontinuierlichen und regelmäßigen Sitzungen – was dem Konzept der traditionellen Therapieschulen entspricht – hin zu monatlichen, vierteljährlichen oder zu unregelmäßig wiederkehrenden Verabredungen. Für heilpädagogische Beratung und vor allem für die heilpädagogische Praxis könnte die Gestaltung des Settings dadurch flexibler werden und sich verkürzen. Es gibt jedoch gerade in heilpädagogischen Settings Bedarfe von spezifischen Adressatinnen nach längerfristiger und kontinuierlicher Begleitung und heilpädagogisch professioneller Präsenz und Fachlichkeit, nämlich dann, wenn es erforderlich und erwünscht ist, auf basalen Ebenen Bildungsprozesse zu initiieren und um Selbstorganisation und Empowerment mehr Raum geben zu können, so dass sich die Beratung entfalten kann.

Zusammenfassung

Die oben formulierte Auftragsorientierung (▶ Kap. 5.1.3) verdeutlicht, dass kein gemeinsamer Arbeitsprozess ohne einen klaren Kontrakt und Auftrag beginnt. Die kooperative Strukturierung und Entwirrung des Auftragsgeflechts betont die Selbstwirksamkeit und Bedeutung der Selbststeuerung durch die Klientinnen, was eine wesentliche Säule des gesamten Beratungsprozesses darstellt und bei der Prozessmitsteuerung essentiell zu beachten ist.

5.3 Die Magie der Fragen und das systemische Interview

Hier wird nun einer der wichtigsten und vielseitig einsetzbaren Methodenschätze – das systemische Interview sowie das Stellen von systemischen Fragen – beschrieben.

Das systemische Interview ist eines der wichtigsten Werkzeuge einer Beraterin. Insofern auf Sprache basiertes Arbeiten möglich ist, erschließen sich die Beraterin und die Adressatinnen durch von der Beraterin gestellte Fragen und die Antworten, also im Interview, die Kommunikationen und Interaktionen im Problemsystem. Dies bedeutet weit mehr als die reine Informationserzeugung. Die Fragen geben der Kommunikation eine besondere Markierung und sind bewusste Transaktionen. Damit nimmt die Beraterin Einfluss auf die Beziehung und auf die Art der Kommunikation im sozialen System. Deutlich dominiert so der Beziehungsaspekt den Inhaltsaspekt, beispielsweise über die Richtung, in der sich die Kommunikation weiterentwickelt, oder über die Perspektive, die eingenommen wird, oder über den Zeitpunkt, wann eine Frage gestellt wird.

Die Beraterin richtet den Aufmerksamkeitsfokus und ihre systemische Sichtweise auf das, was sie in den Beziehungen und in den Interaktionen im System beobachtet. Von Bedeutung sind hierbei Strukturen, Formen, Symptome und Verhaltensweisen, die sich, wie wir es auch in Mustern finden, ständig wiederholen.

Als Beraterin gilt es zu verstehen, was man wen, wann und wie und zu welchem Zweck fragt und wen nicht sowie welche Frage man überhaupt stellt – oder welche Fragen man besser überhaupt nicht stellt. Teilweise vermag es eine größere Irritation erzeugen, wenn eine Frage nicht gestellt wird und stattdessen eine andere als die erwartete. Interessiert sich die Beraterin für manche Aspekte im Leben und für andere nicht, werden bestimmte Eindrücke und Botschaften vermittelt, andere werden ausgeblendet. Über das Fragen und Nichtfragen wird fokussiert und selektiert. Fragen können öffnen oder etwas schließen. Durch Nichtfragen können Geheimnisse bewahrt oder Schutzräume geschaffen werden (so erklärt dies mein Kollege Eckehard Herwig-Stenzel immer sehr gelungen in unseren Lehrveranstaltungen).

In der richtigen Frage zum richtigen Zeitpunkt kann eine gewisse Magie liegen, die es den Adressatinnen ermöglicht, etwas Neues zu erfahren, oder einen anderen Aspekt des Problems, eine neue Perspektive oder Betrachtungsweise kann dadurch schlagartig eröffnet werden. Es kann sich ein staunender ›Aha-Effekt‹ einstellen. Das kann auch durch bloßes Zuhören (bei mehreren Klientinnen) im Interview geschehen, schließlich multipliziert sich dadurch die Kraft einer Frage um ein Vielfaches (Schlippe & Schweitzer 2012, 250).

Manche Fragen entfalten ihre Wirkung erst nach der Beratung am nächsten Tag oder später. Sie können Adressatinnen auch längere Zeit bis hin zu mehreren Jahren beschäftigen, so anhaltend kann ihre Wirkung sein (Neumann 2015) – beispielsweise, wenn eine Adressatin an Depressionen leidet. Sie äußert in der Beratung Suizidgedanken. Sie wird gefragt: Mal angenommen, Sie haben sich erfolgreich suizidiert und können in der Adlerperspektive ihrer Beerdigung beiwohnen, was würden ihre Angehörigen dazu sagen? Diese Frage könnte der Adressatin einen wichtigen Denkanstoß geben, so dass sie sogar in ihrem depressiven Zustand Kraft schöpfen könnte, eine andere Lösung zu fokussieren als den Freitod zu wählen.

Schlippe & Schweitzer (2012, 250) sehen Fragen als gehaltvolle Intervention: »Es ist unmöglich, Fragen zu stellen, ohne damit zugleich bei den befragten Personen eigene Ideen anzustoßen«, basierend auf dem kommunikationstheoretischen Axiom, dass man nicht nicht kommunizieren kann (▶ Kap. 2 sowie Watzlawick u. a. 1967).

Fragen zu stellen ist eine Kunst und ein Praxistool zugleich. Es bedarf einer erheblichen Übungspraxis, Präzision und einer klaren Sprache. Es sollte dabei das Bewusstsein dafür vorhanden sein, welche Fragen als Werkzeuge zur Verfügung stehen, was mit spezifischen Fragen verbunden ist und welches Timing der Fragen sinnvoll ist.

5.3.1 Systemisches Interview und entsprechende Frageformen

Im systemischen Interview geht es nicht in erster Linie um Informationsbeschaffung für die Beraterin. Im Vordergrund stehen die Rückkoppelungseffekte im System selbst. Alle erfahren etwas über die unterschiedlichen Erlebnis- und Sichtweisen der Beteiligten im System. Auf diese Weise können sie die Zirkularität von Problemen und Ressourcen sowie Beziehungszusammenhänge erkennen.

Folgen wir dieser Sichtweise, bekommen die Wie- und Was-Fragen eine Bedeutung.

Wie- und Was-Fragen

Die Frage ›Was‹ zielt auf die Beschreibung des aufgetretenen Symptoms und der vorhandenen Ressourcen.

Praxisbeispiel: Tim 3

Im Praxisbeispiel Tim 1 und 2 (▶ Kap. 2.5, ▶ Kap. 5.2.3) könnte man sich an den Vater von Tim, Herrn Müller, wenden und folgendes fragen: »Was meinen Sie, was das Hauptproblem in der Familie ist?«

Die Frage nach dem ›Wie‹ zielt auf den Bereich der Empfindungen und des Erlebens.

Dann könnte man sich im Praxisbeispiel Tim zuwenden: »Wie würde denn Deine Mutter Dich beschreiben?«

Ausnahmefragen

Ausnahmefragen helfen in Situationen, in denen das Problem nicht auftritt. Es geht um die Frage, wer, was, wie, wann und wo gemacht hat, so dass das Problem nicht da war.

5.3 Die Magie der Fragen und das systemische Interview

Im Praxisbeispiel Tim 1 und 2 (▶ Kap. 2.5, ▶ Kap. 5.2) könnte man die Familienmitglieder nach Situationen fragen, in denen das Problem, die ADHS, nicht da war. Dies könnte man sogar möglicherweise tun, bevor man mehr über das Problem in Erfahrung bringen möchte (vgl. den Lösungsfokussierten Ansatz, ▶ Kap. 5.5).

- Was genau ist anders, wie genau ist das unterschiedlich?
- Was könnte geschehen, wenn diese Ausnahmen zur Regel würden?

Insbesondere im ›Problemtanz‹ bietet es sich an, nach Ausnahmen von dem Problem zu fragen und mit weiteren Fragen zu erschließen, wie diese Ausnahmen genau aussehen und wer sie wann wahrnimmt. Es lohnt sich, bei der Suche nach Ausnahmen ›hartnäckig‹ zu sein und dranzubleiben, so dass diese Situationen genau beschrieben und untereinander abgeglichen werden können. Diese Fragen können die ›Problemtrance‹ vieler Adressatinnen unterbrechen und ein Innehalten ermöglichen. Gleichzeitig eröffnet das Interview mit diesen Fragen einen Perspektivenwechsel und den Dreh von der Problemsicht zur Lösung (Shazer 2006).

Eine andere Intention haben die anschließend beschriebenen Fragen rund um das Problem.

Fragen rund um das Problem

- Aus was für Verhaltensweisen genau besteht das Problem?
- Wer hat mit dem Problem zu tun und wer nicht?
- Wann zeigt sich das Problem und wann nicht?
- Wer reagiert am meisten darauf und wie, wer am wenigsten?
- Woran würden Sie erkennen, dass das Problem gelöst ist?
- Können Sie mir erklären wie das Problem entstanden ist? Wann ist es zum ersten Mal aufgetreten?
- Was hat sich in der Beziehung durch das Problem verändert? Was würde sich in der Beziehung verändern, wenn das Problem verschwinden würde?

Hier könnten alle Adressatinnen (also Tim und alle Familienmitglieder und sein Netzwerk, Praxisbeispiel Tim 1 und 2, ▶ Kap. 2.5, ▶ Kap. 5.2.3) rund um das Problem interviewt werden.

Ziel-Fragen

Ziel-Fragen helfen, eine Vorstellung von der Zukunft zu entwickeln, was konkret verändert werden soll. Sie sind bedeutsam für die Auftragsklärung sowie die Lösungsfindung.

- Was genau ist der Zustand oder die Situation, den Sie oder die Sie erreichen wollen?
- Woran werden Sie erkennen, wenn Sie diesen Zustand erreicht haben?
- Was wird dann anders sein?

Zirkuläre Fragen

Der Einsatz des Zirkulären Fragens dient dem Kundtun von Einschätzungen, Wertungen oder Phantasien. Dadurch erhöht sich die Komplexität der Betrachtungen auf Grund einer Perspektiverweiterung, oder es kann das Aufweichen starrer Strukturen ermöglicht werden. Zirkuläre Fragen zielen auf genaue Beobachtungen und neue Entdeckungen. Sie bezwecken das Freilegen von Mustern, die Personen, Objekte, Handlungen, Wahrnehmungen, Ideen, Gefühle, Ereignisse, Werte und Kontexte miteinander verknüpfen (Neumann 2015, 44).

- Wer in der Familie macht sich alles Gedanken über die ›ADHS‹ Ihres Sohnes?
- Wer hat Ihrer Meinungen nach deswegen die meisten Sorgen und wer die wenigsten?
- Wer ärgert sich am meisten und wer am wenigsten?
- Was ärgert ihre Tochter denn genau an ihrem Bruder?
- Was tut Ihre Tochter, wenn sie sich über ihren Bruder ärgert?
- Was tut Ihre andere Tochter, wenn sie das ›Zappeln‹ des Bruders gar nicht irritiert?
- Was könnte Ihr Hund (Haustier) dazu sagen, wenn er das Ganze beobachtet?

Ressourcenorientierte Fragen

Ressourcenorientierte Fragen dienen einerseits dazu, im Augenblick nicht erkennbare Ressourcen zu aktivieren. Gleichzeit ermöglichen sie einen Perspektivenwechsel. Eine gewisse Distanz zum Problem kann gewonnen werden. Diese Frageform kann entlasten, stärken, Hoffnung schöpfen lassen.

- Was funktioniert gut bei Ihnen?
- Was können Sie? Was kannst Du gut?
- Was klappt gut bei Dir/bei Deinen Geschwistern/bei Deiner Mutter/bei Deinem Vater?
- Was funktioniert gut in der Familie?
- Was gelingt im heutigen Leben/im Alltag der Familie gut?
- Was waren besonders gelungene Phasen in der Geschichte der Familie?
- Was waren die Highlights der letzten drei Jahre?

Gleichzeitig aktivieren Bewältigungsfragen vorhandene Ressourcen, indem sie an positiv gelöste Situationen in der Vergangenheit anknüpfen. Diese können sowohl persönliche Ressourcen betreffen, als auch im sozialen Netzwerk verankert sein. Bei ihrer aktuellen Wiederentdeckung und Aktivierung stärken sie die Klientin und lassen Selbstwirksamkeit und Handlungsfähigkeit im Erleben spürbar werden.

- Wie haben Sie früher die schwierigen Situationen bewältigt? Was können Sie daraus jetzt für die Zukunft mitnehmen?
- Was hat Ihnen die Energie und die Kraft gegeben?

- Was hat bisher geholfen, trotz der Probleme zurechtzukommen?
- Wer oder was war dabei am meisten hilfreich?
- Welche familiäre oder freundschaftliche Unterstützung hat die Familie?

Hypothetische Fragen

Hypothetische Fragen über die Zukunft tragen dazu bei, sich konstruktiv auf wiederkehrende Problemsituationen einzustellen. Sie enthalten versteckte Botschaften, dass der jetzige Zustand bewältigt werden kann.

- Wenn Sie Ihrem angestrebten Ziel nähergekommen sind, wer, glauben Sie, würde es als erster merken?
- Mal angenommen, Sie haben es geschafft, Ihr Problem zu lösen, wie würden Ihre Eltern, Lehrer, Freunde, Freundinnen sich verhalten?

Der Einsatz des zweiten Futurs ›Mal angenommen‹ macht den Zielzustand erlebbar. So werden Schwerpunkte der gewünschten Veränderung deutlicher. Schritte zur Lösung können genannt werden.

Veränderungen vor der Beratung fokussieren auf bereits in der Vergangenheit erfolgreiche Strategien. Im Fokus steht dadurch, einen Zugang zu Ressourcen zu finden. Dies arbeitet einem Muster der ›erlernten Hilflosigkeit‹ entgegen. Eingesetzt wird die Technik des Verstärkens oder die Technik des Reduzierens. Die Bewertung des Stellenwertes des Problems oder der ›optimale Zustand‹ wird angesprochen, zum Beispiel durch den Einsatz der Wunderfrage.

Wunderfrage

Wunderfragen lassen lebhafte Bilder oder Visionen entstehen, wie das Leben ohne Probleme sein könnte, sind aber, so einfach sie zunächst anmuten, höchst komplex und in eine lösungsfokussierte Interviewtechnik und eine lösungsfokussierte Haltung eingebunden (ausführlich ▶ Kap. 5.5.3).

- Angenommen, über Nacht geschieht ein Wunder und all Ihre Sorgen und Probleme sind gelöst. Sie wachen morgens auf und haben in der Nacht nichts bemerkt. Woran werden Sie erkennen, dass das Wunder geschehen ist?
- Wenn Sie so tun müssten, als ob das Wunder geschehen wäre, was würden Sie als erstes tun?

Fragen zur Klärung des Kontexts

- Was hat Sie zu mir gebracht, wie fanden Sie den Weg zu mir?
- Wer hatte die Idee dazu und weshalb?
- Warum gibt es diese Initiative gerade jetzt?

- Wer ist an dem Thema beteiligt und auf welche Weise?
- Gibt es jemand, der sich schon mal mit demselben Anliegen befasst hat? Was wurde dazu gesagt?
- Wer sorgte sich?

5.3.2 Zusammenfassung

Für Heilpädagoginnen gilt das systemische Interview als ein wichtiges Praxistool, das nahezu in jedem Arbeitssetting eingesetzt werden kann – es kann sowohl in einer ›Instant-Version‹ als auch in längeren Gesprächssituationen mit ausführlichem oder explorativem »Interview-Charakter« seine Wirkung und Magie in der Beratung entfalten. Das gilt für ganz unterschiedliche Settings wie in Hilfeplanungs- oder Teilhabe-(Gesamt-)Planungsgesprächen, Gesprächen mit Angehörigen, Gesprächen über die Situation in einer Werkstatt, den Wechsel in ein inklusives Arbeitsfeld oder den Wechsel vom stationären ins ambulante Wohnen sowie in Anleitungen (zum Beispiel von Inklusions-Assistenten) oder in Kollegialer Beratung, in Team- oder Personalgesprächen. Das systemische Interview kann auch genutzt werden, wenn es um eigenständiges Wohnen geht, wie das folgende Beispiel zeigt.

> **Praxisbeispiel: Wenn Menschen (mit Behinderung) zusammen Wohnen möchten**
>
> Herr K. und Frau L. sind seit einem Jahr ein Paar und möchten nun gerne zusammenwohnen. Kennen gelernt haben sie sich in ihrer gemeinsamen Arbeit in der Werkstatt für Menschen mit Behinderung. Die Mutter von Herrn K. ist damit nicht einverstanden. Als gesetzliche Betreuerin ihres Sohnes müsste sie dem gemeinsamen Wohnprojekt zustimmen. Ihre beste Freundin Frau Z., die die Familie K. schon lange kennt, hat ihr davon abgeraten, da Herr K. überfordert sei und seine Freundin ihn ausnutzen würde. Herr X. als zuständiger Bereichsleiter in der Werkstatt muss nun mit Herrn K. und seiner Mutter ein Gespräch über die von Herrn K. gewünschte neue Wohnsituation führen. Zu diesem Gespräch dazu kommt noch Frau Y., die in der Einrichtung für das ambulant betreute Wohnen zuständig ist, sowie Herr X.
>
> Es gelingt mittels systemischer Fragen, Frau K. (die Mutter) zu ihren schlimmsten Befürchtungen zu befragen, die sie bezüglich der Pläne ihres Sohnes hegt. Ferner wurde Frau K. gefragt, was denn in der Beratung geschehen müsste, dass sie sich darauf einlassen könnte. Im Verlauf des Gesprächs wurden beide hypothetisch befragt: Mal angenommen Frau L. und Herr K. leben nun ein Jahr guter Dinge zusammen, was hat diese gute Entwicklung und Beziehung getragen? Was war der Beitrag von Herrn K. und was der Beitrag von Frau L. und was der Beitrag von Frau K.? Welche Unterstützungskräfte könnten hilfreich sein? Wie würde sich die Beziehung von Herrn K. zu seiner Mutter gestalten? Was wäre Frau K. dazu wichtig? Usw.
>
> Frau K. bekommt so Informationen über Ressourcen von Herrn K. und Frau L. Sie kann ihre Haltung überdenken und reflektieren und im Verlauf des

Gesprächs eine neue Offenheit für das Anliegen von Herrn K. entwickeln. In Folge werden Herrn K. und Frau L. ›Hausaufgaben‹ gegeben, nämlich jeweils das Wochenende zusammen zu verbringen und zu schauen, was dann gut geklappt hat und was nicht so gut.

In verschiedenen heilpädagogischen Handlungsfeldern gelingt, manchmal umfänglich, manchmal in kleineren Teilen, der Einsatz systemischer Fragen. Grundsätzlich lassen sich Systemische Ansätze in allen Beratungsgesprächen umsetzen. Dies gilt insbesondere auch für folgende Settings:

- Erstgespräch mit Adressatinnen ab (plus/minus) fünf Jahren bis ins hohe Alter (je nach Entwicklungsniveau) und Auftraggeberinnen;
- Erstgespräch mit den zu- und überweisenden Personen;
- Erstgespräch mit Eltern oder Angehörigen;
- Erstgespräch mit dem gesamten Auftraggebersystem (Familie und/oder Netzwerk).

Wichtig sind systemische Fragen auch für die folgenden Sitzungsarten:

- Eltern- oder Angehörigen- oder Netzwerkberatung;
- familienorientierte Beratung mit dem Einbezug der Familie in die heilpädagogische Entwicklungsbegleitung (auch das Subsystem der Geschwister, wichtige Familienmitglieder, beide Eltern oder Teile, alle Familienmitglieder ...);
- Entwicklungsberatung;
- Erziehungsberatung;
- Anleitung von Selbsthilfe- oder Betroffenengruppen oder von Assistenten;
- Mitarbeitergespräche;
- Teambesprechungen.

Bitte vergessen Sie nicht die Kunst des Pause-Machens, Inne-Haltens und Abwartens – bis eine Antwort gefunden wurde. Insbesondere bei offenen Fragen (W-Fragen: wie, wann, weshalb usw.) lohnt es sich, die Fragen nicht gleich weiterführend zu konkretisieren, sondern zunächst abzuwarten.

5.4 Hypothesen und Hypothetisieren

Der Einsatz des Hypothetisierens, der Hypothesenbildung der Beraterin ist im Verlauf eines systemischen Interviews ein wichtiges Praxistool mit vielen verschiedenen Funktionen, auf die nun näher eingegangen wird.

In der Herleitung aus dem Griechischen bedeutet Hypothese etwas, das darunter ist, sowie der Plan, auf dem eine theoretische Konstruktion gründet. Die Mailänder Schule um Mara Selvini-Palazzoli hat bereits 1981 den Begriff definiert und geprägt

(Palazzoli, Boscolo, Cecchin & Prata 1981). Orientiert an dem Oxford Dictionary beschreiben sie Hypothese als Ausgangspunkt für eine Untersuchung und als eine Annahme, die als Grundlage für Überlegungen getroffen wird, ohne ihre Richtigkeit zu berücksichtigen. Im Sprachgebrauch der experimentellen Wissenschaft ist eine Hypothese eine nicht bewiesene, vorläufig akzeptierte Annahme, die als Grundlage für weitere Untersuchungen dient, welche zu ihrer Bestätigung oder Verwerfung führen (ebd. 1981).

5.4.1 Hypothetisieren im Beratungsprozess

In der Systemischen Beratung und Therapie ist Hypothetisieren eine Methode, die sich für das systemische Interview als ergiebig erwiesen hat. Einerseits dient das Hypothetisieren der Stimulierung zirkulärer und neuer Sichtweisen und der Stimulation des Auftraggebersystems. Andererseits bildet das Hypothetisieren die Voraussetzung für die Auswahl der Interventionen und unterstützt die Beraterin beim Navigieren durch den Beratungsprozess.

Während der Beratung stellt die Beraterin auf der Metaebene (in ihrem Kopf) Hypothesen auf, eröffnet davon eine ›Blume‹ von mehreren ›Blütenblättern‹ (zunächst in ihrem Kopf), die sie eine nach der anderen in das Interview einbettet. Das heißt die sie weitgehend in Fragen verpackt, selten als Ideen einbringt oder im Einzelfall sogar konfrontativ formuliert und mit entsprechenden Interventionen verbindet, um sie sich durch die Antworten der Adressatinnen auf ihre Fragen und mit Hilfe der Äußerungen der Beteiligten bestätigen zu lassen oder um sie zu verwerfen. Durch das Interview und das Entstehen-Lassen von Ideen im Beratungssystem eröffnen sich neue Sichtweisen für die Adressatinnen und die Beraterin.

Das Aufstellen einer Hypothese durch die Beraterin basiert auf den bei Erstkontakt oder im systemischen Interview gewonnenen Informationen.

Die Hypothese(n) bildet (bilden) den Ausgangspunkt für die Exploration des Problemsystems durch die Beraterin. Vorrangig mittels Interview und systemischen Fragen sowie weiteren Methoden überprüft die Beraterin ihre Gültigkeit. Erweist sich im Prozess der Beratung die Hypothese als falsch, wird anhand der gewonnenen Informationen während dem Testen der ersten Hypothese ein zweite – oder auch mehrere andere – aufgestellt. Laut Schwing & Fryszer (2012, 131) sind Hypothesen »kurzlebige Konstruktionen im Arbeitsprozess. Sie werden zur Handlungsorientierung genutzt und bleiben offen für Korrekturen.

Hypothetisieren als experimenteller und kreativer Prozess

Hypothetisieren kann als experimenteller und kreativer Prozess verstanden werden: Anhand von Beobachtungen wird eine (oder mehrere) Hypothese(n) aufgestellt. Es wird experimentiert. Es kommt nicht darauf an, ob die Hypothese richtig oder falsch ist, sondern es kommt darauf an, ob die Hypothese mehr oder weniger nützlich ist (ebd., 132). Die Funktion einer Hypothese ist die einer doppelten Weichenstellung zu neuen Informationen, die entweder zu ihrer Bestätigung, Verwerfung oder zu ihrer Umformulierung führen und gegebenenfalls eine entsprechende Intervention nach sich ziehen kann.

Hypothetisieren als Ordnungsinstrument

In der Systemischen Beratung ist Hypothetisieren ein Ordnungsinstrument und eine Strukturierungshilfe, um Komplexität zu reduzieren und damit Unordnung und Chaos zu minimieren. Gleichzeitig hat das Hypothetisieren Orientierungsfunktion. Mit Hilfe von Hypothesen kann die Beraterin Wichtiges von Unwichtigem trennen. Für die Beraterin ist Hypothetisieren sowohl Aktivierungs- als auch Navigationssystem (Fischer, Retzer & Clement 2006, 200). Es unterstützt die Beraterin den Beratungsprozess lebendig zu halten und der Beratung eine Richtung zu geben.

Grundregeln

Es gilt die Grundregel, dass eine aufgestellte Hypothese systemisch sein muss. Sie soll alle Komponenten des Klientensystems umfassen (Palazzoli, Boscolo, Cecchin & Prata 1981). Sie muss eine Annahme liefern, die sich auf die Funktion der Beziehungsverhältnisse in ihrer Gesamtheit bezieht oder Wechselwirkungen zwischen Symptomen und Beziehung oder Interaktion herstellt. Sie kann auch Zusammenhänge zwischen Adressatinnen und Unterstützersystem betreffen, genauso wie Zusammenhänge zwischen Symptom und der Geschichte des Systems sowie zwischen internalisierten Mustern aus früheren Systemen, die die Klientin in aktuellen Systemen reproduziert (vgl. ausführlich Schwing & Fryszer 2012, 135).

Nach Schlippe & Schweitzer (2012, 204) ist eine Hypothese besonders nützlich, »je mehr Mitglieder eines Problemsystems sie umfasst und je mehr sie in der Lage ist, die Handlungen der verschiedenen Akteure in wertschätzender Weise zu verbinden. Eine Hypothese sollte möglichst so formuliert sein, dass sie entweder gute Absichten mit unbeabsichtigten negativen Folgen oder umgekehrt das Leiden an einem Problem mit positiven Nebenwirkungen des Problems verknüpft«.

Das Hypothetisieren und seine Grenzen

Es lohnt sich – sollte das möglich sein – eine weitere Beobachtungsperspektive, zumindest eine kurze Distanz durch eine Pause einzupflegen, wenn das Hypothetisieren nicht ergiebig ist. Dann können die eigenen Beobachtungen im Sinne der Kybernetik zweiter Ordnung (Kybernetik II) durch eine gewisse Distanzierung relativiert werden (▶ Kap. 2). Insbesondere kann hier der Einbezug kollegialer Beratung, die Arbeit mit einem Reflecting Team (▶ Kap. 5.8), Einzel- oder Gruppensupervision bereichernd sein.

Es kann – wenn man einen oder mehrere außenstehende Beobachter nicht zur Verfügung hat – hilfreich sein, vor einer intervenierenden Weichenstellung eine Gegenhypothese zu der Hypothese aufzustellen, die der möglichen Intervention zugrunde liegen würde – und dann innezuhalten. Welcher Hypothese dann gefolgt wird, stellt sich im weiteren Beratungsprozess heraus.

Intensive Vor- und Nachbereitungen der Beratungsgespräche dienen der Beraterin dazu den hypothesengeleiteten Dialog vorzubereiten und die Intervention herauszukristallisieren, die dann wiederum in der konkreten Umsetzung und Vorgehensweise mit dem Adressatensystem abgestimmt oder rückgekoppelt wird.

Hypothetisieren, »Diagnose«, Methodeneinsatz, »Interventionen« und ihr Nutzen in der Heilpädagogik

Hand in Hand gehen in Systemischen Ansätzen prozessorientierte Diagnostik und Intervention, denn »die Diagnostik geht der Intervention meist nur wenige Schritte voraus« (Schlippe & Schweitzer 2012, 166). Die Reaktionen der Adressatinnen, beispielsweise im systemischen Interview, dienen als Rückkoppelungsschleifen, um Hypothesen zu bestätigen oder zu verwerfen und weitere diagnostische Hinweise zu sammeln.

5.4.2 Intervention

Der Begriff systemische Intervention wird relativ unreflektiert in der Literatur zu Systemischen Ansätzen verwendet (so zum Beispiel Schlippe & Schweitzer 2010; Kindl-Beilfuß 2012). Historisch gesehen haben sich die Systemischen Ansätze aus der therapeutischen Praxis heraus entwickelt und sind in ihrer Entwicklung am klinisch-therapeutischen Setting orientiert. Auch im Gesundheitswesen wird von Interventionen gesprochen.

Historisch sollten Probleme, Herausforderungen oder Erkrankungen durch Interventionen (lat. Intervenire = dazwischenkommen) eine Wandlung erfahren und sich lösen oder Heilung sollte durch die Intervention erfolgen. Eine Intervention impliziert eine Person, die interveniert, und die Klientinnen als Empfänger der Intervention (Neumann 2015). Die Begriffe Intervention und die Klientin sind auf der empfangenden Seite miteinander verknüpft und aufeinander bezogen. Anhand einer identifizierten Diagnose wird interveniert – durch eine gezielte Einflussnahme.

Sehr eng definiert Neumann (2015, 2) Intervention als »einen Dialogbeitrag mit der Absicht, eine Veränderung anzuregen bzw. einen Unterschied zu erzeugen«.

In den Anfängen der systemischen Familientherapie wurden die Ideen für den Abschluss einer Sitzung zunächst als Abschlussinterventionen bezeichnet oder es wurde eine sogenannte »paradoxe Intervention« eingesetzt, so explizit im Mailänder Team (Palazzoli, Boscolo, Cecchin & Prata 1981). Da dies jedoch die Steuerbarkeit und Berechenbarkeit der Klientinnen betont sowie eine gewisse Passivität versus der erfolgreichen Aktivität der Therapeutinnen, kommen nun in völliger Abgrenzung dazu verstärkt die Begriffe Kommentar und Empfehlung zum Einsatz (Klein & Kannicht 2007, 26).

Die Wirkung einer Intervention ist nicht voraussehbar und kann von außen nicht oder nur begrenzt beeinflusst werden (▸ Kap. 2.3, ▸ Kap. 2.4). Adressatinnen in ihrer Selbstorganisation sind nicht von außen steuerbar oder beeinflussbar. Eine ›Intervention‹ ist deshalb nie mehr als eine Empfehlung oder Anregung und sollte auch so bezeichnet werden. Nur so kann die Beratung offen gestaltet werden und ein passgenaues Angebot formuliert werden, das es den Adressatinnen freistellt, ob sie dieses Angebot bzw. diese Anregung umsetzen wollen oder nicht.

Systemtheoretisch begründet sind Interventionen somit – wie schon ausführlich in Kapitel 2 formuliert – Anregungen im Kontext von Selbstorganisation zur Initiation von Selbstorganisationsprozessen auf allen Ebenen. Mit dieser systemtheoretischen Reflexion – aber nur mit dieser – kann der Begriff Intervention bei der Vermittlung Systemischer Ansätze in der Heilpädagogik Verwendung finden und wird in diesem Buch im Zusammenhang mit den systemischen Tools und Methoden in diesem Sinne – also sehr vorsichtig – eingesetzt. Denn über die Abschlussempfehlungen und Kommentare hinaus werden in der Literatur viele Methoden wie zum Beispiel Fragen, die Genogrammarbeit oder das Reflektierende Team als Interventionen aufgelistet (Schlippe & Schweitzer 2010; 2012).

Die Auswahl und der Einsatz einer Intervention – auch beispielsweise der Einsatz einer bestimmten Frageform – bedarf Reflektion über ihre Passung, ihr Ausmaß, den gewählten Zeitpunkt für den Einsatz. Eine gewisse Rückkoppelung an die Adressatinnen vor der Umsetzung und den Abgleich mit zuvor vereinbarten Aufträgen sowie eine transparente Vorgehensweise – auch bei überraschendem Einsatz – sind sinnvoll und unbedingt notwendig.

Bei Studierenden besteht häufiger die Besorgnis, durch eine systemische Intervention möglicherweise die Adressatinnen gefährden zu können, selbst bei behutsamer und achtsamer Herangehensweise. Geht man mit der oben beschriebenen Achtsamkeit und den oben beschriebenen systemisch-heilpädagogischen Haltungen vor, ist es gleichermaßen wichtig, sich mit dieser Sorge oder Befürchtung nicht zu blockieren und einen gewissen Mut zu systemischen Anregungen (Interventionen) zu entwickeln, entsprechende Ideen zu nutzen und den Adressatinnen den Einsatz entsprechender Methoden oder Empfehlungen vorzuschlagen. Lassen diese sich darauf ein, hilft das Vertrauen in den Prozess sowie die Erkenntnis, dass Systeme sehr stabil sind und sich in ihrer Selbstorganisation nicht so leicht irritieren lassen (▶ Kap. 2).

Beispiel

»Ich habe die Idee, nach dem was ich gehört habe, dass wir ihr Anliegen, das ja an viele Mitspieler gekoppelt ist, einmal betrachten könnten, in dem Sie ihr Bild dazu formen, modellieren und aufstellen. Sind Sie mit meinem Vorschlag einverstanden?«

In offenen Hypothesen werden ferner begrenzt je nach Ansatz und keinesfalls nach dem lösungsfokussierten Ansatz (im anschließenden ▶ Kap. 5.5) Diagnosen formuliert (»es könnte sein …«). Es gilt, ihnen gegenüber eine möglichst neutrale Position einzunehmen (Schlippe & Schweitzer 2012, 166). Dahinter stehen der Respekt und die Vorsicht, eigene Beobachtungen und Erfahrungen bezüglich des problematischen Verhaltens einer Adressatin nicht als ein objektiv zutreffendes und präzise diagnostizierendes Instrument zu erachten (▶ Kap. 2.4). Gegenüber den eigenen Beobachtungen ist eine gewisse Skepsis notwendig. Möglichst weitere Beobachtungen, Erfahrungen und Einschätzungen außenstehender Personen sind einzubeziehen.

Praxisbeispiel: Tim 4 – ADHS

In dem bereits oben beschriebenen Praxisbeispiel von Tim (▶ Kap. 2.5, ▶ Kap. 5.1.3, ▶ Kap. 5.3.1), seiner Familie und seinem sozialen Umfeld könnte sich gut eine Diskussion über entsprechende Diagnosen zu seiner ›Verhaltensauffälligkeit‹ ergeben. Beispielsweise kann die Klassenlehrerin die Diagnose Aufmerksamkeitsdefizitsyndrom (ADHS) in das Elterngespräch einbringen, um sich das Verhalten von Tim erklärlicher zu machen oder eine Abhilfe dafür zu finden.

Hier kann die Heilpädagogin im entsprechenden Netzwerkgespräch mit Tim, seinen Eltern und der Klassenlehrerin passende Fragen formulieren: Wer stellt die Diagnose ›ADHS‹? Aus welcher Perspektive heraus geschieht dies? Gibt es noch andere, die diese Diagnose vertreten? Gibt es jemand, der die Diagnose bezweifelt? Wer diskutiert darüber? Gibt es dabei übereinstimmende Interessen, die sich durch die entsprechende Diagnosestellung verbinden lassen? Für wen wäre die Diagnose ›ADHS‹ nützlich oder schädlich?

Durch solche und ähnliche Fragen wird der Entstehungs- und Verwendungskontext der Diagnose geklärt.

Beispielsweise könnten sich die Eltern von Tim Entlastung für den Stress zu Hause und in der Schule versprechen, gleichermaßen die Klassenlehrerin, wenn mit ›ADHS‹ und entsprechender Behandlung und voraussichtlicher Verordnung von Methylphenidat mehr Ruhe in Tims Verhalten einkehren würde.

Eine andere Herangehensweise wurde in Kapitel 2.5 und 5.5 beschrieben, denn die Fragen nach Ausnahmen sind nun hilfreich, um zu entdecken, dass es Bereiche in Tims Leben gibt, in denen sein Verhalten völlig im Lot zu sein scheint und ohne irgendeine Auffälligkeit beschrieben wird, wie zum Beispiel durch seinen Judotrainer (▶ Kap. 2 und 3). Diese Frage würde neue Möglichkeiten eröffnen, statt allein den Ist-Zustand abzubilden oder die Diagnose weiter fest zu zurren.

Praxisbeispiel: Diagnose ASS

Betrachtet die Heilpädagogin Diagnosen als ›Konstrukte‹, dann ist es bei vorhandener ›Namensgebung‹ und Diagnose wichtig, genauer nachzufragen.

- Was bedeutet es für Sie, dass die Kinder- und Jugendpsychiaterin die Diagnose Autismus-Spektrum-Störung gestellt hat?
- Was verstehen Sie zum Beispiel unter Wahrnehmung oder unter Intelligenz?
- Was halten Sie von dem in der Beratungsstelle gemachten Intelligenztest?
- Wie beurteilen Sie die Intelligenz ihres Kindes?
- Was sind ihrer Meinung nach Gründe für die Schwierigkeiten ihres Kindes? Wie könnte die Lösung aussehen?
- Was muss passieren, damit Ihr Kind Autismus-Symptome zeigt?
- Wer merkt das dann als erstes?
- Was wäre anders, wenn Sie wüssten, dass Ihr Kind sein Symptom aus irgendeinem guten Grund bewusst erzeugt?
- Wie wäre es für Sie, wenn das Symptom sechs Wochen Urlaub machen würde?

5.4 Hypothesen und Hypothetisieren

Praxisbeispiel: Johanna 1 – Anfrage in der heilpädagogischen Praxis, Telefonkontakt mit Johannas Mutter

Schon bei Erstkontakt wie zum Beispiel am Telefon kann die Heilpädagogin Informationen gewinnen und erste Hypothesen aufstellen.

Frau M. erzählt am Telefon, dass der Kindergarten XY dazu geraten hat, Johanna in der heilpädagogischen Praxis vorzustellen, da Johanna Schwierigkeiten habe, sich in die Kindergruppe einzubringen. Sie könne dort nicht immer ihre eigenen Wege gehen. Frau M. teilt ferner mit, dass Ihr Ehemann Herr M. nicht mitkommen könne, da er beruflich zu eingespannt sei, um am Elterngespräch teilzunehmen. Er erwarte allerdings von der Beratung, dass Johanna im Kindergarten nicht weiter auffällt und sich an die Anforderungen in der Kindergruppe anpasse und damit konformgehen solle. Frau M. ist verzweifelt. Sie ist berufstätig und in Sorge, dass Johanna den Betreuungsplatz verlieren könnte, wenn sie dort noch deutlicher als Störfaktor betrachtet wird.

Folgende Hypothesen bieten sich aus der Perspektive der Beraterin an. Dabei ist zu beachten, dass vielfältig andere aufgestellt werden können, die folgenden sind exemplarisch zu verstehen:

- Der hohe Druck der Eltern beeinträchtigt möglicherweise die Sichtweise von Johanna als Problem. Aus ihrer Sicht sollte Johanna im Alltag funktionieren, um ihre Berufstätigkeit nicht zu gefährden und die aufgebaute Alltagsstruktur zu bewahren.
- Möglicherweise lastet auf den Erzieherinnen im Kindergarten durch wenig Personal und eine erhebliche Gruppengröße enormer Druck, der sich auf ihre Arbeit überträgt und Kinder wie Johanna mit mangelnder Aufmerksamkeit zu autonomem Verhalten führt. Dieser Druck erhöht sich durch die verständlichen Ansprüche der Eltern auf das Funktionieren der teuren Kita-Leistung.
- Möglicherweise bekommt Johanna weder vom Kindergarten noch zu Hause die Aufmerksamkeit, die für sie notwendig ist, und zeigt auf ihre Weise ihre Bedürftigkeit.

Praxisbeispiel: Johanna 2 – Fortsetzung Erstgespräch mit Frau M. in der heilpädagogischen Praxis

Zur Vorbereitung dient die Bündelung der Informationen. Erste Hypothesen wurden von der Beraterin aufgestellt die im Erstgespräch mittels Fragen überprüft werden (siehe oben Praxisbeispiel Johanna 1). Die Beraterin überprüft für sich, welche Hypothesen sich bisher bestätigt haben und was sie verwerfen kann.

Angeregt durch die systemischen Fragen der Beraterin realisiert Frau M., dass sie und ihr Mann Johanna gegenüber viel Druck aufbauen und es sinnvoll sein kann, Raum zu schaffen, um erst einmal Johannas Bedürfnisse zu verstehen und sie zu entlasten.

5.4.3 Kritik am Hypothetisieren

Innerhalb der verschiedenen Systemischen Ansätze stößt das Hypothetisieren bei den Vertreterinnen des Narrativen Ansatzes, hier vor allem dem Lösungsfokussierten Ansatz (▶ Kap. 5.5), auf Vorbehalte bis hin zu grundsätzlicher Ablehnung. Im Narrativen Ansatz stellt das Nichtwissen und die grundsätzliche Neugier ein wesentlicher Bestandteil der Kommunikation im System dar. Es wird ausschließlich auf die Erzählung (Narration) der Klientin, ihre Sichtweisen und ihre Vorstellungen von der Lösung fokussiert. Auf die unterstützende Funktion des Hypothetisierens, nämlich dadurch Strukturen und Muster im Auftraggebersystem zu erkennen, wird verzichtet, da diese die vielfältigen Kreationen an Möglichkeiten schmälern können (Schlippe & Schweitzer 2012, 74). Das bedeutet: Bei Vertreterinnen des narrativen Ansatzes kommt es weder zu Hypothetisieren noch zu einer systemischen Diagnosestellung und daraus resultierenden Interventionsplanung und Umsetzung.

5.4.4 Abschließende Empfehlung

Es empfiehlt sich für ein Beratungsgespräch oder auch im Rahmen der prozessbegleitenden heilpädagogischen Diagnostik, wie ein Schweizer Taschenmesser für alle Eventualitäten eine vielseitige Multifunktionalität im Methoden- und Technikeinsatz verfügbar zu haben. Eine gewisse Flexibilität in der Handhabung und dem Einsatz des Hypothetisierens und eine Variabilität im Gebrauch oder Nicht-Gebrauch kann eine wichtige Kompetenz der Beraterin sein. Das bedeutet sowohl das Hypothetisieren zu nutzen und sich gleichzeitig lösungsfokussiert vom Hypothetisieren zu verabschieden (Schwing & Fryszer 2012, 141).

Im Folgenden wird klar, dass der lösungsfokussierte Ansatz seine Struktur und Ordnung dadurch gewinnt, indem er radikal in Erzählung der Klientinnen nach Lösungsideen fahndet und indem er konsequent das hier beschriebene Hypothetisieren ablehnt.

5.5 Lösungsfokussierung und Lösungsorientierung

5.5.1 Entstehung der lösungsfokussierten Kurztherapie

Den Meilenstein jeglicher lösungsfokussierten (bzw. der synonym gebräulichen lösungsorientierten) Pädagogik, Beratung und Therapie hat der Psychotherapeut Steve de Shazer (1940–2005) zusammen mit Insoo Kim Berg (1934–2007) und weiteren Teammitgliedern mit dem Solution Focused Brief Therapy (SFBT), zu Deutsch: Lösungsfokussierte Kurztherapie, im 1978 gegründeten »Brief Family Therapy Center« in Milwaukee, Wisconsin, in den 1980er Jahren gesetzt. Dort haben Shazer, Berg und Team in den darauffolgenden Jahren wesentliche Elemente der Lösungsfokussierung prototypisch auf Basis ihrer vielfältigen eigenen Beobachtungen aus ihrer Praxis heraus generiert und daraus eine Fülle von Methoden und Techniken erarbeitet. Diese gelten heute noch und bedeuten mit der Fokussierung auf die Lösungsentwicklung und Lösungspassung statt auf identifizierte Defizite oder Pathologien einen radikalen Umbruch (Shazer & Dolan 2016) – auch in der Heilpädagogik.

5.5.2 Grundlagen der Lösungsfokussierung

Lösungsorientierung (die Haltung der Beraterin als Expertin, sie orientiert sich an der Lösung) basiert weitgehend auf systemtheoretischen Grundlagen, die mit einer Vielzahl systemisch orientierter Techniken verknüpft sind (Bamberger 2015; Bannink 2015), und kann als systemische Therapie klassifiziert werden (Shazer & Dolan 2016, 25). In der Literatur gibt es teilweise deutliche Unterschiede in der Verwendung von Begrifflichkeiten (Kaimer 1999). Im Folgenden wird der Begriff Lösungsfokussierte Kurztherapie (SFBT) verwendet, da das Team um Shazer diesen Ansatz begründet und methodisch fortentwickelt hat. Lösungsfokussierung bezieht sich auf das methodische Repertoire der SFBT.

Die SFBT wird über den Bereich der Psychotherapie hinaus mittlerweile in Institutionen im Sozial- und Gesundheitswesen, der Jugendhilfe, der Strafrechtspflege, im Bildungs- und Erziehungsbereich, in der Beratung sowie in wirtschaftlich ausgerichteten Organisationen eingesetzt.

Eine der wichtigsten Erkenntnisse des Teams um Steve de Shazer war, dass das Lösungsverhalten und die Kompetenzen dafür bereits in der Klientin schlummern. Man muss mit einer nichtwissenden, offenen Haltung konsequent ›nur‹ danach fragen und darauf aufbauen (Klein & Kannicht 2007, 83) und an dem anknüpfen, was die Klientinnen mitbringen und was ihnen nutzt.

Der historische Umbruch im Brief Family Therapy Center entstand durch die dortige Evaluation einer Vielzahl von Fällen und den dort gewonnenen Erkenntnissen mit Videoauswertungen von Hunderten von Therapiesitzungen mit der fokussierten Leitfrage »Was will die Klientin und was hilft ihr?« sowie mit dem genauen Überprüfen dessen, welche Fragen die Lösungsentwicklung der Klientinnen beflügelten und welche nicht (Shazer & Dolan 2016).

Das Lösungsfokussierte Therapiemodell (De Jong & Berg 2014) entwickelte sich aus vier Strömungen heraus: Zunächst haben sie induktiv aus der Praxis heraus auf Basis ihrer Videoanalysen ihre methodische Herangehensweise entwickelt. Als Zweites fließen die Erkenntnisse der Kybernetik zweiter Ordnung (▶ Kap. 2) und die darin vertretene Ansicht ein, dass die Beraterin nun Teil des Beratungssystems wird und die Beraterin dadurch ihren Status als Expertin einbüßt und deshalb nicht mehr zielgerichtet steuern oder kontrollieren kann. Ferner wurden sie durch frühe Forschungen der Palo-Alto-Gruppe im Mental Research Institute (▶ Kap. 2.1) und durch den Hypnotherapeuten Milton Erickson (1901–1980) inspiriert. Bereits in den Jahren um 1960 entwickelte Milton Erickson den Ansatz der Hypnotherapie, in der mittels Trance Klientinnen für sich neue Lösungswege entdecken können.

Steve de Shazer selbst sieht im SFBT eine pragmatische Lehre an Methoden ohne ein klassisches theoretisches Fundament (Shazer 2008). Von anderen Vertretern wird der SFBT eine große Nähe zum Sozialen Konstruktionismus als theoretische

Reflexionsfolie zugewiesen. Dieser besagt, dass »die Vorstellung des Individuums über die Wirklichkeit – einschließlich der Vorstellung über die Art seiner Probleme, Kompetenzen und möglichen Lösungen – im Leben in der Kommunikation mit anderen entsteht« (Bannink 2015, 31, ▶ Kap. 2).

Es unterstreicht die Bedeutung, dass die Adressatinnen in Bezug auf die Lösung eines Problems etwas anderes tun, als sie bisher getan haben. Zentral an der Lösungsorientierung ist also die Erkenntnis, dass allein durch das veränderte Verhalten der Auftraggeberinnen eine Lösung herbeigeführt werden kann.

Durch die pragmatische Umsetzung lösungsfokussierter Methoden und Techniken gelingt die Lösungsfindung der Adressatinnen. Das lösungsfokussierte Konzept lehrt uns, wie Lösungen entstehen, die von der Adressatin selbst entwickelt werden und nicht von der Beraterin. Im Prozess der Lösungsfindung wird das Sprechen über Lösungen betont und von Anfang an die Stärken, die Ressourcen und die Resilienz der Adressatinnen angeknüpft oder diese herausgearbeitet. Vernachlässigt werden hingegen die Probleme (Shazer & Dolan 2016, 29). Eine ausführliche Information der Beraterin über das Problem ist nicht zwingend erforderlich (Shazer 1997).

Haltung der Beraterin

Die lösungsfokussierte Beraterin hält sich möglichst abstinent von Urteilen, Interpretationen oder Vorschlägen und versucht Hierarchien möglichst aufzulösen und basisdemokratisch zu interpretieren. Ihr Fokus ist die Aktivierung der Ressourcen der Auftraggeberinnen.

Die Beraterin leitet das Gespräch achtsam, und indem sie im übertragenen Sinne einen Schritt zurücktritt (Shazer & Dolan 2016, 26). Die Haltung der Beraterin ist positiv, respektvoll und optimistisch. Sie vertritt die Überzeugung, dass Menschen Resilienzen besitzen und diese für Veränderungen nutzen können.

Der Perspektivenwechsel vom Problem zur Lösung

Eine positive Erwartungshaltung eigenen Veränderungsmöglichkeiten gegenüber wird durch den Perspektivenwechsel vom Problem zur Lösung installiert. Dadurch wird die Problemtrance aufgehoben. Das Verharren in Problembeschreibungen, Zuschreibungen und die Suche nach Kausalzusammenhängen mit dem rückwärtsgerichteten Blick auf die Biografie wird konsequent vermieden.

Der Vergleich von Problem- und Lösungsmustern bewirkt bei Klientinnen meist ein intensives Kompetenzerleben, verbunden mit der Idee eigener Einflussnahme und autonomer Wahlmöglichkeiten (Isebaert 2005). Der Fokus liegt auf Initiierung von Veränderung der Gegenwart und Zukunft durch die Klientinnen.

Die wichtigsten Entdeckungen von Shazer & Berg waren folgende:

- Man muss das Problem nicht kennen, um eine Lösung zu finden.
- Die Klientin weiß am besten, was sie in der Beratung oder Therapie will und wann die Therapie beendet ist.

- Das Wichtigste ist herauszufinden, was die Klientin will, und sie in dem zu unterstützen.
- Man muss einem Problem nicht auf den Grund gehen, weil die Lösung mit dem Problem nichts zu tun haben muss.

Das Team um Shazer identifizierte drei zentrale und für die Beraterin handlungsleitende Fragen:

- Was will die Klientin (mit dem Fokus auf dem Ziel)?
- Was kann die Klientin tun (mit dem Fokus auf der Aktivierung der Ressourcen)?
- Was ist der nächste Schritt (mit dem Fokus auf Handeln)?

Ferner identifizierten sie unter anderem drei Lehrsätze oder Regeln (Shazer & Dolan 2008, 23):

- »If it ain't broke, don't fix it.« (Repariere nicht, was nicht kaputt ist.)

Die ›Kunden‹- (oder besser die Auftraggeber-) Orientierung erfordert das ausschließliche Verfolgen von Problem-(Lösungen), die vom Auftraggeber selbst beschrieben werden.

- »Once you know what works, do more of it.« (Wenn du weißt, was funktioniert, mach' mehr davon.)

Die Konzentration auf Lösungen statt Probleme schafft einen Blick für dasjenige Verhalten der Adressatin, in dem sie verantwortlich und kompetent war oder ist, und erschließt positive Handlungsoptionen. Eine veränderte Selbsteinschätzung und das Erleben von Selbstwirksamkeit wirken umgekehrt proportional zur Hilflosigkeit angesichts einer problemzentrierten Sichtweise.

- »If it doesn't work, then don't do it again. Do something different!« (Wiederhole nicht, was nicht funktioniert. Mach' etwas anderes!)

Bereits realisierte, aber erfolglose Lösungsversuche sind als Teil des Problems zu verstehen und sollten deshalb aufgegeben werden. Dies dient der Unterbrechung eingefahrener Verhaltensmuster, die den Problemzustand stabilisieren.
  Gleichzeitig erkannten Shazer & Dolan, dass ein Problem nicht ohne Unterlass besteht. So kann es immer Ausnahmen geben, die für eine Lösung genutzt werden können. Insbesondere befanden sie die Sprache, die für die Entwicklung und Fokussierung der Lösung verwendet wird, als eine andere als die, die zur Problembeschreibung erforderlich ist. Für sie gestaltet sich die Zukunft als etwas Wandelbares, als etwas kreativ zu Erschaffendes und auch als etwas Verhandelbares (ebd., 24, 25).

Wesentliche Inhalte der SFBT

Wesentliche Inhalte der SFBT sind die Kunden- (im Sinne der Auftraggeber-) Orientierung (▶ Kap. 1.5, Kasten Begriffserklärungen), Wertschätzung und Respekt, Ressourcenorientierung, Zielorientierung sowie Orientierung an dem, was bereits gelingt. Ferner ist die SFBT hoffnungsvoll, das heißt, sie weckt die Hoffnung, dass man etwas erreichen kann. Die SFBT ist der Systemische Ansatz, in dem die hoffnungsvolle Haltung am deutlichsten verankert ist. An dieser Stelle eröffnet sich eine wichtige Schnittstelle zur Heilpädagogik mit ihrer hoffnungsvollen und zuversichtlichen Heilpädagogischen Haltung (vgl. Kiessl 2015).

Ressourcensicht

SFBT betont das kreative Ausprobieren und das Gelingen, statt das Misslingen zu analysieren. Die Adressatinnen verfügen in der Regel über genügend Fähigkeiten, ihre Probleme selbst zu lösen. Sie können ermutigt werden, sich als Expertinnen für sich selbst zu verstehen. Die lösungsfokussierte Therapeutin oder Beraterin ist darauf bedacht, keine Hinweise auf Fortschritte oder Lösungen zu übersehen und die Ressourcensicht im Beratungsprozess kontinuierlich zu erhalten (Shazer & Dolan 2016, 35).

Kooperation, Selbstorganisation und Kundenorientierung

Die Auftraggeberinnen bleiben Eigentümer des Veränderungsprozesses in ihrer Lebens- und Arbeitswelt. Sie bestimmen selbst, in welche Richtung und in welchem Ausmaß sie zu Veränderung angeregt werden.

Nach Shazer ist eine Klientin dann Kundin, wenn sie nicht nur klagt (denn dann ist sie Klagende), sondern tatsächlich etwas gegen ihr Problem unternehmen möchte. Ersichtlich wird das aus der Art, wie die Situation und die Ziele von der Klientin beschrieben werden (Shazer 2006, 106). Ein Besucher hingegen hat selbst keine Beschwerde, sondern wurde geschickt oder mitgenommen (Shazer 2006, 104). Besucher sind vor allem dann, wenn sie unfreiwillig in der Beratung sitzen, nicht kooperativ. Hier muss im Kontrakt (▶ Kap. 5.1.3) besonders an einem Anliegen oder Interesse gefeilt werden, das zur Kooperation in und Motivation für Beratung führt. Insbesondere arbeiten lösungsfokussierte Beraterinnen hier mit Komplimenten und Anerkennung (ebd., 105).

5.5.3 Lösungsfokussierte Sprache

Verwendet wird eine lösungsfokussierende Sprache (▶ Abb. 10).

Shazer & Berg erachten Sparsamkeit als wichtigen Gradmesser: Beratung und Therapie sollten so kurz, einfach und sparsam wie möglich sein. Dabei ist zu beachten, dass es mehrere Lösungen geben kann. Es wird das pragmatisch herausgearbeitet, was wirkt. Shazer & Berg werden von der Einsicht getragen, dass

Abb. 10: Lösungsfokussierte Sprache, eigene Darstellung

Menschen Veränderung schnell erreichen können und dies auch tun. Bei dem Versuch, Veränderungen herbeizuführen, kann es manchmal auch zu einer paradox anmutenden Umkehrung kommen, indem Klientinnen lernen anzuerkennen, dass das Akzeptieren eines wie immer gearteten ›Status Quo‹ schon eine wesentliche Veränderung sein kann.

Komplimente & Anerkennung

Komplimente sind eines der wichtigsten Werkzeuge im lösungsorientierten Modell. Es geht nicht darum, zur Klientin nett zu sein, um sie in ihrer schwierigen Situation aufzumuntern. Sondern es geht darum, hervorzuheben, was der Klientin wichtig ist. Im ursprünglichen Modell wurde das Kompliment nach einer Unterbrechung ausgesprochen, das wird zum Teil auch heute noch so praktiziert.

Jedes Kompliment muss an ein Ziel der Adressatin gekoppelt werden. Losgelöste unpersönliche Floskeln nützen nichts. Die anerkennende Bestätigung dessen, was die Adressatin erfolgreich unternommen hat, und die Würdigung ihrer Empfindungen und geäußerte Schwierigkeiten signalisieren ihr, dass die Beraterin zugehört hat und interessiert ist. Gleichzeitig sind darin ›sanfte Anstöße‹ verpackt, was an Handlungen schon funktioniert hat, was als erfolgreiche Handlung fortgesetzt werden kann oder was als Veränderung, auf die die Adressatin selbst gekommen ist, als Experiment ausprobiert werden kann.

»Es kommt nur selten vor, dass Therapeuten dem Klienten Vorschläge machen oder ihm Aufgaben stellen, die nicht auf seinen früheren Lösungen oder Ausnahmen des Problems beruhen« (Shazer & Dolan 2016, 29). Wichtiger ist es, dass die Beraterin die Kunst der Sensibilisierung der Adressatinnen und in der Eigenwahrnehmung die Unterschiede im eigenen Verhalten, seien sie auch klein oder fein, beherrscht. Jede gelungene Herausarbeitung eines Unterschieds bedeutet für die Adressatinnen eine Veränderung in der Wahrnehmung des Problems und knüpft an ihre Stärken und Resilienz an. Hier besteht eine weitere wichtige Parallele zur Heilpädagogik (vgl. Kiessl 2015).

Zielfindung & Formulierung

Ziele sind wohl zu formen und zu formulieren. Sie sollten nach Shazer & Dolan (2016) »SMART« sein: Small, Measurable, Actionable, Reachable und Timebound (Klein, messbar, in Handlung umsetzbar, erreichbar und zeitlich gebunden). Konsequent werden Adressatinnen dazu ermutigt, ihre identifizierten Ziele der Beratung als Lösungen zu formulieren, also als lösungsfokussierte Ziele. Ziele sind passgenau, wenn die Beteiligten herausfinden können, wann das Problem gelöst ist (Shazer 2006, 109). Deswegen wurden entsprechende Methoden entwickelt, die Zielerreichung messbar zu machen, wie im Folgenden beschrieben.

Skalierung

Der Weg zur Lösung wird in einfache Worte gefasst. Der Fokus geht weg vom Ist-Zustand, vom Problem hin zum Sollzustand, also quasi zu dem Tag nach dem ›Wunder‹, wenn die Schwierigkeiten überwunden sind. Die einzelnen Ziele werden skaliert, was wiederum gut mittels Skala-Fragen exploriert werden kann.

Skala-Fragen

Skalafragen sind nicht nur bei Kindern beliebt. Der Wert 10 entspricht dem Sollzustand, an dem die Schwierigkeiten überwunden sind. Der Wert 1 ist das Gegenteil von 10. Er beschreibt den schlimmsten Zustand, den es für eine Klientin geben kann.

- Wo würdest Du sagen, war es in der letzten Woche zwischen 1 und 10?

Der Vorteil dieser Frageform liegt darin, dass es einfacher sein kann, eine Zahl zu formulieren als ein Thema mit vielen Worten zu bearbeiten. Die Frageform kann sehr gut gestalterisch umgesetzt werden, indem gezeichnet wird, zum Beispiel ein Thermometer, oder wenn zeichnerisch auf einer Leiter hochgeklettert wird oder ein Seil benutzt wird oder im Raum herum gehüpft wird (vgl. ausführlich zum Einsatz von SFBT bei Kindern und Jugendlichen Steiner & Berg 2008; Vogt-Hillmann & Burr 2005).

Eine Skala vermittelt ferner, dass man möglicherweise nicht gleich von einer 1 zu einer 10 hochklettern kann. Dies wird unter anderem in dem von Ben Furmann für Kinder und Jugendliche entwickelte und später auf Erwachsene übertragene lösungsfokussierte »Ich schaff's-Programm« vermittelt (Furmann & Kujasalo 2017).

Weitere lösungsfokussierte Fragen

Für die lösungsfokussierte Beraterin sind Fragen das »primäre Kommunikationswerkzeug und als solches eine allumfassende Art der Intervention« (Shazer & Dolan 2016, 28).

Lösungsfokussierte Fragen sind auf die Gegenwart und die Zukunft gerichtet statt auf die Vergangenheit. Offene W-Fragen, die den Problemkontext erschließen, sowie Fragen zu erfolgreichen Bewältigungsstrategien in der Vergangenheit, Fragen zu Fähigkeiten und Ressourcen, Zirkuläre Fragen oder hypothetische Fragen wie »Mal angenommen…« ermöglichen, neue Handlungsmöglichkeiten zu entdecken und die Vorstellungskraft der Klientinnen anzuregen (ausführlich ▶ Kap. 5.3).

Die Wunderfrage

Die berühmteste, mittlerweile variantenreiche und am schwierigsten umsetzbare, aber in der Praxis als sehr lösungsfördernde Wunderfrage ist mittlerweile zum Klassiker in vielen Beratungssettings geworden. Um damit die Lösungsfokussierung umzusetzen und die Lösungsfindung und Passung im an die Frage anknüpfenden weiterführenden Interview umzusetzen, bedarf es einiger Erfahrung sowie Techniken (vgl. dazu ausführlich Shazer & Dolan 2016, 30, 74 ff) und keinesfalls eines lieblosen standardisierten Abfragens, ohne die Zeit zu beachten, die es braucht, um die Frage in ihrer Wirkung zu entfalten.

Die Wunderfrage verhilft der Beraterin und der Adressatin dazu, ein klares Bild davon zu bekommen, wie eine Lösung aussehen könnte, selbst wenn das Problem unbestimmt, verworren oder unzureichend beschrieben ist (Shazer 2006, 24).

In ihrer ursprünglichen Form lautet sie folgendermaßen (Shazer & Dolan 2016): Angenommen, es würde eines Nachts während Sie schlafen, ein Wunder geschehen und Ihr Problem wäre gelöst. Wie würden Sie das merken? Was wäre anders? Wie würde zum Beispiel Ihr Ehemann davon erfahren, ohne dass Sie ein Wort darüber zu ihm sagen?

Die Wunderfrage kann anregen, passgenau Ziele konkret zu finden und zu formulieren und Lösungen zu fokussieren, indem mit der Frage Ausnahmen gefunden werden.

Hausaufgaben & Experimente

Der Transfer in den Alltag, das kreative Entwickeln von alltagstauglichen Lösungen, die Umsetzung der gefundenen Ziele durch kleine (Haus-)Aufgaben oder Experimente bis zur nächsten Sitzung können durch die Beraterin aufgetragen werden. In der nächsten Sitzung erfolgt die gemeinsame Reflektion und Auswertung der Aufgaben oder Experimente. Die Fortschritte der Klientinnen in der Erreichung ihrer Ziele werden gemeinsam eingeschätzt.

5.5.4 Forschung zu Wirksamkeit und Grenzen der SFBT

Trotz gering ausgeprägtem theoretischen Fundament ist die SFBT wirksam, das zeigen Studien. Gingerich (zit. n. Shazer & Dolan 2016, 230) hat bis 2001 18 Studien über die Wirksamkeit der SFBT analysiert, darunter sieben gut kontrollierte Untersuchungen. 17 Studien bescheinigen dieser Therapieart gute Ergebnisse. Auch durch den Wissenschaftlichen Beirat Psychotherapie ist die systemische Therapie als wirksame Methode psychotherapeutischer Verfahren anerkannt, unter anderem wird als Methode der Lösungsorientierung die Wunderfrage benannt (Schulte & Rudolf 2008).

Die SFBT kann in der Anwendung bei Kindern, Jugendlichen, Eltern, Familien, in jeglichen Gruppen, in Organisationen oder in Supervision von Fachkräften und bei einer Vielfalt von Problemlagen im Spektrum alltäglicher Konflikte bis hin zu schweren psychischen Erkrankungen eingesetzt werden. Sie gelingt dann, wenn

Klientinnen ›Kundinnen‹ sind oder in der Beratung zu Kundinnen werden, selbst wenn sie sich innerhalb eines Zwangskontexts in Beratung oder Therapie eingefunden haben. Zwangskontext und unfreiwillige Teilnahme an Beratung können hier die Potentiale der SFBT ausbremsen, es gibt aber besondere methodische Kniffe, die dann zur Anwendung kommen können (vgl. Kiessl 2015; Conen 2015). Auch kann die Kontrollfunktion der Beraterin bei Gefährdungslagen schwer mit klientenzentrierter Zielsteuerung zu vereinen sein (Geiling 2002).

Für dies SFBT kann es bei einer akuten Psychose, Depression oder einer schweren geistigen Einschränkung eines Menschen Begrenzungen geben, die SFBT kann dann auch kontraindiziert sein (Bannink 2015). Das erschwerte Erkennen oder zögerliche Nutzen früherer Lösungen oder das Blockieren der Entwicklung neuer Lösungsmöglichkeiten genauso wie vorliegende Emotionen können Hemmnisse für die SFBT darstellen. Auch das sozialisationsbedingte Fokussieren auf Schwächen, einhergehend mit geringem Selbstwert und Selbstwirksamkeitsgefühl und seltenen Erfahrungen von Gelingen aus eigener Kraft können den Einsatz der SFBT erschweren, erfordern auf jeden Fall ein achtsames gelingendes Vorgehen.

Gelingt es, die SFBT anzuwenden, eröffnet sie viele Möglichkeiten, sich selbstwirksam zu erleben und sich im Alltag auch als hochbelastete Person neue Handlungsmöglichkeiten zu eröffnen (Vogt-Hillmann 2009, bezogen auf Jugendliche). Bei Personen mit Traumatisierung gilt es, die lösungsfokussierten Interviewtechniken besonders achtsam anzuwenden.

Möglicherweise kann ein Mensch mit ausgeprägter Autismus-Spektrum-Störung auf Grund der damit einhergehenden veränderten Wahrnehmung und Wahrnehmungsverarbeitung erschwert Ziele formulieren. Es kann (muss aber nicht) der sprachliche Ausdruck von Unterschieden oder Veränderungen erschwert sein oder es kann ein Perspektivenwechsel besonders schwerfallen.

Auch kontextspezifische Arbeitsbedingungen mit einer mangelnden Offenheit für Systemische Ansätze und erschwerten Bedingungen für die Umsetzung der entwickelten Lösungen wären eine weitere Kontraindikation.

Je nach Bedarfen und Bedürfnislagen der Adressatinnen können längerfristige Begleitungen für entsprechende Entwicklungsaufgaben wichtig und elementar, das Kurzzeitsetting somit nicht immer passend oder ergänzungsbedürftig sein. Im Zuge der insgesamt kritisch zu betrachtenden Ökonomisierungsprozesse des Sozialen sollte nicht pauschal kurzfristige Erfolge, die machbar, planbar oder kalkulierbar sind, als heilsbringend erachtet werden (vgl. kritisch Geiling 2002, 81; Kiessl 2015).

Grundsätzlich gilt: Der radikale Shift von der Problemsicht und Problembeschreibung hin zur Lösungsfokussierung wird da hinterfragt, wo die Würdigung und das Aushalten von Emotionen und die Beziehungsstiftung besonders bedeutsam sind und die gemeinsame Würdigung und die Markierung des Problems ein wichtiges Element in der Beratung darstellt (Geiling 2002).

5.5.5 Lösungsfokussierung und Heilpädagogik

Für die Heilpädagogik eröffnet sich für die verschiedenen Handlungsfelder ein methodisches Repertoire, das passgenaue und praxisbezogene Interventionen,

Selbstermächtigung und Handlungsorientierung ermöglicht. Der Zugang zu dynamischen oder komplexen Systemen kann gelingen, da hier die Auftragslage besonders durch die klaren und wohlgeformten Ziele eingegrenzt ist, an die in der Beratung immer wieder rückgekoppelt wird.

Innerhalb der Systemischen Ansätze verwirklicht sich hier besonders deutlich die Selbstermächtigung. Gekoppelt an die in diesem Ansatz am deutlichsten formulierte Abstinenz von Anleitung, Vorwegnahmen, Annahmen, Hypothesen und Vorgaben kann dies eine korrigierende und inspirierende Reflexionsfolie und Methodenschätze für die Heilpädagogik eröffnen. Mit dem lösungsfokussierten Ansatz lassen sich Machtgefälle deutlich reduzieren. Dadurch kann sich ein radikal kooperatives Vorgehen erschließen. In der SFBT ist die Haltung an Zuversicht, Hoffnung und Zutrauen in die Lösungskompetenzen der Auftraggeberinnen feiner herausgearbeitet, formuliert und deutlicher konkretisiert als in der Heilpädagogik, so dass an dieser Stelle die Heilpädagogik von der SFBT deutlich für ihre Konkretisierung profitieren kann.

In den Handlungsfeldern, in denen die Heilpädagogin oder die Beraterin ›im Sinne der Klientin agiert‹, ist sie also advokatorisch tätig. In diesem Fällen kann sie nicht die Rolle der lösungsfokussierten Beraterin übernehmen, die darauf verzichtet, Ratschläge zu erteilen. Dies ist häufig der Fall oder sogar Arbeitsauftrag in der heilpädagogischen Praxis, zum Beispiel in der Autismus-Beratung, wo gezielte Tipps zur Handlung einfließen und den Adressatinnen wenig Freiräume gelassen werden, die für Genese und die Fokussierung ihrer Lösung genutzt werden könnten.

Vor allem für einen in seiner Kultur nicht systemisch geprägten Arbeits- und Organisationskontext (wie es in der Heilpädagogik häufiger der Fall ist) kann es essentiell sein, ein Methodenmix aus anderen (nicht nur) Systemischen Ansätzen zu verwenden, zum Beispiel um sehr viel Wert auf die Auftragsklärung zu legen, um Hypothesen zu generieren oder eine Tür zu der Vergangenheit der Adressatinnen mit der Betrachtung der Mehrgenerationenperspektive zu öffnen.

Abschließend kann festgehalten werden, dass die SFBT als Ansatz schlicht, schlank und einfach ist. Das bedeutet aber nicht, dass die SFBT gleichermaßen leicht umsetzbar ist. Hier bedarf es einiger Praxis und einer tiefergehenden Reflektion der eigenen Haltung. Ergänzt werden kann diese durch die schon mehrfach erwähnte flexible und offene Haltung. Das würde bedeuten, den Ansatz der SFBT wie auch alle anderen nicht absolut zu setzen, sondern je nach Kontext, Bedürfnislagen und Auftrag entsprechende methodische Werkzeuge, die mal mehr oder mal weniger der SFBT entsprechen können, umsichtig, aber auch flexibel anzuwenden.

5.6 Ressourcenorientierung

Wie schon bei der Lösungsfokussierung herausgearbeitet, bildet in der Systemischen Beratung und Therapie die Fokussierung auf Ressourcen und Kompetenzen der Klientinnen eine sinnvolle Gegenbewegung zur immer noch verbreiteten Defizit- und Pathologieorientierung (Schiepek 2013, 11). Die relevanten Ursprünge liegen in der hypnotherapeutischen Arbeit von Milton Erickson, dessen Ansätze Shazer & Berg in die SFBT und dann in die Systemische Therapie und Beratung übertragen haben.

Weitere theoretische Anknüpfungen finden sich unter anderem im Salutogenese-Konzept nach Aaron Antonovsky (1987). Dieser US-amerikanische Soziologe (1923–1994) befasste sich mit den Entstehungsbedingungen von Gesundheit und den damit zusammenhängenden menschlichen Ressourcen und so eröffnete in der Medizin und Public Health neue Sichtweisen auf vorhandene Möglichkeiten und Stärken von Menschen. Daran knüpfte auch die Empowerment-Bewegung in der gemeinwesenorientierten Sozialen Arbeit und der Recovery-Ansatz in der ambulanten Psychiatriebewegung sowie humanistische Therapieansätze an (Retzlaff 2010, 85).

In der Systemtheorie wird davon ausgegangen, dass jedes System die Ressourcen zur Verfügung hat, die es zur Problemlösung braucht. Daraus folgt eine wertschätzende und ressourcenorientierte Haltung. Dem System wird mit Wertschätzung dem gegenüber, was ›da‹ ist, begegnet. Jeder Mensch hat trotz erschwerten Lebensumständen Strategien entwickelt, Krisen oder soziale Belastungen erfolgreich zu bearbeiten. Der Fokus auf Ressourcen ist elementar, da diese, wenn aktiviert, ihre Wirksamkeit entfalten. Ferner unterstützten Ressourcen Familien bei der Bewältigung von Belastungen und haben eine schützende Wirkung gegen Stress (Retzlaff 2010, 85).

Im Fokus stehen unter anderem erprobte Ressourcen, erfolgreiche Lösungsstrategien in der Vergangenheit sowie unbewusste oder verdeckte Ressourcen und Ausnahmen vom Problem oder Problempausen. Spiegelbildlich zu der anlassbezogenen Formulierung von Problemen oder Defiziten werden andere und präzise Verhaltensbeschreibungen nicht nur als Grundlage einer Problemanalyse betrachtet, sondern dienen insbesondere der Ressourcenanalyse, das heißt der Beschreibung von Fähigkeiten, Stärken und Ressourcen. Dies hat vielfältige Wirkungen auf das Selbstverständnis der Klientinnen, die Helfer-Klienten-Beziehung und die Interventionsplanung (vgl. Durant 1996, zit. n. Schwing & Fryszer 2012). Zur Erfassung von Ressourcen gibt es zahlreiche Schemata (Retzlaff 2012, 85): Unterschieden wird zum Beispiel zwischen internen und externen Ressourcen sowie individuellen, familiären oder sozialen Ressourcen.

Im Interview (vgl. Ressourcenorientierte Fragen, ▶ Kap. 5.3.1) werden über Fragen die Sichtweise und der Perspektivwechsel vom Problem zu Ressourcen des Problemsystems eröffnet. Verbunden werden kann dies sehr gut mit gestalterischen Methoden (ausführlich ▶ Kap. 5.11).

Praxisbeispiel: Lukas

Lukas, 9 Jahre, und seine Mutter kommen in Beratung wegen Schwierigkeiten und Streitereien untereinander. Lukas diagnostizierter Asperger-Autismus und seine Störung des Sozialverhaltens wird von der Mutter und im Aufnahmegespräch in der psychosomatischen Fachklinik zur Familienrehabilitation als Grund für das Problemverhalten von Lukas beschrieben.

Im Erstgespräch sieht sich die Heilpädagogin einerseits einem liebenswerten kleinen Jungen, der einen Fußball in der Hand hält, und andererseits einer sympathischen, aber gestresst wirkenden Mutter gegenüber. Als das Joining und die Erklärungen über die Familienheilpädagogik in der psychosomatischen Fachklinik abgeschlossen sind, setzt Frau A. dazu an, vor Lukas in die Problembeschreibung einzusteigen. Lukas wird beim Ausholen seiner Mutter ersichtlich etwas kleiner. Bevor es dazu kommt, sich in problematischen Beschreibungen zu verfangen, lädt die Beraterin die beiden ein, sich auf ein gestalterisches Spiel einzulassen, in dem es darum geht, Schätze an alle Familienmitglieder und sich selbst zu verschenken. Einmal werden ›Edelsteine‹ als positive Eigenschaften, Stärken oder als etwas, was jemand gut kann (wenn es schwerfällt, etwas Positives an sich zu finden/anderen), verschenkt und benannt. Anschließend werden Wünsche (›Muscheln‹) formuliert, was wer in der Familie anders machen kann.

Frau A. ist zunächst überrascht, genauso Lukas, der entlastet ist und sich nicht mehr im Zentrum öffentlich gemachter mütterlicher Kritik sieht. Das Problem drückt ja besonders Frau A., sie ist gestresst und erhofft sich Entlastung. Die Heilpädagogin begründet ihren Vorschlag mit ihrem Wunsch, die beiden und die nicht anwesende Familie zunächst einmal etwas besser kennenlernen zu wollen, um dann anhand des Spiels im Ergebnis gemeinsame Anliegen zu formulieren. Lukas ist begeistert dabei, und Frau A. springt über ihren Schatten.

Der Fokus auf die guten Eigenschaften und Ressourcen des Einzelnen sowie der Familie und dem Hören und Erzählen der damit verbundenen Geschichten, des Weiteren die spielerische Interaktion ermöglichen es beiden, sich in einer gewissen Leichtigkeit freudvoll und interessiert zu begegnen, sich zuzuhören, an der Ressource guter Beziehung anzuknüpfen, die bei Beratungsbeginn einer gewissen Problemtrance zum Opfer gefallen ist, und sich nicht gleich im Problem zu verhaken. Der Alltag und die Mutter-Sohn-Interaktion sind durch die Problemzuschreibungen überlagert und andere oder neue Sichtweisen an sich schwer zu verankern. Die Zugänge zueinander sind dadurch erschwert.

Im Verlauf des Spiels (das wegen der Größe der Patchwork-Familie 70 Minuten dauert) werden systemische Fragetechniken eingebaut. Es gelingt anschließend sehr schnell und in Kooperation, das zentrale Anliegen beider aufzugreifen, nämlich die Beziehung zueinander zu verbessern. Die anschließende Auftragsklärung und das Kontrakten gelingen sehr schnell. Es kann nun mit beiden konstruktiv an ihren formulierten Themen gearbeitet werden, was in Folge auch geschieht. Frau A. gelingt es am Ende der Beratung zu erkennen, dass sie sehr viele Gemeinsamkeiten mit ihrem Sohn hat. Lukas gelingt es, seine Befürchtungen und Emotionen bezüglich einem in der Beratung aufgedeckten Familiengeheimnis zu formulieren, das im Gespräch bearbeitet werden kann.

Heilpädagogik und Ressourcenorientierung

Das Beispiel von Lukas und seiner Mutter verdeutlicht die Synergien und Schnittstellen zwischen der heilpädagogischen Arbeitsweise und Systemischen Ansätzen.

Denn für beides ist die Ressourcenorientierung ein wesentliches Element. Heilpädagogik hat schon früh einen ganzheitlichen und entsprechend auch an Ressourcen orientierten Blick auf Menschen der Defizitorientierung des medizinischen Modells in ihren Betrachtungsweisen von Menschen vorgezogen. So formulierte der aus der Schweizer Heilpädagogik stammende Paul Moor bereits 1974: »Pädagogik richtet sich nach dem Ganzen der menschlichen Berufung, ihr sind die gesunden Möglichkeiten seelischer Entfaltung wichtiger als die Gefahren und Erkrankungen« (Moor 1974, 265).

Befasst man sich zum Beispiel in der Heilpädagogik mit Menschen mit seelischen Beeinträchtigungen, liegt also der Fokus deutlicher auf den gesunden Möglichkeiten seelischer Entfaltung – nämlich bei der Erkenntnis der Koexistenz zwischen Gesundheit und Krankheit. Hier findet sich eine bedeutsame Schnittstelle zu Konzepten wie Resilienz, Salutogenese und Recovery.

Ressourcenorientiertes Arbeiten in der Heilpädagogik setzt daran an, alles einzubeziehen, was für die Lebensqualität entsprechender Adressatinnen wichtig ist, zum Beispiel das Wohlbefinden, gute Gesundheit und weitere individuelle, soziale und Umweltfaktoren. Es bedeutet ferner auch, sich damit zu befassen, was Menschen gesund hält und welche Stärken und Ressourcen zur Verfügung stehen. Ergebnisse der Resilienzforschung bestätigen, dass ressourcenorientierte Prävention und Intervention zweifellos die Wahrscheinlichkeit dafür erhöhen, belastende Lebensumstände bewältigen zu können (Fingerle 2010, 135 m. w. N.).

5.7 Geschichten erzählen

Das Erzählen von Geschichten, kann bei der Adressatin Suchprozesse auslösen und vergessene Ressourcen aktivieren (Schwing & Fryszer 2012, 291). Dies kann darüber hinaus sehr gut im Rahmen der Genogrammarbeit installiert und weiterverfolgt werden (▶ Kap. 5.9). Die Rekonstruktion der eigenen Geschichte, das Erinnern als Akte des Erzählens kann zusammen mit anderem bedeutsamen Zuhören und anderem affektiven Kontext heilsam wirken, das ist zum Beispiel Erkenntnis der Traumatherapie oder der Kindertherapie (Retzlaff 2012, m. w. N.). Dabei geht es nicht primär um eine verändernde Sichtweise hin zu einer Lösung, sondern um Menschen, die ihr Leid klagen. Ein empathisches, achtsames Zuhören und Begleiten ist nach diesem Ansatz relevanter als ein lösungsfokussiertes Vorgehen (ebd., 146). Nicht immer kann ein Betroffener mit großen personalen Ressourcen auf ein Problem reagieren. Hier gilt es, soziale Ressourcen in den Blick zu nehmen, Freundeskreis, Nachbarschaft, Sozialraum, Selbsthilfegruppen oder Beratungsdienste zur Unterstützung persönlicher Bewältigungsprozesse zu aktivieren (vgl. Genogrammarbeit und ihre Erweiterung: Netzwerkarbeit, ▶ Kap. 5.9.4).

Im Fokus stehen in der Narrativen Therapie die Geschichten und Narrationen, insbesondere die Art der Erzählung, die dahinterstehende Ideenwelt des jeweiligen sozialen Systems, die Erzählerin und die Zuhörerinnen sowie die entsprechende

Dekonstruktion einer Geschichte an den Stellen, in denen sie durch begrenzte Sichtweisen festgelegt ist (Kronbichler 2014, 74). Auch das Reflecting Team, worauf im Folgenden näher eingegangen wird (▸ Kap. 5.8), knüpft an diesen narrativen Ansatz an.

5.8 Das Reflecting Team (dt. Reflektierendes Team): Der Vielstimmigkeit einen Ausdruck geben

5.8.1 Entstehung und Umsetzung

Der norwegische Psychiater Tom Andersen (1936–2007) hat das »reflektierende Team« in den 1980er Jahren entwickelt (Anderson 1990). Reflektion leitet sich vom französischen »réflexion« ab und bedeutet etwas aufzunehmen oder zu überdenken, bevor eine Antwort gegeben wird. In der Entwicklung des Reflecting Team stützte sich Andersen zunächst auf die vom Mailänder Team eingeführte Arbeit mit dem Einweg-Spiegel, in dem ein Beratungsgespräch im Nachbarraum von einem kleinen Team (oft drei Personen) von Therapeuten regelhaft mit protokolliert und strukturiert beobachtet wurde. Nach einer Sitzungsunterbrechung wurde das Beobachterteam in die Therapie eingeladen, setzte sich zur Familie und brachte eigene Sichtweisen aus der Beobachtung des bisherigen Gesprächs mit Kommentierungen zum Ausdruck.

Im Reflecting Team wird nun hingegen auf den Einwegspiegel verzichtet. Das kleine Beobachterteam sitzt im Beratungsraum ohne Blickkontakt zum Beratersystem und bringt sich erst nach ausdrücklicher Aufforderung ein, indem es im Beratungsraum ein Parallelgespräch ohne Blickkontakt zum Beratungssystem führt. Dies geschieht dann in einer gewissen Vielstimmigkeit an Aussagen, denen das Beratungssystem zuhört. Hierbei sollte kein verbindlicher Expertenratschlag gefunden und formuliert werden, sondern es sollten die verschiedenen Sichtweisen des Beobachterteams eine Vielfalt an Beschreibungen eröffnen, die nebeneinanderstehen. In seiner Kommunikation kritisiert und bewertet das Reflecting Team nicht, sondern es beschreibt. Es entwickelt keine Ideen dazu, was falsch läuft, oder erteilt Anweisungen, worüber oder wie gesprochen werden sollte. Seine Bemerkungen trifft das Reflecting Team im Konjunktiv (könnte; möglicherweise; es scheint, als ob ...). Kommentare werden in Fragen formuliert, die es erlauben Hypothesen als Anregungen zu nutzen, um die Dinge anders zu betrachten. Das Reflektieren bezieht alle als Beobachter sowohl von sich selbst als auch von den anderen ein. Ein Kontext der Beobachtung wird erzeugt (Caby 2014, 253). Im Einklang mit den Werten des lösungsfokussierten und ressourcenorientierten Ansatzes ist nach Anderson Respekt und Vorsicht die Haltung für das Reflektieren (ebd., 252).

In einer gleichwertigen Position kann vom Beratungssystem (Beraterin und Auftraggeberin) aus einer gewissen Distanz heraus zugehört werden. Dies schafft eine geschützte Position.

Mit ihrem Zeitmanagement kann die Beraterin das Reflecting Team unterbrechen und die zuhörenden Adressatinnen mit dem Aufmerksamkeitsfokus in die Beratung zurückführen. Sie steigt dann in den reflektierenden Prozess ein und erfragt eine Kommentierung der Adressatinnen:

- Was spricht Sie besonders an?
- Was spricht Sie gar nicht an?
- Gibt es etwas, was Sie dem bisher Gesagten hinzufügen möchten?

Gleichzeitig kann sie auf ihrer internen Metaebene auf Basis des Gehörten Hypothesen verwerfen und neue bilden, diese in Fragen in den Beratungsprozess einbringen und Interventionen an den Prozess anpassen oder neue Ideen entwickeln.

Dann kann der Beratungsprozess fortgesetzt werden und/oder das Reflecting Team auf Initiative der Beraterin sofort oder später im Beratungsprozess erneut zum Einsatz kommen.

5.8.2 Reichweite und Einsatzmöglichkeiten

Das Reflecting Team fördert die Vielfalt an Ideen und Möglichkeiten. Es lockert die Verbindlichkeit der Expertenmeinung auf und inspiriert zur dialogischen, möglichst hierarchiefreien und offenen Suche nach nützlichen Bedeutungen, was zu der umschriebenen Gesprächssituation im Beratungssystem passt (Gergen 2005, 265). Das Reflecting Team unterstreicht die Erkenntnis der Kybernetik II, dass es immer mehr zu sehen gibt, als man sieht. Es eröffnet eine externe Perspektive der Beobachtung (▶ Kap. 2.2).

Darüberhinausgehend lassen sich Reflektierende Positionen in allen Beratungssettings nutzen, denn es geht darum, vielfältige Perspektiven zu eröffnen und das ratsuchende System zu unterstützen, eine selbstreferente Position einzunehmen.

Auch kann die Adressatin selbst eingeladen werden, in die Reflektierende Position einzusteigen, um ein Gespräch über das Gespräch zu führen, sofern von der Reflektierenden Position auf das Gespräch geschaut werden kann und wenn kein Reflektierendes Team zur Verfügung steht. In der Teamentwicklung oder Supervision sowie im Fallmanagement kann die Arbeit mit Reflektierenden Positionen gleichfalls eingesetzt werden (vgl. ausführlich Schlippe & Schweitzer 2010, 86 ff). Es wird in Unternehmen, Schulen und Kliniken damit gearbeitet. Mit seiner Wertschätzung von Unterschiedlichkeiten und der Vielfalt wird das Reflecting Team mittlerweile in sehr vielen Praxisfeldern genutzt und ist weit über die therapeutische Arbeit hinaus bedeutsam geworden (Caby 2014, 255).

5.8.3 Offener Dialog und Multilog

Entstehung im psychiatrischen Kontext in Finnland

Der offene Dialog wurde auf der Basis des klassischen Reflecting Team von Jaako Seikkula und Birgitta Alakare (2015) in Finnland im psychiatrischen Kontext zur

Mobilisation familiärer Entwicklungsprozesse und zur Krisenintervention in der Therapie psychotischer Störungen entwickelt. Er ist in Finnland mittlerweile evidenzbasiert und störungsunspezifisch implementiert (Aderhold & Borst 2016, 38 m. w. N.). Die Arbeitstätigkeit der Betroffenen konnte dadurch längerfristig bei 86 % erhalten bleiben (ebd., 29, 32). Schon zeitlich etwas früher entwickelten Yrjö Alanen und sein Team das Konzept der »Therapieversammlungen« (Aderhold & Borst 2016, 34). In der Selbstvertreterbewegung und in Deutschland, Polen, USA und Großbritannien stößt der Ansatz auf Resonanz (ebd., 38).

Insbesondere unter Einbezug der Reflektierenden Positionen des Netzwerks wird versucht, eine sichere Basis zu schaffen für eine vorrangig ambulante und erst nachrangige stationäre Behandlung. Die im Netzwerk vorhandenen Ressourcen werden in die umfassende Behandlung im sozialen Netz einbezogen (zum Netzwerk und systemökologischen Ansätzen, ▸ Kap. 5.10).

Frühintervention und Krisenbewältigungstool

Der offene Dialog zielte zum einen darauf, für Betroffene eine möglichst zeitnahe und flexible Möglichkeit einer ›Frühintervention‹ in den ersten 24 Stunden zu schaffen, um von Beginn an – unter Anwesenheit der Familie und der Betroffenen sowie dem multidisziplinären Team der Psychiatrie und aller weiteren professionellen Helfer – voran schreiten zu können und systemisch zu reflektieren, was für die Betroffene passt. Selbst in einer akuten psychotischen Phase erfolgt der Einbezug der Sichtweisen aller Beteiligten.

Zum anderen sollte durch diesen Dialog möglichst genau erfasst und kooperativ vereinbart werden können, was von allen zur Krisenbewältigung zu tun ist. Es sollte möglichst genau durch das gemeinsame Reflektieren erfasst werden, worum es geht, um dann daraus eine ›Diagnose‹ zu stellen sowie anstehende Behandlungsmaßnahmen (möglichst zunächst ohne Neuroleptika) sowie diesbezügliche Veränderungsbedürfnisse gemeinsam zu besprechen. Dieser Dialog – oder besser der Multilog – darf so lange dauern, wie es erforderlich ist. Flexibel passen sich das Zeitmanagement, die Intensität und das Setting an die auftretenden, veränderlichen Bedürfnisse der Adressatinnen an. So lange, wie dieser Prozess dauert, ist er nach dem bedürfnisorientierten Ansatz aufrecht zu erhalten (von zwei Stunden bis zu einem Prozess von mehreren Jahren) (Seikkula & Alakare 2015). Es sollen keine vorschnellen Empfehlungen (zum Beispiel aus Zeitdruck heraus) gemacht werden. In Finnland hat jede psychiatrische Behandlungseinheit die gesamte Verantwortung für alle Klientinnen im Aufnahmebezirk und für den gemeinsamen Behandlungsprozess (Seikkula & Arnkil 2007, 73). Das Hilfesystem ist somit entsäult, im Unterschied zu anderen Ländern (wie zum Beispiel in Deutschland), was diesen Ansatz in Skandinavien (noch) im Unterschied zu Deutschland sehr gut umsetzbar macht.

Befriedigende Dialoge als Ziel

Von Beginn an sollten im Behandlungsteam, erweitert um die Adressatin und ihr Netzwerk, verschiedene und gegensätzliche Perspektiven diskutiert werden. Anlass für das neue Konzept des Offenen Dialogs von Seikkula und seinem Team waren viele unbefriedigende Netzwerkversammlungen, die im hierarchisch geprägten Kompetenzgerangel um die präziseste Problemauffassung, die zutreffendste Problemdefinition und die beste Therapie in der Verteilung der Definitionsmacht ihre Energie verpuffen ließen. In diesem Ansatz geht es also darum, Synergien herzustellen und Kooperation gelingend werden zu lassen, sprich: um eine Entwicklung hin zu einer gemeinsamen und verantwortlichen Vorgehensweise getragen von der Adressatin, ihren Angehörigen und ihrem Netzwerk (ebd., 51, 53).

Dieser ›Dialog‹ orientiert sich in hohem Maße an den Bedürfnissen der Betroffenen und ihrem sozialen Umfeld und befasst sich mit den Netzwerkbeziehungen, die in den Kommunikationen im Netzwerk artikuliert werden, der Multiperspektivität von Problemen und ihrer Kontextualisierung sowie den Netzwerkressourcen.

Haltung

Der Offene Dialog prägt auch die Haltung und die Herangehensweise der Fachkräfte für die anstehende Therapie. Er soll den Fachkräften dabei helfen, als möglichst unvoreingenommene, ›offene‹ Unterstützerinnen die Kommunikation und Interaktion im Multilog zu fördern mit dem Fokus auf Zuhören und Antworten, und sie dazu befähigen, offene Fragen zu stellen. Das Ziel ist ein gemeinsames, transparentes Nachdenken und die Art des Dialogs (ebd., 125). Es geht hier im Unterschied zu vielen anderen Systemischen Ansätzen nicht in ein systemisches Interview (▶ Kap. 5.3). Nur wenn der Dialog ins Stocken zu geraten droht, können einzelne systemische Fragen gezielt platziert werden (ebd.).

Probleme werden nach diesem Ansatz als soziale Konstrukte (▶ Kap. 2) betrachtet, entsprechend dem narrativen Ansatz. Zunächst steht die Installation eines wirklichen Dialogs im Zentrum. Adressatinnen ermöglicht dies, neue Worte für ihre Erfahrungen zu finden, die an die Stelle der Symptome treten. Sie können ihre Emotionen ausdrücken und eine neue gemeinsame, nicht unbedingt nur verbale Sprache entstehen lassen. Ein Prozess des gemeinsamen Verstehens wird in dieser reflexiven Konversation angestoßen. Die Äußerungen sind so gehalten, dass sie auf eine vorausgegangene Äußerung antworten und sich auf diese beziehen. So kann es beispielsweise in einer Familie gelingen, erstmalig gemeinsame kohärente Geschichten über Ereignisse zu erzählen (ebd., 126, 129–130, 148).

Lösungsfindung im sozialen Netzwerk

Dann erst geht es um Veränderung oder um Entwicklung bei der Betroffenen und dem sozialen Netzwerk. Die Familien und ihre Netzwerke sollen sich in dieser Krise mit Hilfe des Offenen Dialogs wieder selbst vertreten können (Seikkula & Alakare 2015, 31). Getragen von den Netzwerkressourcen produziert das Netzwerk im Offenen Dialog »alltägliche und überraschende Lösungen« (Seikkula & Arnkil 2007, 59) (zum Netzwerk und ökosystemischen Ansätze ausführlich ▶ Kap. 5.10).

5.8.4 Kompetenzen der Unterstützter – Reflecting Team und Mehr

Die professionellen Unterstützerinnen schmälern dadurch ihren Expertenstatus weg von Psychoedukation und Ratschlägen vom »dominieren des therapeutischen Prozesses« (Seikkula & Alakare 2015, 33) hin zur Teilnahme am Dialog. Ihre Bereitschaft und Kompetenz zur aktiven Reflexion auf Grund der menschlichen Erfahrungen, die sich in diesen Dialog einbringen, ist gefordert. Jeder darf entsprechend kommentieren, darf aber nicht unterbrechen und sollte seine Äußerungen an das anpassen, was vorher gesagt wurde. Zuhören ist bedeutsamer als ein Interview zu führen (Anderson 1996). In sogenannten »Therapieversammlungen« können die professionellen Unterstützerinnen auch untereinander eine reflektierende Diskussion führen, während die Adressatinnen und ihre Familie einfach zuhören. Nach den Prinzipien des Reflecting Team ist ein Kommunizieren der Unterstützerinnen untereinander erwünscht (ebd., 5, 33). Professionelle Mitarbeiterinnen benötigen Kompetenz im Führen von Dialogen, »damit ihr spezifisches Fachwissen auch im Kontext Wurzeln schlagen kann« (Seikkula & Arnkil 2007, 78).

Jede professionelle Unterstützerin geht in Beziehung zur Adressatin. Sie vertritt allerdings auch jeweils ihre spezifische Institution wie ein Gesundheitszentrum oder ein Wohlfahrtszentrum. Vermieden wird in einer Netzwerkversammlung im Offenen Dialog, dass es zu wenig um die Adressatinnen und zu viel um die dahinterstehende soziale Ordnung und Verteilung oder das Konkurrieren um die größte Definitionskompetenz und den Grad der Verpflichtungen oder um entsprechende Stressregulation zwischen den Beteiligten geht und die Adressatin dabei durch das Netz fällt (ebd., 55, 57).

5.9 Genogramm-, Biografie- und Rekonstruktionsarbeit

> »Für das soziale System steht die Wirklichkeit der Gegenwart im Vordergrund.
> Die Gegenwart ist die Brille, mit der in die Zukunft geschaut wird.
> Allerdings werden Veränderungen nur dann an Nachhaltigkeit gewinnen,
> wenn verstanden wird, dass aus einer komplexen Vergangenheit
> das Jetzt entstanden ist«.

So zitiere ich an dieser Stelle als Einleitung in diesen Themenkreis meinen geschätzten Kollegen Eckehard Herwig-Stenzel, der dies wiederholt in seiner Einführung in die Genogrammarbeit in unseren Lehrveranstaltungen so treffend formuliert hat.

5.9.1 Genese der Genogramm- und Beziehungsstrukturarbeit

Die Spurensuche und Rekonstruktion der eigenen Familiengeschichte und Biografie kann, sowohl für Auftraggeberinnen als auch für uns Heilpädagoginnen, eine wichtige Erkenntnismöglichkeit schaffen.

Aus den psychodynamischen Wurzeln heraus hat sich der Mehrgenerationenansatz mit dem Fokus auf die Familiendynamik in der Familientherapie entwickelt (Boszormenyi-Nagy & Spark 1995; Stierlin 1982; ▶ Kap. 1, ▶ Abb. 1). Spürbar und bewusst gemacht werden sollen unsichtbare und belastend wirkende Bindungen und Aufträge, die über die Generationen hinweg weitergegeben werden, um sich davon befreien zu können und den eigenen Weg der »bezogenen Individuation« (Stierlin 1992) innerhalb des familialen Beziehungsprozesses gehen zu können.

Durch Triangularisierung, ein vom amerikanischen Psychiater und Familientherapeuten Murray Bowen (1913–1990) geprägter Begriff (▶ Kap. 1, ▶ Abb. 1) für spezifische Dreiecksbeziehungen, können konflikthafte Zweierbeziehungen um eine dritte Person, Haustiere oder Dinge erweitert werden, um so eine Zweierbeziehung zu stabilisieren (McGoldrick, Gerson & Petry 2009, 29, 180). Es bilden sich Bündnisse, sogenannte Koalitionen zweier gegen einen Dritten.

Für das Erkennen und Verstehen dieser Beziehungsdynamiken und ihrer Funktionen entsteht durch Visualisierungen wie Genogramme eine Übersicht. Als Vertreter der Strukturellen Familientherapie (▶ Kap. 2, ▶ Abb. 2) arbeitete Salvador Minuchin (1921–2017) darüber hinaus mit Visualisierung der Familienstrukturen im Familienstrukturdiagramm. Mittels spezifischer Beziehungsstrukturzeichen konnte er die Beziehungen und Strukturen einer Familie und ihre transaktionalen Muster übersichtlich darstellen (Minuchin 2015).

> **Achtsamkeit**
>
> Vorweg formuliere ich hier zum Einstieg einen achtsamen Umgang: Denn es empfiehlt sich, die Tools Genogramm-, Biografie- und Rekonstruktionsarbeit nur einzusetzen, wenn durch Selbsterfahrung der Bewandtnis und den Effekten dieser Methode nachvollzogen und nachgespürt werden konnte. Gerade Studierende meldeten uns häufig zurück, dass sie nach der Selbstreflektion und Auseinandersetzung mit der eigenen Geschichte im Gruppenkontext weitaus sensibler den Einsatz dieser Methoden reflektieren und im Gebrauch respektvoller und vor- und umsichtiger geworden seien. Lernen vollzieht sich in der Reflexion der eigenen Biografie sowie der eigenen Handlungen dazu besonders effektiv. Es ermöglicht ein vertieftes Verstehen von sich selbst, Problemstellungen, Lösungsprozessen sowie neuen Handlungsschritten, die sich auf den Umgang mit Klientinnen niederschlagen.

5.9.2 Das Genogramm als grafische Darstellung der Familie

Sei es der Stammbaum, die Ahnentafel oder eine Familiensaga, die Darstellung der Familienstruktur in festen Koordinaten zeichnet Namen, Daten und Verbindungen auf. Kommen dazu weitere Informationen (▶ Abb. 11) erhält man ein Genogramm, eines der ältesten und bekanntesten Tools systemischer Arbeit (McGoldrick & Gerson 1985). Mit eindeutigen grafischen und farblichen Symbolen soll eine höchstmögliche Aussage über ein komplexes Familiensystem übersichtlich auf einem Blatt dargestellt werden und mit einem Blick zu überschauen sein. Das Genogramm ist eine grafische Darstellung der Familie über mindestens drei Generationen. Es haben sich seit den 1980er Jahren standardisierte Piktogramm-Formate etabliert (McGoldrick u. a. 2008). Diese werden immer wieder modifiziert. Es gibt mittlerweile dazu Computerprogramme und sogar eine App, allerdings wurde die derzeitige Software von den Nutzerinnen noch nicht als zufriedenstellend beurteilt (InGeno 2017).

Ein erstelltes Genogramm kann immer wieder ergänzt und aktualisiert werden. Es ist eine Zusammenfassung aller bisher erhaltenen Informationen (Neumann 2015). Systemisch ist die Genogrammarbeit dann, wenn die Probleme oder Symptome im Rahmen des familiären und außerfamiliären Zusammenhangs gesehen werden, und so eine Kontextualisierung erfolgt. Diese steht im Kontrast zu einer allein auf das Individuum fokussierenden Betrachtungsweise (Schwing & Fryszer 2012, 66).

Genogrammerstellung

Jede, die in die Genogrammarbeit einsteigt, begibt sich auf eine Reise, die zunächst einen Prozess der Suche und Recherche sowie Dokumentation beinhaltet. Dabei können auch unbekannte Wegstrecken beschritten werden, neue Eindrücke und Perspektiven sich eröffnen, Fragen auftauchen und sich Antworten erschließen. Es kann eine Reise ins Ungewisse sein. Neue Wege können sich eröffnen und beschritten werden.

Bei der Erstellung eines Genogramms, das eingebunden ist in einen längeren Prozess, empfiehlt es sich, Gespräche mit Familienmitgliedern zu führen, um die Familiengeschichte zu rekonstruieren und verschiedene Perspektiven und Informationen, die im System vorhanden sind, zu fassen und zu bündeln. Wie tief in diese Spurensuche eingestiegen wird, kann sehr unterschiedlich ausfallen, und ist von derjenigen, die die Informationen sammelt, zu dosieren (wozu die Beraterin entsprechend ermutigen sollte). Eine achtsame Vorgehensweise kann hier besonders bedeutsam sein.

Genogrammarbeit

Ein Genogramm könnte man als ›systemische‹ Erweiterung des Stammbaums einer Familie bezeichnen. Das Genogramm wird immer aus der Perspektive einer Person erarbeitet, die selbst Teil des Genogramms ist. In der Symbolik der Personen erhält

5 Methodenschätze Systemischer Ansätze

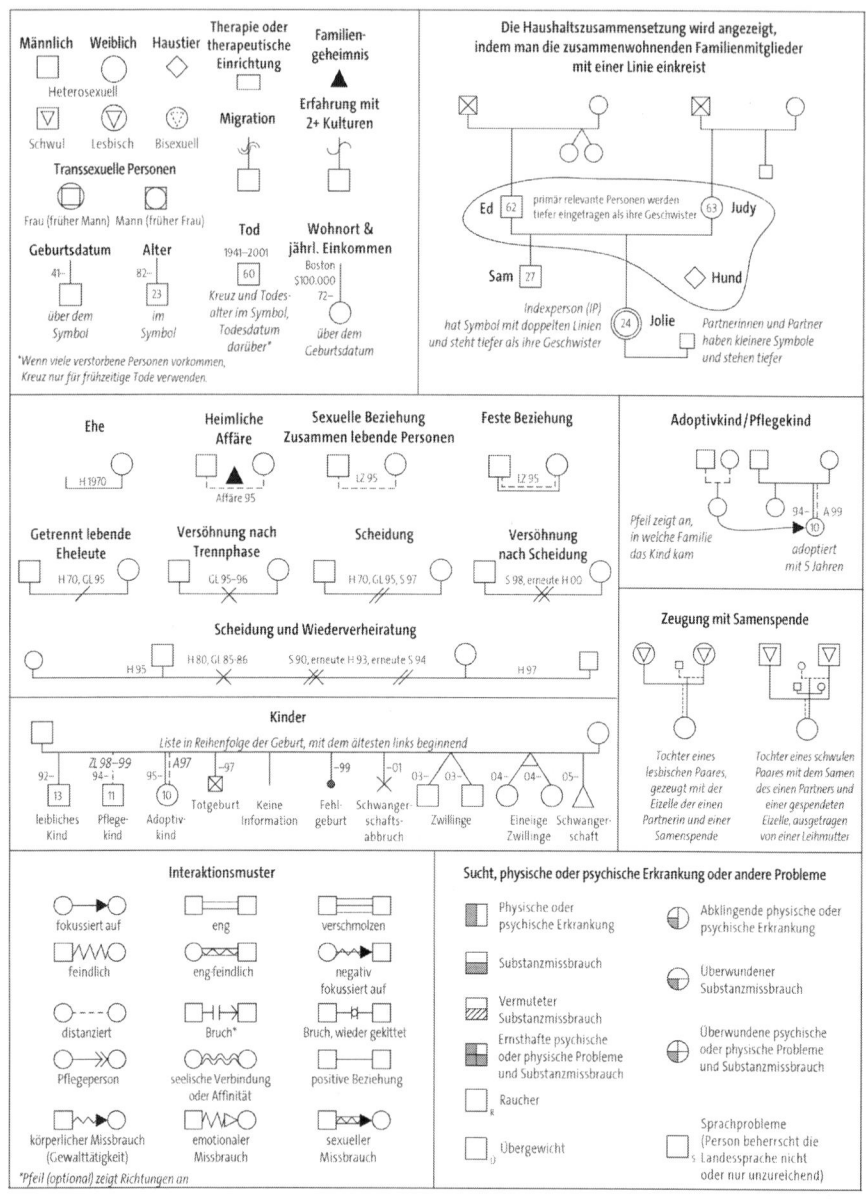

Abb. 11: Genogrammerstellung, Quelle: McGoldrick, M., Gerson, R. & Petry, S. (2008): Genogramme in der Familienberatung. 3. Auflage. Bern: Huber

sie eine doppelte Einrahmung. Das Genogramm ermöglicht so die visualisierte Darstellung eines mehrgenerationalen Familiensystems. Dies ist vor allem bei komplexen Konstellationen, zum Beispiel zusammengesetzten Familien, hilfreich. Es haben sich international bestimmte Zeichen und Symbole als Genogrammsymbolsprache durchgesetzt (zum Beispiel McGoldrick, Gerson & Petry 2009, 2012), die durch Linien miteinander verbunden werden.

Symbolsprache des Genogramms

Folgende Kriterien sollten bei der Genogrammerstellung berücksichtigt werden:

- In der Regel enthalten Genogramme drei Generationen.
- Jedes Familienmitglied wird durch einen Kreis (weiblich) oder ein Kästchen (männlich) oder mit dem Transgenderzeichen für das sogenannte »dritte Geschlecht« dargestellt.
- Das Familienmitglied, aus dessen Perspektive das Genogramm erstellt wurde, bekommt eine besondere Kennzeichnung (doppelte Einrahmung).

Stets eingetragen werden die wichtigsten Fakten und Informationen: Geburts- und Todesdaten mit Todesursachen, Geburts- und Todesort. Eventuell dazu Wohnorte, Schulbildung oder Beruf.

- Zeitangaben über eine Ehe, Partnerschaft, gegebenenfalls Datum der Trennung und Scheidung,
- Tod in außergewöhnlichen Kontexten wie Mord, Kriegstod, politischer oder rassistischer Mord,
- schwere Krankheiten, Kriegsverletzungen, psychosoziale Probleme und Konflikte,
- andere kritische Familienereignisse,
- eventuell Ressourcen sowie die Verteilung der Ressourcen im Herkunftssystem.
- Leben weitere Personen wie Adoptiv- oder Pflegekinder, Cousins oder Cousinen, Kindermädchen oder Haushälterinnen in der Familie, sind diese Personen besonders wichtig und sollten in das Genogramm aufgenommen werden.
- Das Genogramm enthält auch den Zeitpunkt der Erstellung und Information über die Kontextsituation.

Manchmal werden auch weichere Informationen wie Eigenschaften von Personen, besondere Erfolge oder Lebensthemen einer Familie ergänzt. Diese Zusatzangaben werden neben dem entsprechenden Symbol fixiert. Ist dort zu wenig Platz, empfiehlt sich eine Dokumentation auf einem gesonderten Blatt.

Je nach Auftrag für die Beratung kann auf Herkunft, Beruf oder Karriere und/oder Krankheiten fokussiert werden.

Ein Genogramm kann mit Systemzeichnungen ergänzt werden. Die Vertreter der strukturellen Familientherapie haben Beziehungsstrukturzeichen festgelegt, die mit bestimmten Beziehungshypothesen verknüpft sein können (vgl. Minuchin 2015; Schwing & Fryszer 2012, 70). Die Vertreter der strukturellen Familientherapie gebrauchen allerdings keine Genogramme, sondern allein die Beziehungsstrukturzeichen. Damit können Beziehungsdreiecke identifiziert werden, das heißt Einheiten, die aus drei Einzelbeziehungen bestehen, wovon jede Einheit von den beiden anderen abhängig ist und die beiden anderen wiederum beeinflusst (Neumann 2015). Dieser Prozess wird als Triangulation bezeichnet: Durch die Bildung eines Beziehungsdreiecks wird eine konflikthafte Zweierbeziehung um eine dritte Person erweitert, um den Konflikt in der ursprünglichen Beziehung zu verdecken oder zu entschärfen. Auch Personen oder Gegenstände außerhalb der Familie können Teil eines Beziehungsdreiecks werden, wie zum Beispiel der Fernseher oder eine Außenbeziehung (ebd., 56).

Familienchronologie

Gleichzeitig mit dem Genogramm kann mit den Klientinnen eine Familienchronologie als chronologische Entwicklungsgeschichte der Familie erstellt werden. Diese beinhaltet eine Auflistung von Ereignissen (samt Jahreszahlen), die für die Klientin wichtig sind. Sie kann in Form einer »chronologischen Karte« erstellt werden, die Geschichte der Problem- oder Symptomentwicklung sowie die Geschichte der bisherigen Lösungsversuche aus eigenen Ressourcen heraus oder mit professioneller Hilfe beinhalten (ebd.).

Dadurch gelingt es, die zeitliche Dimension in Bezug zum Problem oder Symptom zu setzen, dieses Problem also zu kontextualisieren (Schwing & Fryszer 2012, 90). Darüber hinaus kann der zeitgeschichtliche Bezug hergestellt werden. Es kann sich für das Problem durch die Recherche über historischer Hintergründe, Leben und Gesellschaft in verschiedenen Epochen eine neue Betrachtungsweise erschließen. Beispielsweise kann so reflektiert oder erzählt werden, was es bedeutet vor, während oder nach dem Zweiten Weltkrieg geboren worden zu sein oder aktuell aus dem Bürgerkrieg in Syrien nach Deutschland geflüchtet zu sein.

Auch in eine Genogrammdarstellung können außerfamiliäre Systeme aufgenommen werden wie zum Beispiel der Freundeskreis, ein professionelles Hilfesystem oder auch gesellschaftliche oder historische Ereignisse (McGoldrick u. a. 2009, 21–25).

5.9.3 Grundüberlegungen zur Genogrammarbeit

Genogramme ermöglichen die Rekonstruktion der Familiengeschichte und einen Blick auf die Zugehörigkeit zur Familie. Sie dienen der übersichtlichen Darstellung generationsübergreifender Informationen über Familiensysteme. Genogramme sind wie Fingerabdrücke – beide sind gleichermaßen einzigartig. Genogramme eröffnen die Geschichten eines Familiensystems – mit seinen Erfahrungen, dem Wissen, Gefühlen, Wünschen, Hoffnungen, Ängsten, Beziehungen, Bindungen und Aufträgen. Genogramme machen das Offene und zum Teil Verborgenes sichtbar, spürbar und erfahrbar. Scheinbar unentrinnbaren familiären Schicksalen kann möglicherweise ein Schnippchen geschlagen werden. Denn Zusammenhänge, Bindungen und Muster werden einer Be- und Verarbeitung zugänglich gemacht. So öffnet sich für die ›Rekonstrukteurinnen‹ der eigenen Herkunft eine Möglichkeit, sich von diesen zum Teil über Generationen bestehenden Mustern und Beziehungsregeln zu entbinden. Das wichtigste an der Informationssammlung an Genogrammdaten sind die dazu erzählten Geschichten (Beushausen 2012).

Ein Gespräch über ein Genogramm lässt manchmal erkennen, mit welcher Überlebensstrategie ein System auf ein schweres Ereignis reagiert hat (zum Beispiel nicht über Gefühle zu reden oder ein Verbot zu Weinen). Das Genogramm ist auch hilfreich für die Bildung von Hypothesen über den Zustand eines Systems in einer bestimmten Zeit oder über die Rolle einer bestimmten Person. Mit der Rekonstruktion der Familie durch Genogrammarbeit kann die Pathologisierung und Problematisierung einzelner Personen ihre Bedeutung verlieren.

In horizontaler Ebene liegt im Genogramm der Fokus auf der aktuellen Biografie sowie dem aktuellen familiären Kontext. Vertikal erweitert um mindestens zwei weitere Ebenen nach oben und/oder nach unten eröffnet sich die transgenerationale Perspektive des Familiensystems mit allen Vorfahren, lebendig oder verstorben. Alle Systemzugehörigen werden eingetragen, werden präsent und ins Bewusstsein gebracht.

Das Genogramm bildet die Grundlage für die Genogrammarbeit. Nach McGoldrick u. a. (2009) dient es der Informationssammlung und Anamnese, als Interpretationsgrundlage von Entwicklungen und Geschehnissen und zur Hypothesenbildung. Es ermöglicht die sequentielle Rekonstruktion, »wie sich die autonome Lebenspraxis von Individuen, Paaren und Familien in konkreten, objektivierten Entscheidungen individuiert hat« (Hildenbrand 2011, 17). Es ermöglicht die Hypothesenbildung über »spezifische Familienkonstellationen auf spezifische Handlungs- und Individuierungsprozesse« (ebd.).

5.9.4 Der Einsatz der Genogrammarbeit

Sowohl in der Beratung von Familien als auch in vielen anderen Settings kann die Genogrammarbeit als Ganzes oder in Teilaspekten vielfältig oder auch sukzessive eingesetzt und erweitert werden. Genogrammarbeit kann einer Einzelperson oder mit mehreren Systemmitgliedern sowie der gesamten Familie angeboten werden.

Die gemeinsame Vertiefung in ein Blatt kann für manche Adressatinnen, zum Beispiel für Jugendliche, leichter sein als ein Face-to-Face-Gespräch.

Die Genogrammarbeit erfordert Eigeninitiative und Aktivität der Adressatinnen. Dadurch kann in der Beratung ein partnerschaftliches Gespräch über das Genogramm geführt werden. Dies stellt die Informationen statt die Pathologie in den Vordergrund.

Das (oft komplexe) System kann auf einen Blick erfasst werden. Der Aufmerksamkeitsfokus kann sich auf andere Familienmitglieder als bisher verlagern. Die rein sachliche Erhebung von Fakten und Tatsachen kann es in der Beratung erleichtern, sich einer schwierigen Thematik möglichst ohne Bewertungen zu nähern.

Schon während der Informationssammlung kann sich die Klientin neue Sichtweisen auf sich selbst und andere Systemmitglieder erschließen. Durch die intensive Auseinandersetzung mit der Familiengeschichte (plus mögliche Gespräche mit Angehörigen) verändern sich Wahrnehmungen. Das Erleben kann neu geordnet werden. Die Klientin kann sich neu in ihr rekonstruiertes System einordnen und ihren klar definierten Platz im System einnehmen.

Durch die eindeutige Zuordnung eines bestimmten Platzes im System können Zusammenhänge und Musterwiederholungen (sogenannte Strukturhypothesen, so Hildenbrand 2011, 70) deutlich werden, die möglicherweise davor nur verschwommen oder gar nicht wahrgenommen werden konnten, die auch immer anders sein können. Für die Beraterin kann die Genogrammarbeit ein Türöffner sein im Sinne einer Zugangsmöglichkeit zum Problemsystem.

Das Genogramm in seiner ausführlichen Form eignet sich auch sehr gut, um anamnestische Daten zu erheben und zu dokumentieren. In aller Regel ist es hilfreich, wenn wenigstens ein Elternteil bzw. eine erwachsene Bezugsperson an der Erstellung beteiligt ist. Es dient der Beraterin als Strukturierungs- und Erinnerungshilfe (Neumann 2015).

Genogrammarbeit produziert sehr viel Informationsmaterial, um neue Hypothesen über das Problemsystem zu generieren, zum Beispiel über Familienstrukturen oder historische Entwicklungen von Problemen.

Die Genogrammarbeit ist ein Bestandteil der systemischen und klinischen Diagnostik sowie der Familiendiagnostik (McGoldrick & Gerson 2000; ausführlich Cierpka 2008). Weitere Anwendungen systemischer Diagnostik sind zum Beispiel Familienstrukturdiagramme, der Familienstrukturtest (FAST) oder bio-psychosoziale Diagnostik in der Kinder- und Jugendhilfe (Gahleitner, Wahlen, Bilke-Hentsch & Hillenbrand 2013) sowie Beziehungsorientierte Diagnostik und Intervention im Kindesalter.

Genogrammerstellung wird in den Hilfeplanverfahren sowie im Rahmen des Case Managements (Phase 1 Kontextualisierung) als Strukturierungs- und Visualisierungshilfe eingesetzt und methodisch von der eigentlichen Genogrammarbeit abgekoppelt (Kleve 2014). Systemisch reflektiertes Case Management setzt die Genogrammarbeit in der Assessment-Phase zum vertiefenden Fallverständnis ein, zum Beispiel im Palliativ Care Case Management oder zur Herleitung der Ätiologie einer Schizophrenie, um den Einbezug von Familien und dem sozialen Umfeld zu verankern. Im Hilfeplanverfahren in der Jugendhilfe kommt es häufig zum Einsatz. Etablierte sich das Case Management im Teilhabegesamtplanverfahren in der Behindertenhilfe, würde es auch da sinnvoll eingesetzt werden können (König & Wolf 2018).

Ein Genogramm stellt ein sehr geeignetes Hilfsmittel für eine Fallbesprechung oder fallbezogene Supervision dar, um auch komplexe Situationen zu visualisieren und das Verständnis dafür zu erleichtern.

Zum Teil wird zu Beginn der Beratung empfohlen, ein regelgerechtes Genogramm-Interview zu führen (Neumann 2015, 9). Hier erfolgt eine strukturierte Informationsabfrage vom aktuellen Lebenskontext der Klientinnen, Informationen zum Problem sowie aktueller Veränderungen. Es kann aber erforderlich sein, die Priorität auf die Auftragsklärung zu setzen, eventuell Basisinformationen im Genogramm zu erfassen oder erst im Verlauf der Beratung nach der erfolgreichen Auftragsklärung mittels eines systemischen Interviews in die Genogrammarbeit einzusteigen.

Mittlerweile ist der Einsatz computerbasierter Erstellung von Genogrammen gebräuchlich, besonders reizvoll für Klinikerinnen oder den Forschungsbereich (Neumann 2015), eine App befindet sich derzeit in Entwicklung (InGeno 2017).

Eine Fülle weiterer systemischer Techniken und Methoden kann in Folge mit der Genogrammarbeit verknüpft werden. Die Methode der Genogrammarbeit sollte immer in systemische Haltungen, Denken und Handeln eingebettet sein.

Geschichten und Genogrammarbeit

An die Genogrammarbeit können Gespräche über das Herkunftssystem oder die Familiengeschichte anknüpfen. Mittels einer Familienrekonstruktion oder im Beratungssetting kann mit Hilfe anderer Menschen (oder mit den Klientinnen) eine alternative Geschichte erfunden werden, statt der vorherrschenden (belastenden) Geschichten. Täterinnen können dann zum Beispiel Verantwortung übernehmen oder Opfer nicht zu Schuldigen gemacht werden. Es kann neue Distanz oder innerer Frieden gefunden werden (White 1990). Durch die Dekonstruktion von Geschichten, ein wichtiges Tool der Narrativen Therapie (▶ Kap. 1, ▶ Abb. 4), kommt es zur Verstörung oder dem Aufflackern von Ängsten. Da sich Systeme über Bilder und Geschichten organisieren, können neue Bilder und Geschichten zu einer Neuorganisation und einer neuen Identität des Systems führen.

Gestalterische Methoden und Genogramm

Auch gestalterisch kann man an das Genogramm anknüpfen (McGoldrick & Gil 2008) mit einer Zeitschiene zur Darstellung von Chronologien beispielsweise einer Partnerschaft (mit der Timeline-Arbeit oder Zeitlinien-Reise, Schlippe & Schweitzer 2016, 291, Schindler 2014, 246). Man kann auch einen Wohnungsgrundriss zeichnen lassen – gemeinsam oder von jedem Familienmitglied (Hubschmid 1983) und kann so Informationen über das familiäre Zusammenleben und die Beziehungsstrukturen eruieren.

Beziehungsarbeit

Beziehungen in der Familie können im Anschluss an die Genogrammarbeit geklärt und gefördert werden. Biografisch wichtige Stätten oder Stationen können besucht werden, Fotos können angeschaut werden. Es kann Kontextrecherche betrieben werden, zum Beispiel wie es in der Kindheit der Eltern oder Großeltern ausgesehen hat und wie wohl der Weltkrieg die Familie in der damaligen Zeit geprägt hat. Dies ist besonders hilfreich, um Überlebensmuster der Familie nachzuvollziehen (Grabbe 1998, 41).

Man kann einen Stammbaum oder ein Familienbuch gestalten oder ein Familienwappen erfinden. Fotoalben mit Familienbildern können angelegt werden. Der Fokus kann auch auf der Gestaltung der gegenwärtigen oder zukünftigen Biografie liegen.

So können über gestalterische Methoden Ressourcen aktiviert werden, zum Beispiel durch das Malen eines Bildes zu dem, was einem die Eltern oder die Herkunftsfamilie Positives oder Stärkendes mitgegeben haben. Positive Zukunfts- oder Lösungsbilder können dann gestaltet oder in Szene gesetzt werden.

In der eigenen Erfahrung von Genogrammarbeit kann sich die Haltung der Beraterin nachhaltig verändern. Es kann sich ein tieferes Verständnis für Systemisches Arbeiten sowie ein (noch) feinfühligeres Erspüren von Emotionen, ein achtsamerer Umgang mit gehaltvollen Interventionen sowie möglichen Erkenntnissen von Adressatinnen ergeben.

Verknüpft werden kann die Genogrammarbeit mit weiteren systemischen Interventionen (▸ Kap. 5). Besonders bedeutsam können Rituale werden. Zum Beispiel kann es sinnvoll sein, ein Abschiedsritual zu entwickeln, wie zum Beispiel einen Brief schreiben und ihn am Grab verlesen oder ihn jemandem aus dem Umfeld vorzulesen. Dadurch kann zum Beispiel Liebe oder Schmerz nach außen gestellt werden. Rituale können insgesamt eine deutlich stützende und eine heilsame Wirkung entfalten.

Genogrammarbeit bedeutet, das erstellte Genogramm als Basis für Diskussionen und Gespräche zu nutzen, die sehr lebendig sein können. Die Genogrammarbeit eignet sich insbesondere für die Arbeit mit Kindern und Jugendlichen sowie für die interkulturelle Beratung.

Das Gespräch ist oft bedeutsamer als die damit verbundene »harte Diagnostik« (Schlippe & Schweitzer 2010, 37).

Familienrekonstruktion

Hier wird eine Großgruppe als ›Lernfeld‹ benutzt, um beispielsweise eine symptomfördernde Kommunikation von Systemmitgliedern sichtbar oder hörbar zu machen oder Muster in Herkunftssystemen zu erforschen. Über eine Skulptur kann die Komplexität des Herkunftssystems reduziert und die Themen des Systems zugänglich gemacht werden.

Heilpädagogische Biografiearbeit und Genogrammarbeit

Genogrammarbeit wird gleichzeitig als eine visualisierende Methode der Biografiearbeit eingeordnet (Miethe 2014). Hier lässt sich eine Verknüpfung zur heilpädagogischen Biografiearbeit herstellen.

In der heilpädagogischen Biografiearbeit, zum Beispiel in der Arbeit mit fremdplatzierten Kindern, die den Wechsel in eine andere Familienkonstellation bewältigen müssen, wird die Biografie als Schlüssel verstanden, ihre Identitätssuche und -entwicklung weiter zu bestärken, um besonders in der Phase der Individuation in der Pubertät notwendige Bezüge zur ihren Wurzeln herstellen zu können (Ryan, Walker 1997). Aus den Bedürfnissen der Praxis in der Arbeit mit Pflegekindern entstand in England die Biografiearbeit und ist dort mittlerweile standardisiert für Kinder und Jugendliche ab dem Alter von vier bis sechs Jahren im Einsatz. Sie kann mit Kindern und Jugendlichen mit unterschiedlichen Problemlagen und Herkunftssystemen im Kontext der Hilfen zur Erziehung eingesetzt werden (Lattschar & Wiemann 2013). Heilpädagogische Biografiearbeit ist zugänglich für Menschen jeglichen Alters und kann im Einzel- oder Gruppensetting eingesetzt werden. In der Planung und Umsetzung der Biografiearbeit ist der jeweilige Kontext des Herkunftssystems zu berücksichtigen (Kiessl 2015).

Im Rahmen heilpädagogischer Bildungsarbeit werden Bildungsprozesse zur Persönlichkeitsentwicklung und Selbstbildung angestoßen, oder um identitätsstiftende Erinnerungen zu gerieren, etwa in einem Projekt in einer Wohngruppe mit Menschen mit Demenz oder aber auch in der stationären Kinder- und Jugendhilfe. Genogrammarbeit kann wie heilpädagogische Biografiearbeit in heilpädagogische Entwicklungsbegleitung, Spieltherapie oder Familienberatung eingebettet sein (ebd.). Je nach Kontext kann die heilpädagogische Biografiearbeit pädagogischer oder therapeutischer ausgerichtet sein (Buchka 2013).

Mittels Unterstützung durch die Heilpädagogin mit dem Fokus auf biografisches Verstehen können Klientinnen ihre Gefühle ausdrücken und diese mit verschiedenen Bezugspersonen und Lebensorten in Zusammenhang bringen. Sie können die Vergangenheit, Gegenwart und Zukunft betrachten, darüber sprechen, erzählen oder überhaupt erst eine Sprache dafür finden.

Zum Abschluss der Biografiearbeit wird ein »story book« (Ryan & Walker 1997) erstellt, auf die von der Klientin autorisierte Personen zurückgreifen können, wenn zum Beispiel neue Entwicklungsaufgaben oder Krisen bewältigt werden müssen. Durch den Bezug zur Biografie können neue Erlebnisse sinnhaft werden, ein Verstehen der Klientin in ihrem Kontext kann entstehen. Die Klientin findet so ihren »inneren Platz« (Gudjons & Pieper 2008, 31).

Menschen mit Lernbeeinträchtigung rekonstruieren ihre Biografie mit dem Fokus auf das Verstehen, warum ein Mensch eine spezielle Lebensäußerung hervorbringt und was er damit ausdrücken möchte (Buchka 2013, 200). Dies sowie die identitäts- und sinnstiftende Funktion greift unter anderem das Konzept der Persönlichen Zukunftsplanung mit Ich- oder Lebensbüchern auf (Doose 2011). Älteren Menschen mit Demenz können durch heilpädagogische Biografiearbeit ihre Erinnerungen aktivieren und ihr Wissen bewahren, die sozialen Bezügen zur Umwelt erhalten und ihre Identität und Persönlichkeit (be-)wahren.

Das biografische Fragen, Wiederspiegeln und Entschlüsseln stellt eine wichtige Technik in der Biografiearbeit dar (Ruhe 2014). Autobiografisches Interview oder interaktionistisches Interview (das heißt die sozialwissenschaftliche Erzählanalyse) können hier ergänzend zum Einsatz kommen (Griese & Griesehop 2007).

Anknüpfend an die Erkenntnisse des Konstruktivismus (▶ Kap. 2.4) sind Biografien subjektive Konstruktionen. Hier gibt es keine Bewertung, keine Deutungen, kein richtig oder falsch. Die systemisch-konstruktivistischen Haltungen können an dieser Stelle besonders Eingang in die heilpädagogische Arbeitsweise und Haltung finden und fest verankert werden. Dies zieht eine durch Systemische Ansätze geprägte Gestaltung der Kommunikation nach sich.

Um den Bogen zu Systemischen Ansätzen zu ziehen, sind ferner systemisch-lösungsorientierte Fragetechniken und andere systemische Frageformen sehr gut einsetzbar (▶ Kap. 5.3). Je nach mit den Klientinnen vereinbarten Zielen der Biografiearbeit im Rahmen einer Auftragsklärung können verschieden Techniken eingesetzt werden.

Dem Aspekt der Ressourcenorientierung unter Bezugnahme auf biografisch erfolgreiche Krisenbewältigung sowie Chancen zur Entwicklung von Resilienz und Salutogenese findet sich in Systemischen Ansätzen genauso wie in der Biografiearbeit nach Hölzle & Janssen (2011). Dies verzahnt sich sehr gut mit den Intentionen der heilpädagogischen Biografiearbeit. In ihr werden »Ressourcen aktiviert, um Herausforderungen des Lebens anzunehmen, zu verarbeiten und zu bewältigen« (Kiessl 2015, 111).

Familien-Helfer-Map & VIP-Karte

Die von Rainer Schwing & Andreas Fryszer entwickelte Familien-Helfer-Map knüpft an die Erkenntnisse der Kybernetik zweiter Ordnung an, da der explorierende und intervenierende Beobachter (die Beraterin) in das System einbezogen wird (▶ Kap. 2). Sie knüpft an die Bedürfnisse der Praxis an, über das Genogramm hinaus bei manchen Klientensystemen die komplexen Helfer- und/oder Kontrollsysteme zu visualisieren sowie gleichfalls die informellen Helfersysteme wie Nachbarinnen, Freundinnen oder Kolleginnen abzubilden sowie die formellen Helfersysteme wie Schulen, Ärztinnen, Kliniken, Soziale Dienste, Gerichte, Polizei, etc. visuell zu erfassen. Denn diese ›Beobachterinnen‹ inklusive der Beraterin des Adressatensystems werden als Helferinnen selbst Teil dieses neuen zusammengesetzten Systems, das sich aus der Familie, informellen sowie formellen Helferinnen bildet.

Unsere Sichtweisen auf System und seine Teilnehmerinnen werden durch unsere jeweilige Position in diesem neu zusammen gesetzten System beeinflusst. Um unsere Position und Funktion im System zu analysieren, bedarf es der Fähigkeit, diese verschiedenen Beobachtungsebenen im System zu unterscheiden, im Sinne der Kybernetik zweiter Ordnung, da die Annahmen der Beobachterin nicht objektiv gegeben sind (▶Kap. 2, Schwing & Fryszer 2012, 79). Weitere Beobachtungsebenen werden mittels der »Außenperspektive« durch Supervisionsgruppe oder Team als System, das Hypothesen über die Interaktion im Beratungssystem (Beraterin als Beobachterin/Adressatin) bildet, installiert. Diese weitere, externe Beobachtungsebene kann für die Beratung genutzt werden (im Sinne der Kybernetik zweiter Ordnung). Die Institutionen der Helferinnen werden in die Map als Rechtecke eingetragen und mit dem Namen der Person versehen, die die Familie begleitet hat. Dazu wird dann noch ergänzend der Name der Person in der Institution eingetragen, die wesentlichen Einfluss auf die Entscheidungen hatte.

Um ein Genogramm oder eine Beziehungsstrukturzeichnung (nach Salvador Minuchin) herum werden die aktuellen professionellen Helferinnen und unterhalb einer gestrichelten Linie am unteren Rand die ehemals tätigen Helferinnen visualisiert (Schwing & Fryszer 2012). Dies kann damit kombiniert werden, gemeinsam mit den Klientinnen zeichnerisch oder gestalterisch eine VIP-Karte der wichtigsten Personen im Leben der Klientinnen zu erstellten (Herwig-Lempp 2004).

Die Familien-Helfer-Map ist ein wichtiges Tool der Falldokumentation. Denn die Informationen komprimieren sich und beschränken sich auf das, was notwendig ist, um nicht an Übersichtlichkeit zu verlieren und gleichzeitig für weitere Leserinnen der Dokumentation klar und verständlich einen Überblick zu ermöglichen, um nicht zu viel Spekulation wie zum Beispiel über Beziehungsstrukturen nach sich zu ziehen (Schwing & Fryszer 2012, 83).

- Welche professionellen Helferinnen begleiten aktuell die Familie?
- Welche professionellen Helferinnen haben mit der Familie in der Vergangenheit gearbeitet?
- Was war der Ertrag/das Problem der Familie aus der Zusammenarbeit mit der jeweiligen Helferin?

Genogrammarbeit und ihre Erweiterung: Netzwerkarbeit

Anschlussfähig ist die Genogrammarbeit somit an die notwendige Betrachtung informeller und formeller Helfernetze, die über das Familiensystem hinaus existieren und wichtige Einflussfaktoren hinsichtlich der System-Umwelt-Wechselwirkungen sind.

Familien und Organisationen unterscheiden sich als abgegrenzte Soziale Systeme von Netzwerken, die keine klaren Grenzen zu ihren Umwelten und keinen klar definierten Ortsbezug aufweisen. In Familien erfolgt die Grenzziehung durch die biologische Verwandtschaft, familienrechtliche Regelungen oder beispielsweise einen gemeinsamen Familiennamen. In Organisationen passiert diese Grenzziehung durch den Eintritt in die Organisation. Die Grenzen in Netzwerken sind hingegen flexibler, diffuser, so in Freundeskreisen, in der Nachbarschaft oder bei Nutzerinnen eines bestimmten Blogs im Rahmen der Netz-Community (Schlippe & Schweitzer 2016, 141) und dem Einbezug der professionellen Unterstützerinnen. Es gibt keine Mitgliederlisten noch verbindliche Regeln der Zusammenkunft. Ein Netzwerk basiert auf aktuellen Kontakten und vor allem auf solchen, die bei Bedarf aktiviert werden können und als Unterstützerkreis zu Verfügung stehen, wenn es wichtig ist. Es kann darin starke oder schwache Beziehungen geben (Granovetter 1983).

Laut Beushausen sind soziale Netzwerke »Muster von Kommunikations- und Austauschprozessen in Bindungen und Beziehungen, in die ein Individuum eingebunden ist« (2012, 88). Diese Beziehungen und Austauschprozesse von unspezifischem Geben und Nehmen sind beobachtbar. Soziale Netzwerke »entwickeln eine eigene Selbstorganisation, die bestimmte Personen einbezieht und andere ausschließt«, sie sind als informale Beziehungsstrukturen definierbar (Kleve 2017, 110, 120). Das soziale Netzwerk ist ein System aus sozialen Beziehungen zwischen den Individuen und geht in seiner Perspektive über die des persönlichen Netzwerks der Adressatin hinaus. Netzwerke sind mehr als Interaktion, da sie zeitlich stabil sind. Sie lassen sich aber auf Grund ihrer nicht formalisierten Struktur nicht als Organisationen fassen. Ein soziales Netzwerk bezieht alle wichtigen Menschen ein, seien es Familienangehörige oder nicht. Problematisch kann es sein, dass Netzwerkbeziehungen die funktionale Differenzierung der (Funktions-)Systeme überbrücken und zwei Systeme unmittelbar verbinden, obwohl diese getrennten oder quer liegenden Logiken folgen müssten (ebd., 116).

Seikkula und Arnkil (2007, 71) formulieren im Kontext der Krisenintervention drei Fragen, um das Netzwerk der Adressatin (zum Beispiel in einer akuten Psychose) für nutzbringende Netzwerkversammlungen nach den Offenen Dialogen (▶ Kap. 5.8.3) zu erschließen:

- Wer kennt die Situation und hat sich dazu Gedanken gemacht?
- Wer kann unterstützen und an der ersten Netzwerkversammlung teilnehmen?
- Wer sollte am besten dazu einladen – derjenige, der den Kontakt aufgenommen hat, oder das Behandlungsteam?

Gespeist wird ein soziales Netzwerk durch soziale Ressourcen, die einem Individuum oder System zur Verfügung stehen. Charakteristika sozialer Netzwerke sind die Größe, Dichte, Zusammensetzung, Erreichbarkeit, das zeitlich Ausmaß, die Vielgestaltigkeit und die Funktionalität. Es können Aussagen getroffen werden über die Qualität der Beziehung oder das Motiv einer Beziehungsgestaltung (Beushausen 2012, 88).

Zahlreiche Untersuchungen untermauern die unterstützende Wirkung sozialer Netzwerke für die Gesundheit (ebd., 89 m. w. N.), insbesondere dann, wenn sie ein reziprokes und wechselseitiges Geben und Nehmen zwischen den unterschiedlichen Beteiligten ermöglichen (Kleve 2017, 120). Im gleichen Maße können soziale Netzwerke jedoch destruktive Wirkungen auf die Gesundheit entfalten, wie zum Beispiel in delinquenten Peergroups mit kriminellen Handlungen sowie Alkohol- oder Drogenmissbrauch.

Instrumente sozialer oder ressourcenorientierter Diagnostik eruieren die Ausgestaltung der sozialen Netzwerke der Klientinnen wie zum Beispiel die Eco-Map, eine ökosoziale Kontextanalyse (Ritscher 2011) oder das Diagnostiksystem Predi (Küfner u. a. 2006).

Einerseits können Netzwerküberlegungen da hilfreich sein, wo Klientinnen aus ihrer Sicht oder der der Beraterin über wenige persönliche und soziale Ressourcen verfügen und sich isoliert erleben. Jedoch können Klientinnen andererseits zu intensiv vernetzt sein und sich darin verausgaben oder zu wenig auf sich und ihre Bedürfnisse fokussieren (Schlippe & Schweitzer 2012, 2016, 143).

Durch soziale Netzwerke sind Menschen untereinander und soziale Organisationen »wissentlich und unwissentlich, direkt und indirekt verbunden« (Ritscher 2017, 25). Innerhalb eines Netzwerkes zirkulieren wie in Familien Informationen, die verbinden und voneinander abhängig machen. Über die dortigen Kommunikationen und Interaktionen gestalten sich die Netzwerkbeziehungen.

Verbinden sich Mitglieder eines Netzwerkes verbindlicher, das heißt durch einen Vertrag, entstehen daraus Kooperationen mit klaren Grenzen der Zugehörigkeit, Zielbeschreibungen, Budgets und/oder Büros (Schlippe & Schweitzer 2016, 141).

5.10 Systemökologischer Ansatz

5.10.1 Systemökologischer Ansatz in der Heilpädagogik

Der US-amerikanische Entwicklungspsychologe Uri Bronfenbrenner (1917–2005) hat das ökosystemische Umweltmodell entwickelt (1981). Bronfenbrenner erforschte die Wechselwirkung zwischen dem Individuum und seiner Umwelt. Er analysierte die Beziehung unterschiedlicher Lebensbereiche zueinander, und wie sich dies wiederum auf die menschliche Entwicklung auswirkt. Noch heute gängige Grundbegriffe wie Mikro-, Meso-, Exo-, Makro und Chronosystem wurden von ihm definiert. Dies ermöglichte ihm die gezielte Auseinandersetzung und Erforschung der verschiedenen Systeme mit ihren Rückkoppelungen und Wechselbezüglichkeiten. Bronfenbrenner bezeichnet als Mikrosysteme die »Muster von Tätigkeiten und Aktivitäten, Rollen und zwischenmenschlichen Beziehungen, welche die in Entwicklung begriffene Person in einem gegebenen Lebensbereich mit dem ihm eigentümlichen physischen und materiellen Merkmalen erlebt« (ebd., 38). Das Mikrosystem basiert auf Dyaden, also liegt der Fokus auf der Betrachtung der Interaktion im unmittelbaren Umfeld einer Person. Mesosysteme bilden die Wechselbeziehungen zwischen den Lebensbereichen der zu entwickelnden Person ab wie zum Beispiel zwischen den Lebensbereichen Familie und Schule. Das Mesosystem besteht aus einem System zwischen verschiedenen Mikrosystemen, die sich wechselseitig bedingen und beeinflussen. Ein Exosystem charakterisiert formelle oder informelle Umwelteinflüsse. Es ist das soziale Netz- und Stützsystem (ebd., 41). Beteiligt sich die entwickelnde Person nicht selbst aktiv an einem oder mehreren Lebensbereichen, die jedoch auf diese im Ergebnis oder durch Ereignisse auf diese Person einwirken, spricht Bronfenbrenner von Makrosystem (ebd., 42). Das Makrosystem beinhaltet die grundlegende formale und inhaltliche Orientierung in einer Kultur oder Gesellschaft wie beispielsweise gesetzte Einflüsse oder geschichtliche Gewordenheiten, Politik und Gesetzgebung mit ihren entsprechenden Normen sowie die Wertorientierung.

Später erweiterte Bronfenbrenner das Modell durch das Chronosystem (Bronfenbrenner 2005). Denn er bemerkte, dass nicht nur die Auswirkung des chronologischen Alters auf die Entwicklung, sondern auch die Ereignisse auf die Entwicklung einwirken. Das Chronosystem bezweckt die Analyse der Wechselbezüglichkeiten zwischen Ereignissen und Erfahrungen einerseits und der Entwicklung andererseits.

Sein Modell bildet heute noch die Basis für neuere ökosystemische Ansätze wie zum Beispiel von Eia Asen (Asen 2017b).

Praxisbeispiel: Max

Der kleine Max Meier steht an der Schwelle vom Kindergarten zur Schule (▶ Abb. 12). Er lebt mit seiner Familie (Mikrosystem) in einer kleinen Stadt. Der Kindergarten und die Schule (zunächst weitere Mikrosysteme) treten in Kontakt mit Familie Meier, um den Übergang in die Schule vorzubereiten. Auch der Kinderarzt und die begleitende Heilpädagogin sind Teil des Mesosystems beim stattfindenden Hilfeplangespräch von Max, seiner Familie und Vertreterinnen aus dem Kindergarten, der Schule und der Heilpädagogin.

Im Hilfeplanverfahren beim Jugendamt (Exosystem) wird überlegt, wie die Heilpädagogin Max weiter unterstützen kann. Derzeit wird über die Reform des SGB VIII nachgedacht, die Sozial- und Familienpolitik verändert sich möglicherweise zukünftig, so dass es wichtig sein kann, in der anstehenden Gesetzesreform einen Leistungsanspruch auf heilpädagogische Unterstützung weiterhin zu verankern (Makrosystem).

Makrosystem
(Werte, Einstellungen, Kultur, Traditionen, Gesetze, Formen der sozialen Organisation...)

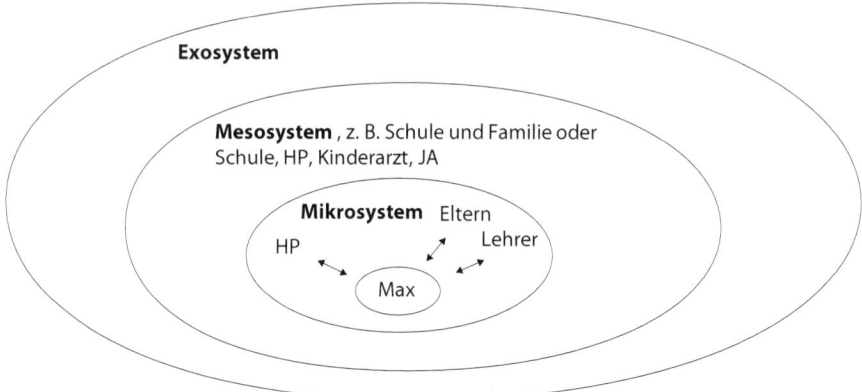

Abb. 12: Das Ökosystemische Modell von Bronfenbrenner bezogen auf Max und seine Umwelt, eigene Darstellung

Die von Uri Bronfenbrenner für die Erziehungswissenschaften in den 1980er Jahren zugänglich gemachten ökosystemischen Betrachtungsweisen sind Ende der 1980er Jahre von Otto Speck in der Heilpädagogik implementiert worden (1988).

Allerdings knüpft Otto Specks Ansatz nur fragmentarisch an die Systemtheorie von Luhmann an. Sein Verständnis von System ist zudem differierend und eigen. In Specks Ansatz hat »der Begriff des ›Systemischen‹ eine doppelte Bedeutung. Zum einen werden mit diesem Begriff die konkreten heilpädagogischen Institutionen mit ihren professionellen Angeboten bezeichnet. Zum anderen meint der Begriff des Systemischen hier eine ganzheitliche Qualität von Heilpädagogik, mit der den Folgen einer zunehmenden gesellschaftlichen Vereinzelung und dem Verlust des Humanen begegnet werden könne« (Moser & Sasse 2008, 84). Speck arbeitet heraus, dass jedes System Autonomie beansprucht im Sinne der Selbstorganisation und Selbstregulierung (Autopoiese) (Speck 2008, 275). Er benutzt zunehmend und in Abgrenzung den Begriff Oikopoiese, da in diesem »die Vertrautheit mit der Umwelt und die normative Orientierung am Prinzip der Humanisierung« ausgedrückt wird (ebd., 267).

Der Verdienst von Otto Speck in seinem systemökologischen Orientierungsansatz basiert auf dem Transfer der Erkenntnisse Bronfenbrenners für die Heilpädagogik sowie auf der Theorie um Behinderung in der Verankerung der ökosystemischen Betrachtungsweisen mit dem Fokus auf der Lebenswelt und der Vernetzung der Adressatinnen. Denn mit der Betrachtung der Systeme, die behindern, statt der Pathologisierung des Menschen mit Behinderung liegt der Fokus auf der System-Umwelt-Bezüglichkeit eines Individuums. Behinderung ist relativ, veränderbar und durch ihre soziale Dimension (Kommunikation und Interaktion) generell beeinflussbar und unterliegt den Gesetzmäßigkeiten des Lernens (ebd., 321). Behinderung ist dann etwas, das durch die Störung der Austauschbeziehungen zwischen den verschiedenen Systemen entsteht. Behinderung ist wie andere Begrifflichkeiten vom sozialen Umfeld und vom sozialen Kontext her zu definieren. Durch diese Kontextabhängigkeit gibt es keine klare Abgrenzung zwischen behindert und nicht-behindert (Haeberlin 2005, 70).

Otto Speck ist der erste, der sich mit den Wechselwirkungsprozessen innerhalb der Heilpädagogik befasst – bezogen auf Beziehung, professionelles Handeln und die Wissenschaft sowie in interdisziplinären Bezügen. Ihm zu Folge muss das Leben des Einzelnen im Zusammenwirken mit den Anderen auf Basis der vorhandenen Lebensbedingungen sinnvoll gestaltet werden. Die Wechselwirkungen zwischen Individuum und Umwelt sind zu betrachten und es ist in diesen Lebensbereichen unterstützend einzuwirken. Das heißt, die Gesellschaft und Sozialpolitik sind wichtige Faktoren, um die Lebensbedingungen und die Umwelt der Menschen (mit Behinderung) zu verbessern. Erziehung soll die Welterschließung eines Individuums, die sinnerfüllende Selbstwerdung und die Problemdeutung beinhalten. Sie ist nicht operationalisierbar in Lernzielen, Ergebnissen, in Plan- oder Machbarkeit sowie reiner berechenbarer Förderung (Speck 2008, 323). Weder Erziehung noch Therapie könne kausal Input planen und operationalisiert werden. Durch die Wechselseitigkeit ist Interaktion Bestandteil jeglichen Erziehungsvorgangs in Beziehungen und Lebensumwelt in einem komplexen Feld aus Interaktionen (ebd., 320). Speck wendet sich so kritisch gegen Wirksamkeitskonzepte und den Prozess der Ökonomisierung, der sich auch auf die Heilpädagogik auswirkt.

Otto Speck hat für die Heilpädagogik keine systemischen Tools und Methoden über Bronfenbrenners Modell hinaus für das heilpädagogische Handeln erschlossen. Die systemischen Methodenschätze und Tools, die sich in der Praxis der Familientherapie und später in der systemischen Therapie und Beratung anhand verschiedener systemtheoretischer Reflexionsfolien fortgesetzt entwickelt haben, bezog er in seine Ausführungen nicht ein. Sie können aber in der Heilpädagogik nutzbringend und konkretisierend eingesetzt werden.

Laut Otto Speck (zit. n. Moser & Sasse 2008, 81) soll die Heilpädagogik in einer fragmentierten Gesellschaft den Lebenszusammenhang trotz eines Wertewandels erhalten und Menschen mit Behinderung nachhaltig unterstützen (durch Wohlwollen und zu Hilfe kommen). Allerdings fällt es Speck schwer, konkrete Fakten und den heilpädagogischen Mehrwert überzeugend für die Erziehungswissenschaften zu vermitteln. Otto Speck sieht Grenzen der Systemtheorie in der Anwendung für die Pädagogik, diese könne weder Praxis normieren, noch Sinn anbieten, also auch keine inhaltliche Zukunft erschließen (Speck 2008, 105).

Insbesondere bei der Erörterung der Netzwerkarbeit kann jedoch an ökosystemischen Leitideen mit dem Konzept der sozialen Netzwerke angeknüpft werden. System, Umwelt sowie die wechselseitigen Beziehungen werden ausgelotet, um mit ökosystemischem Denken ausbalancieren und mit Kooperation initiieren zu werden.

Die Stärke dieses Ansatzes liegt im Blick mit dem Weitwinkelobjektiv nach außen über die Systemgrenzen hinweg in größere und komplexere Systemumwelten (Schlippe & Schweitzer 2012, 186). Die Einbeziehung und Betrachtung dieser je nach Weitwinkeleinstellung enger oder weiten »Außen-Perspektiven« kann den festgelegten oder festgefahrenen »Binnen-Blick« auf beispielsweise Chefs oder

Mitarbeiter bei internen Konflikten erweitern. Einbezogen werden so Geldgeber wie Krankenkassen, Jugend- oder Sozialämter sowie Banken, Überweiserinnen und Zulieferinnen, Kundinnen, Patientinnen, Klientinnen, Schülerinnen, Käuferinnen sowie Regulationsbehörden oder interessierte Öffentlichkeit (Schlippe & Schweitzer 2010, 186). Wie in Schichten einer Zwiebel ist das Individuum im Zentrum der Zwiebel eingebettet, umgeben vom Mikro-, Meso-, Exo- und Makrosystem.

Die Stärkung beispielsweise vom Kind und seinen Bezugspersonen (Familie, Freundinnen) liegt im Mikrosystem. Das Mikrosystem betrifft die Interaktionen im unmittelbaren Umfeld einer Person wie zum Beispiel in einer Familie. Die Gestaltung der Austauschprozesse zwischen Mensch und Umwelt wird im Mesosystem, einem System zwischen verschiedenen Mikrosystemen, gefördert (Kindergartengruppe, Schulklasse, Arbeitsplatz, Krankenhaus, Ärztinnen, Heilpädagoginnen und jeweils die Familie). Das Exosystem als soziales Netz- und Stützsystem (Kommunen, Bund, Länder, Ämter, Behörden, Nachbarschaft) beeinflusst den Umgang mit dem Individuum. Die gesellschaftlichen und zum Beispiel rechtlichen Rahmenbedingungen bis hin zum Wertesystem des Makrosystems haben Auswirkungen auf die anderen Systeme.

In der Sozialen Arbeit werden sozio-ökologische Modelle eingesetzt, um Netzwerke sichtbar zu machen und den Kreis der Beteiligten zu erweitern. Dazu sind verschiedene Versammlungsmethoden entwickelt worden, die die sozialen Verknüpfungen und Beziehungen der Beteiligten sichtbar machen, wie zum Beispiel der Familienrat, Kreisfragen, die Methode Mannschaftsaufstellung, die Commitment-Methode, der Einsatz von Geschichten oder dem Eco-Mapping und dem ökologischen Kartieren (Früchtel & Roth 2017, 85 ff). Diese Methoden wurden zum Teil schon an anderer Stelle oder früher innerhalb Systemischer Ansätze oder im Ausland in der Arbeit mit größeren Systemen eingesetzt und werden hier auch konkret umschrieben.

Dabei fokussieren beispielsweise Kreisfragen als Fragen auf die Konturierung des sozialen Kontexts durch die Klientinnen und die Beschäftigung mit den jeweiligen eigenen Netzwerken. Die Fragen unterstützen das Erschließen eines Möglichkeitsraums hinsichtlich des Umfelds einer Person weg von der Problem- oder Lösungsbetrachtung (Früchtel & Roth 2017, 89). Sie ermöglichen Auskünfte zu den Menschen, die zu versammeln sind.

- Wer von ihren Freundinnen, Verwandten etc. war beim Reden über ihr Problem besonders hilfreich für Sie? Gibt es jemanden, der Sie weitergebracht hat? Gibt es jemanden, der sie früher schon unterstützt hat? Gibt es jemanden, der für ihre Kinder besonders wichtig ist?
- Gibt es jemanden, von dem sie sich mehr Verständnis für Ihre Situation wünschen?
- Wenn Sie an ihre Freundinnen und Bekannten denken, wer könnte sie mit ihrer Hilfe/Unterstützung weiterbringen?
- Kennen Sie Menschen, die in einer ähnlichen Situation sind wie sie selbst?
- Gibt es noch jemanden, mit dem ich sprechen sollte, um die Situation gut zu verstehen?

- Könnten sie sich vorstellen, ihren Bruder für den Familienrat zu gewinnen – was würde ihn daran interessieren?
(Fragen modifiziert nach ebd., 89 f).

5.10.2 Der Familienrat

Der Familienrat ist ein Konzept, das aus Neuseeland stammt und dort im Zusammenspiel staatlicher Hilfeplanung und Einbezug der erweiterten Familie als Intervention entwickelt wurde. In der indigenen Bevölkerungsgruppe der Maori war der Familienrat die Institution, in dem mittels entsprechender Rituale ein Problem einer Familie (also eines Einzelnen, der immer Bestandteil eines Kollektives ist, das in dieser Gesellschaft wichtiger ist als die Einzelperson vgl. zum Beispiel Hofstede 2011) bearbeitet und eine konstruktive Lösung in das Gemeinwesen eingebunden wurde. Dieser Familienrat wurde im gesetzlichen Hilfeplanverfahren eingesetzt, um Kinderschutz zu realisieren oder Jugendkriminalität mittels wiedergutmachenden Maßnahmen zu bekämpfen, ohne die Souveränität und Handlungskompetenzen der Familie auszuhebeln. Denn wenn im erweiterten Familienkreis ein Gemeinschaftsgefühl geweckt oder verstärkt werden kann, wird kollektive Verantwortung generiert. Durch die Erzeugung familialer Öffentlichkeit auch bei heiklen Themen, wie zum Beispiel die Sicherheit eines Kindes, wird die Verantwortung auf mehrere Schultern verteilt und darüber kooperativ gewacht. Die Herausnahme eines Kindes aus der Familie oder eine Inhaftierung kann so verhindert werden. In der Kombination von lebensweltlicher und staatlicher Hilfe können die Familie und ihre Netzwerke auch bei Kindeswohlgefährdung selbsttätig bleiben und ihre Ressourcen und Lösungskräfte entfalten, ohne gleich durch professionelle Leistungen ersetzt zu werden.

Das Konzept wird nun auch in Südafrika, Kanada, Großbritannien, Schweden, Neuseeland, Irland, Australien, Dänemark, Norwegen und in den Niederlanden eingesetzt. Es wird von Früchtel & Roth als »eine Systemintervention mit dem Ziel, eine lebensweltliche Dynamik zu erzeugen« (2017, 71) in das deutsche Sozialwesen als Methode innerhalb des Konzepts der Sozialraumorientierung implementiert. In Neuseeland, Irland, Kanada, Australien, Großbritannien, Dänemark, Norwegen und in den Niederlanden ist der Familienrat in der Rechtsordnung berücksichtig (Budde & Früchtel 2014, 295). In der Erziehungshilfe, der Jugendgerichtshilfe, der Gesundheitshilfe, der Behindertenhilfe, Sozialpsychiatrie, Altenhilfe oder in Schulen wird er verwendet (ebd.).

Im Familienrat versammelt sich der erweiterte Familienkreis, um selbstinitiativ eine auf sie zugeschnittene, individualisierte Hilfeoption zu entwickeln. Statt eines »technischen Verwaltungsverfahrens« wird die Lösung in einem »kommunikativen Verwaltungsverfahren« ausgehandelt (Früchtel & Roth 2017, 72). Im Einsatz des Familienrats entsteht »inklusives Potenzial, das allein durch professionelle Arbeit nicht entstehen würde« (ebd., 141). Der Fokus verlagert sich hier von der Indexperson als Problem hin zu einer zirkulären Betrachtung vom Problem und den in den Familien oder Netzwerken vorhanden Lösungspotentialen.

Die Methode der »Mannschaftsaufstellung«

Mittels systemischer Fragen identifiziert die Klientin die Menschen aus ihrem Kreis, die auch wollen, dass das Problem der Familie gelöst wird. Man nennt sie die »Mannschaftsspieler« (vgl. ebd., 90). Um eine Mannschaft aufzustellen, helfen die folgenden Fragen:

- Mal angenommen, sie sollten aus diesen (als Mannschaftsspieler identifizierten) Menschen eine Mannschaft machen, wie würden Sie diese aufstellen?
- Wer müsste welche Spielposition haben (Stürmer, Verteidiger, Torwart, Schiedsrichter, Masseur usw.)?
- Wie würden Sie als Trainer vorgehen und wie würden sie wen trainieren?
- Wer sitzt auf der Auswechselbank und wer auf der Tribüne?
- Gibt es Gegenspieler, wer sieht ihre Pläne kritisch?

Eco-Mapping: Ein Netzwerk wird erkundet

Die Methode des Eco-Mapping, die dem »sozialen Atom« (einem Soziogramm nach Moreno 1974) oder der VIP-Karte (Herwig-Lempp 2004) oder dem Kartieren eines Ressourcen- oder Freizeitrads (Görlitz 2009) ähnelt, beschreibt das ökologische Kartieren der Menschen, die in (acht) verschiedenen Ausschnitten des Alltags nach Personengruppen, Lebensphasen oder Wohnorten aufgeteilt sind oder miteinander kombiniert werden.

Es entsteht eine Karte mit vielen Menschen, die in Bezügen zu der Klientin stehen und beispielsweise für einen Familienrat in Betracht kommen. Die zunächst erzeugte Komplexität wird hier durch farbliche Priorisierung und entsprechende Rückfragen reduziert (Menschen, die wichtig sind, werden entsprechend farblich umrandet).

5.10.3 Ökosystemische Therapien

Ökosystemische Therapien (E. Imber-Black, S. Henggeler, C. Borduin, H. Liddle, J. Szapocznik, E. Asen, M. Scholz, M.-L. Conen) fokussieren in der systemischen Praxis schon längere Zeit darauf, für jedes System die förderlichen Lösungssysteme zusammenbringen.

Geleistet wird Netzwerkberatung, die Unterstützung für den Aufbau von Netzwerken und entsprechenden Netzwerkstrukturen, um entsprechende Interventionen auf mehreren Systemebenen und an unterschiedlichen Orten multimodal zu verbinden. Ökosystemische Methoden entstanden bereits früh und entstehen noch: Wie die in den 1970er Jahren in den USA entwickelten Familien-Helfer-Konferenz, Vorläuferin unserer Hilfeplanverfahren, oder das in vor Kurzem entwickelte »Family and Larger Systems Interview« zur Unterstützung einer Beraterin, die sich in der Beratung »festgefahren fühlt«, durch eine externe Beraterin und dem Adressatensystem (Schlippe & Schweitzer 2016, 397) oder die derzeit aktuelle Multisystemische Therapie mit einem multikontextuellen, ökosystemischen Ansatz – gleichfalls nach dem grundlegenden, von Bronfenbrenner entwickelten Modell (Asen 2017b).

In der Multifamilientherapie (MFT) oder in der Multifamilienarbeit werden in die (therapeutische) Arbeit je nach Arbeitskontext die Familie, die Schule, die Peers und die Familienhilfe einbezogen und eine Multifamilien-(Gruppen-)Therapie bzw. -arbeit als Ressource installiert mit dem Ziel, dass Familien selbst Lösungen für ihre Beziehungsproblematiken finden und ausprobieren – verbunden mit einer radikale »Ratschlagsabstinenz« der MFT-Fachkräfte (Asen & Scholz 2017, 19). MFT hat ihre Wurzeln in der Antipsychiatrie, der systemischen Einzelfamilientherapie, dort insbesondere im strukturellen Ansatz nach Salvador Minuchin und in der psychodynamischen Gruppentherapie. Sie entwickelt sich seit über 40 Jahren in London aus dem kinder- und jugendpsychiatrischen Kontext heraus. Heute ist sie international in verschiedensten Handlungsfeldern im Einsatz (Asen 2017b, 21).

5.10.4 Systemökologischer Ansatz in Bezug zur heilpädagogischen Praxis

Der ökosystemische Ansatz ermöglicht Klarheit über den Standpunkt eines Individuums in seinen Bezügen. Er ermöglicht auch Orientierung und Ordnung in der Komplexität und Vielfalt der Bezüge der Adressatinnen bis hin zu beteiligten Helferinnen, Institutionen, den Medien und der Politik, so dass kein Bereich ausgeblendet oder vergessen wird. Er ermutigt dazu, den Blick auf die Potenziale zu richten, wie sich unsere Umwelt gestalten lässt sowie deren Ressourcen nutzbringend zu aktivieren.

Der Aufbau von Netzwerkstrukturen in Form der Netzwerkberatung stellt ein wichtiges heilpädagogisches Handlungsfeld dar. An sich ist es traditionell im Aufgabeprofil einer Heilpädagogin verankert zu eruieren, wie die Adressatinnen und ihr Umfeld ihre Möglichkeiten zusammenbringen, so dass für die Adressatin ein gutes Ergebnis erzielt werden kann. Es ist selbstverständlich, die Kontakte von Menschen mit Behinderung zu aktivieren und zu vergrößern, um ihre Einbindung in das Gemeinwesen zu erreichen und die Gemeinde sowie Austauschbeziehungen und Aktivitäten zu stärken.

Jedoch wird diese Kompetenz mit den Paradigmenwechseln der letzten Jahre hin zur Verankerung der Sozialräumlichkeit sowie der Einbeziehung der Mensch-Umwelt-Wechselwirkungen in ihrer Komplexität mit dem Fokus auf den Abbau von Barrieren immer bedeutsamer, um Partizipation und Inklusion zu ermöglichen. Unterstützerkreise sind zum Beispiel ein wichtiges Tool der Persönlichen Zukunftsplanung. In der Ambulantisierung der Behindertenhilfe ist die Vernetzung der Menschen mit Behinderung in ihrer eigenen Wohnung mit dem Sozialraum essentiell, um diese Wohnform mit Lebensqualität anzureichern. Die Gründung und die Aktivierung von Unterstützernetzwerken wie zum Beispiel Elterngruppen (so im multisystemischen Ansatz nach Asen), EX-In-Gruppen (im Einsatz in der Psychiatrie) etc. gewinnen zunehmend an Bedeutung.

In den Hilfesystemen etablieren sich (noch zögerlich aber stetig) Konzepte wie die Familiengruppenkonferenz mit den entsprechenden Methoden zur Umsetzung der multikontextuellen Arbeit (▶ Kap. 5.10.8). Hier werden oft engagierte und mit betroffene Menschen aus dem weiteren Umfeld der Adressatinnen zur Mitarbeit in Netzwerksitzungen eingeladen, beispielsweise auch professionelle Helfer-Organisationen sowie Mitglieder privater oder institutioneller Netzwerke, die in die fallbezogene systemische Arbeit einbezogen werden.

5.10.5 Die Heilpädagogin als Netzwerkerin

Eine Heilpädagogin als Netzwerkerin hat die Rolle und Funktion, mit allen Beteiligten Kooperationsbeziehungen einzugehen. Diese Möglichkeit ist im heilpädagogischen Setting leider oft zeitlich sehr begrenzt und nur in Ansätzen möglich, in denen Zuständigkeiten aufgezeigt und geklärt werden. Sollte der Netzwerkarbeit in Zukunft in ihrem verfügbaren finanziellen Rahmen und Leistungskatalog ein deutlicheres Zeitkontingent als bisher eingerichtet werden (was an der sozialrechtlichen Ausgestaltung der Unterstützungssysteme durch die Politik liegen würde), könnte die Heilpädagogin die Systemischen Ansätze und hier insbesondere die hier beschriebenen Methoden besser umsetzen und noch deutlicher und intensiver in ihr bestehendes heilpädagogisches Handeln und in ihre Rolle als Netzwerkerin integrieren. Ökosystemische Interventionen sind einsetzbar in Grenzbereichen zur Schwesterdisziplin Soziale Arbeit – zwischen Jugendhilfe und Therapie, Erziehungsberatung, Teilhabeberatung, Hilfeplanung und vor allem in der Gemeinwesenarbeit (oder aktueller betitelt: im sozialräumlichen Arbeiten).

Durch die ICF (Internationale Klassifikation der Funktionsfähigkeit, Behinderung und Gesundheit) der WHO und die ICF CY (für Kinder und Jugendliche) werden Besonderheiten in der Entwicklung des Individuums und im Einfluss seiner Umwelt aufgezeigt. Mit der Bezugnahme des neuen Bundesteilhabegesetzes (BTHG) auf die ICF hält die systematische Berücksichtigung der Umweltfaktoren Einzug in die heilpädagogische Praxis. Umweltfaktoren werden als materielle, soziale und einstellungsbezogene Faktoren definiert (Schuntermann 2007). Der Einfluss des ökosystemischen Denkens und der Einsatz in verschiedenen Settings sowie der Einbezug ökosystemischer Interventionen (Schlippe & Schweitzer 2016, 395) nimmt auch für die Heilpädagogik zu. Die Kompetenz der Heilpädagogin zur interdisziplinären Zusammenarbeit in größeren und kleineren Netzwerken sowie die Kompetenz, diese gelingend zu gestalten bis hin zu gelingender regionalen Kooperationen, wird noch wichtiger werden.

5.11 Systemisch-gestalterische Methoden (Skulpturen, Malen, Inszenieren)

Gestalterische Methoden haben von Beginn an einen Platz im systemischen Methodenkoffer gefunden. Je nach Ausrichtung des Systemischen Ansatzes besteht eine größere Offenheit für einen Methodeneinsatz jenseits der Sprache, in der das systemische Interview durch den Einsatz kreativer Methoden ergänzt oder ersetzt wird. Richtungsweisend war hier vor allem die wachstumsorientierte Familientherapie unter anderem nach Virginia Satir oder Carl Whitaker, die von Beginn an – beeinflusst von der Psychodramaarbeit nach Jacob Levy Moreno (1890–1974) –, mit Aufstellungen und Skulpturen gearbeitet hat (▶ Kap. 1, ▶ Abb. 1). In der wachstums- oder entwicklungsorientierten Familientherapie steht das Erleben im Hier und Jetzt in einem praktischen und erfahrungsorientierten Arbeiten im Vordergrund, die Theoriefundierung des Methodeneinsatzes bei der Entwicklung hingegen im Hintergrund. Durch die unmittelbaren Erfahrungen im Beratungsraum und in der Begegnung initiiert die Beratung die wachstums- oder entwicklungsorientierte Erweiterung der menschlichen Möglichkeiten. Vor allem Carl Whitaker, Virginia Satir, Carol Gammer und Maria Bosch stehen für diese kreative Herangehensweise an Systemische Beratung oder Therapie.

Seither entwickelte sich eine Vielfalt aktionsorientierter Methoden, die zu konkreten Erfahrungen anregen sollen. Zum Einsatz kommen beispielsweise Kommunikationsübungen, Malen gemeinsamer Bilder, Familienrekonstruktionsworkshops, kreative Umdeutungen oder die sogenannte Familienskulptur.

Erkenntnisse der Neurobiologie (Damasio 2003; Storch 2006) weisen darauf hin, dass Interventionen dann besonders wirksam und nachhaltig sind, wenn sie möglichst viele Sinnesmodalitäten und den Körper ansprechen und möglichst viele Dimensionen der Veränderung mit einbezogen werden. Hilfreich ist es, wenn Veränderungen durch vielfältige Erfahrungen im Alltag implementiert oder aufgefrischt und während des Schlafs tiefer im Bewusstsein verankert werden. Kontakt, positive Emotionen und eine anregende, abwechslungsreiche Umgebung ermöglichen die Verankerung von Neuem und Veränderung mit allen Sinnen.

5.11.1 Relevanz analoger und non-verbaler Methoden und kreative Mittler

Insbesondere bei der Einbeziehung von Kindern und Jugendlichen in die Systemische Beratung ist es sinnvoll, non-verbale, also analoge (nicht sprachbasierte digitale) Methoden einzusetzen, da über diese kreativen Mittler Kommunikation und Interaktion sowie Zugang zu Emotionen leichter hergestellt werden können, ohne dass Klientinnen viel Reden oder Rationalisieren müssen. Dies kommt sowohl den Bedürfnissen von Kindern als auch von Heranwachsenden entgegen, denn es knüpft an ihre entwicklungsgemäßen Fähigkeiten an und macht sie dadurch in der Kommunikation und Interaktion besonders anschlussfähig.

Kinder und Jugendliche, aber auch manche Erwachsene, können in unterschiedlichem Maße und auf unterschiedlichem Niveau die Sprache als digitales Mittel zur Veranschaulichung der Wirklichkeit und Sprache entsprechend ihrer kognitiven Fähigkeiten einsetzen und begreifen. Darüber hinaus verfügen wir noch über weitere Repräsentationswerkzeuge wie unter anderem Bilder, Gesten, symbolische Bewegungen und Haltungen sowie dramatische Inszenierungen, um unsere Wirklichkeit und unsere Innensicht direkt abzubilden oder zu artikulieren. Der

Einsatz einer Zeichnung oder Inszenierung kann zum Beispiel auch Erwachsenen den Zugang zu schwer erreichbaren Repräsentationen für ihr Handeln oder ihre Innensichten, wie zum Beispiel ihre Emotionen, ihre Überzeugungen oder Narrative erschließen. Es wird das repräsentiert, was präsent ist und war, aber auch das, was hätte sein können oder was wir uns präsent wünschen.

Es kann aber auch Menschen geben, die analoge, non-verbale Signale Anderer unzureichend wahrnehmen oder verstehen können. Laut Carol Gammer (2009) sollte eine Beraterin die Repräsentationsfähigkeiten eines Menschen im Abgleich mit dessen Entwicklungsniveau einschätzen und dies in der Beratung hinreichend berücksichtigen können.

Es ist zum Beispiel davon auszugehen, dass einem Kleinkind sprachliche Konzepte noch nicht zur Verfügung stehen, weil es die noch nicht begreift. Je nach Entwicklungsniveau können Kindern im Alter von vier bis sechs Jahren sehr präzise sprachliche Konzepte zur Verfügung stehen. Die sprachlichen Kompetenzen können aber auch unterentwickelt sein. Heilpädagoginnen sind in der Einschätzung und Berücksichtigung des vorhandenen Entwicklungsniveaus und in den Ausprägungen der einzelnen Entwicklungsdimensionen geschult und können hier insbesondere ein guter Mix an digitalen und analogen Methoden einsetzen, der an den jeweils vorhandenen Repräsentationsfähigkeiten anknüpft. Es gelingt dann zum Beispiel in einem Familiengespräch, alle Familienmitglieder gleichermaßen ›sprachfähig‹ zu machen – durch den Einsatz adäquater Methoden und vor allem einem entsprechenden Methodenmix. Dies kann für alle Beteiligten eine sehr bereichernde Erfahrung sein, da die Kommunikation so nachhaltiger gelingen kann.

Heilpädagoginnen, die mit Kindern- und Jugendlichen Entwicklungsbegleitung oder Spieltherapie durchführen oder Erwachsenen assistieren und Bildungsprozesse begleiten, sind im Einsatz analoger und kreativer Methoden geschult. Sie haben spezielle Kompetenzen im adäquaten Umgang mit Kindern und Jugendlichen genauso wie mit Erwachsenen inklusive Präferenzen für handlungsorientierte, nicht nur sprachbasierte Kommunikation. So ermöglichen sie ihren Klientinnen durch ihr Knowhow, sich auszudrücken und ihren Standpunkt zu vertreten (Kiessl 2015). Es lassen sich zu den im Folgenden beschriebenen Methoden, die in der Systemischen Beratung eingesetzt werden, viele bereichernde Schnittmengen bilden. Dieses Knowhow ermöglicht es ferner, neue, passgenaue Methoden zu kreieren.

Gestalterische Methoden werden im lösungsfokussierten Ansatz als auch zum Beispiel im phasenorientierten Ansatz nach Carol Gammer vielfältig eingesetzt. Letztere nutzt insbesondere das szenische Spiel in ihrer Arbeit mit Familien, ähnlich wie Rüdiger Retzlaff, Jan Bleckwedel oder Alfons Aichinger in anderen Systemischen Ansätzen. Hier gibt es methodische Querverbindungen zum Psychodrama (so zum Beispiel Aichinger 2013 oder Bleckwedel 2016) oder zur Gestalttherapie (Oaklander 2016).

Darüber hinaus ist der Einsatz kreativer Mittler da von Vorteil, wo sprachliche Barrieren bestehen, sei es in der multikulturellen Beratung oder in der Begleitung von Menschen mit Behinderung.

Jedes Familiensystem besitzt ein dichtes Netz von Interaktionsmustern, also beobachtbares Verhalten aus einer Außenperspektive heraus. Dazu kommen

Überzeugungen, Zuschreibungen, Narrative, die von Familienmitgliedern geteilt werden können und die die Innenperspektive jedes Familienmitglieds sowie die Familie betreffen. Interventionen sind dann nützlich, wenn alle diese Aspekte sinnvoll einbezogen werden.

Eine Zeichnung, ein Gemälde oder eine Skulptur aus Ton sind ausdrucksstarke Repräsentationswerkzeuge, die sich unmittelbar und direkt in den dialogischen Austausch der Klientinnen einbeziehen lassen. Jede kann direkt darauf reagieren. So kann verbales Verständnis des Produktes entwickelt werden. Die Beraterin spielt dabei keine zentrale Rolle, sondern bietet vom Rand des Geschehens her Unterstützung an. So wird beispielsweise einem Kind die Möglichkeit eröffnet, sich direkt gegenüber den übrigen Mitgliedern seiner Familie auszudrücken, auch durch entsprechend zurückhaltende ›Übersetzungsleistungen‹ der Beteiligten, begleitet von der Beraterin.

5.11.2 Prozessorientierung und der Einsatz gestalterischer Methoden

Der richtige Zeitpunkt und andere wichtige Prozessvariablen für den Einsatz kreativer Mittler sind zum Beispiel bei der Beschäftigung mit der Vergangenheit der Klientinnen bedeutsam (zur Prozessorientierung ► Kap. 5.2). Insgesamt sollte der Zeithorizont gut überschaut und die verfügbare Zeit gut eingeteilt und strukturiert werden, um eine gestalterische Methode umfänglich und ohne Zeitdruck umsetzen zu können. Aufträge, Ziele, Hypothesen sind bei der Planung einer gestalterischen Intervention mit einzubeziehen. Die im Familiensystem vorhandenen Repräsentationsfunktionen sind zu berücksichtigen und das Setting ist sorgfältig zu gestalten. Klärungsbedürftig ist, welches Material die Beraterin verwenden möchte und auf welche Methoden sie sich einlassen kann. Diese Punkte sind genauso für die Klientin zu Beginn der geplanten Intervention im Sinne eines methodischen Kontrakts (► Kap. 5.1) zu klären. Bei mehreren Klientinnen oder einer Familie ist zu klären, ob jede für sich eine kreative Aufgabe (also parallel), alle zusammen kollaborativ/kooperativ (alle oder ein Subsystem bearbeiten zusammen eine Aufgabe, malen zum Beispiel zusammen auf einem Papier ein Bild) oder eine individuell (eine bearbeitet die Aufgabe und die anderen schauen zu) gestaltet.

Es bedarf in der Beziehung zwischen Beraterin und den Adressatinnen einer sicheren emotionalen Basis. Eine gewisse emotionale Stabilität der Adressatinnen ist wichtig und es ist in der Arbeit immer wieder mit der entsprechenden Rahmung darauf zu achten. Es können leicht starke Emotionen aktiviert werden, da eine gestalterische Aufgabe zu tieferen Repräsentationsschichten vorstößt. Deshalb sind die Qualität der Stimme, Gesichtsausdrücke und Körperhaltungen noch mehr als sonst zu beachten.

Kreative Methoden eignen sich insbesondere zur Diagnostik. Innere Vorgänge können verdeutlicht und konkretisiert werden. Gefühle können bei Konflikten mobilisiert werden, Impulse umgesetzt oder intensiviert werden. Es kann experimentiert werden, alternative Lösungsmöglichkeiten können gestaltet und so neue

Erfahrungen gemacht werden. Feedbackschleifen und die Distanz des Betrachters zu seinem Werk ermöglichen eine neue Selbst- und Fremdwahrnehmung. Der Einsatz hat Ich-stärkende und Ich-stützende Funktionen. In der Aktion und gestaltenden Handlung können neue Funktionen angebahnt und eingeübt werden.

Insbesondere Menschen, die sich gerne kognitiv gesteuert rational mittels Einsatz sprachlicher Mittel ausdrücken, sind zu motivieren und anzuregen, sich einmal auf andere ›analoge‹ oder ungewöhnlichere Art über ein Thema oder Problem auszutauschen. Dies fällt dann leichter, wenn klar ist, dass es so weiteren Familienmitgliedern wie zum Beispiel Kindern erleichtert wird, sich zu einem Thema auszudrücken.

Auch in der personenzentrierten Unterstützung, sei es im Gesamtplanverfahren nach dem BTHG, in der individuellen Hilfeplanung, in einer Persönlichen Zukunftsplanung oder im Recovery-Prozess im psychiatrischen Kontext, werden Planungsinstrumente eingesetzt, die Selbstorganisation und Empowerment ermöglichen. Der personenzentrierte Ansatz arbeitet ähnlich wie der Systemische Ansatz Ressourcen, Kompetenzen und Begabungen heraus, die in der Lebenswelt und im Alltag umgesetzt werden und Übergangsprozesse begleiten und abfedern können, wie zum Beispiel im Übergang von der Schule in die Arbeit oder im Übergang von der Arbeit in einer Werkstatt für Menschen mit Behinderung zu einer unterstützten Beschäftigung auf dem ersten Arbeitsmarkt.

Eine Fülle von zum Teil kreativen Planungsmethoden wird eingesetzt wie Traumkarten, oder zeichnerische Verfahren wie MAPS oder PATH aus der Persönlichen Zukunftsplanung (vgl. zum Beispiel Doose 2011). Diese Materialien können gut mit hier beispielhaft aufgeführten Methoden verbunden werden.

Malen und Zeichnen

Zeichnerische Methoden können gut als Türöffner zu Beginn der Beratung eingesetzt werden, beispielsweise so, dass eine Person eine gestalterische Aufgabe bekommt und andere an der Beratung beteiligte Personen zuschauen, oder alle Beteiligten gestalten ihre Aufgaben parallel. Spannend sind auch kollaborative/kooperative gestalterische Aufgaben, das heißt, alle bauen zusammen eine Skulptur oder zeichnen auf einem Papier ein gemeinsames Bild. Zum Beispiel kann gemeinsam ein Familienwappen oder ein Familiendenkmal mit einem Motto entwickelt werden. Malen und Zeichnen sind Kompetenzen, die Kindern oder Jugendlichen manchmal mehr liegen als den Eltern. Letztere haben häufig Hemmschwellen oder gering ausgeprägte Kompetenzen, um sich auf dieses Medium einlassen zu können. Gelingt die Motivation aller Beteiligten, stärkt das Malen und Zeichnen für alles Weitere in der Beratung oder Begleitung diejenigen Kinder und Jugendlichen, die sich hier gut und auf gleichem oder sogar höherem Niveau wie die Erwachsenen beteiligen können. Sie fühlen sich in ihren Kompetenzen und geläufigen Ausdrucksmitteln und Medien wahrgenommen und gewürdigt. Da Kinder und Jugendliche häufig nicht freiwillig in Beratung kommen, ist der Einsatz kreativer Methoden so bedeutsam.

Exemplarische zeichnerische Methoden

Das Zeichnen einer Familie in Tieren ist an sich ein projektives Testverfahren im Einzelsetting, kann aber nutzbringend innerhalb der Familie durchgeführt werden, beispielsweise als Türöffner oder um nach sorgfältiger Reflektion und Hypothesenbildung die Frage zu klären, ob eine bestimmte Intervention zielführend sein kann. Folgende Aufgaben können gestellt werden:

- Zeichne, wie du mit deiner Familie zusammen etwas tust.
- Zeichne ein Erlebnis aus eurem letzten gemeinsamen Urlaub.
- Zeichne einen Plan von eurem Zuhause. Setze den Namen der einzelnen Familienmitglieder an die Plätze, wo sie schlafen.
- Zeichne ein Bild von einem Erlebnis aus neuester Zeit, bei dem Du mit Deiner Familie viel Spaß gehabt hast.

Auch das Problem kann zeichnerisch abgebildet werden:

- Zeichne das Problem in der Familie.
- Zeichne, wie deine Familie sich verändert hat, seit das Problem in euer Leben getreten ist.
- Zeichne den Unfall.
- Zeichne deine letzte heftige Auseinandersetzung.
- Zeichne die Krankheit.
- Zeichne eure Familie nach der Scheidung der Eltern.

In sogenannten Zwei-Bilder-Aufgaben (Gammer 2009) können Gegensätze und Zeiträume dargestellt werden. Zum Beispiel wird zunächst die aktuelle problematische Situation gezeichnet, um dann ein positives Zukunftsbild zu zeichnen.

Die Beraterin nimmt sich bei der kreativen Phase der Klientinnen zurück und nutzt ihre Beobachtungen zur Prozessdiagnostik (vgl. ausführlich ebd.).

- Wie wird verhandelt, um die gestellte Aufgabe in Angriff nehmen zu können?
- Wessen Idee wird aufgegriffen?
- Wer übernimmt bei der Ausführung der Zeichnung die Führung, wer folgt?
- Wie teilen die Familienmitglieder den für die Zeichnung verfügbaren Raum miteinander?
- Wie teilen sie den Raum rein körperlich auf?
- Wie wird das Zeichenmaterial aufgeteilt?
- Wer kommuniziert mit wem? Wer wird übergangen, wer kommuniziert gar nicht und geht schnell zum Handeln über?
- Wie wechseln sich die Familienmitglieder bei der Arbeit ab?

Darüber hinaus können weitere kreative Medien eingesetzt werden wie Ton, Modelliermasse oder Sand, es können auch Cartoons oder Comics gezeichnet werden. Letzteres empfiehlt sich ab einem Alter von 8–18 Jahren, gerade auch Cartoons, die eine Geschichte vom Problem in der Familie hin zur Lösung enthalten können und von allen Adressatinnen (zum Beispiel den Eltern, Geschwistern und der Indexperson) parallel gestaltet werden. Dies mündet dann in einer gegenseitigen Vorstellung und Diskussion. Ein gelungenes Cartoon oder mehrere gemeinsam gemalte Cartoons können zur Lösungsfokussierung weg vom Problem hin zu neuen konstruktiven Interaktionen sehr hilfreich sein. Spielen und Malen ermöglichen die handlungsorientierte Darstellung komplexer Abläufe in der Familie. Der Fokus verlagert sich weg von der Indexperson und in die gemeinsame Betrachtung des Problems im Außen (s. u. Externalisierung). Die Herangehensweise ist zunächst wenig an Sprache oder Fragen, also ›Befragungen‹ gebunden, was den Druck aus manchen Beratungssituationen nehmen kann und insbesondere für Jugendliche im Fokus der Indexperson sehr entlastend sein kann.

Das Spiel als Ressource

Für Kinder ist das gemeinsame Spielen als ihr Ausdrucksmittel von Kommunikation und ihr Kanal für Interaktionen sehr wichtig. Die Eltern passen sich beim Spiel an die Welt des Kindes an, statt dass sich das Kind an die Welt der Eltern anpassen muss. Aus systemischer Sicht ist Spielen eine optimale Möglichkeit, die Beziehungen zueinander zu stärken. Indem man sich in der Welt des Kindes gemeinsam bewegt und interagiert, entwickeln Eltern und Kinder ein neues gemeinsames Gespür und wechselseitige Anerkennung auf neue Art.

Der Zugang zum Spiel oder auch anderen kreativen Methoden geht häufig beim Erwachsenwerden verloren. Es gibt auch Eltern, die in ihrer Familie kein gemeinsames Spiel mit ihren Eltern erlebt haben oder deren kreativen Potentiale in der Kindheit brachlagen. Dann ist es bedeutsam, dass die Beraterin diese gemeinsamen Spielprozesse unterstützt oder sogar initiiert. Gelingt es, die Fähigkeit zum gemeinsamen Spiel wiederzubeleben, kann dies in den Alltag und die Lebenswelt der Familie implementiert und dort ritualisiert eingesetzt werden. So wird die beziehungsstiftende Beratung nachhaltiger, da dieser Transfer die Beziehung längerfristig für beide Seiten gelingender machen kann.

Es können traditionelle Regelspiele oder Konstruktionsspiele eingesetzt werden, es kann aber auch gemeinsam Spielmaterial hergestellt werden, wie zum Beispiel ein Ressourcen-Hindernis-Spiel. Es können punktuell auch fachspezifisch entwickelte Spiele eingesetzt werden. Manfred Vogt hat Spiele entwickelt, die an die Ressourcen der Kinder und Jugendlichen anknüpfen und im Gruppensetting, einzeln aber auch zum Teil in der Beratung von Familien eingesetzt werden können (»Denken, Fühlen, Handeln«-Spiel oder bei Kinder mit Trennungserfahrung das »Heute hier, morgen dort«-Spiel, Manfred Vogt, Spiele Verlag). Auch die Multifamilientherapie (MFT) nutzt die Potenziale des Spielens durch die Kreation vieler Übungen (Asen 2017b, 24).

Laut Gammer (2009) eignet sich Spiel insbesondere für Familien mit Kindern mit Entwicklungsverzögerung oder geistiger Behinderung. Für deren Entwicklung sind Spieltechniken und deren Erweiterung besonders wichtig, genauso wie für Kinder, die im Heim oder in einer Pflegefamilie leben im Kontakt mit den Eltern, oder für Familien mit Kindern mit aggressivem Verhalten. Eine Instruktion für Eltern kann nach Gammer zielführend sein, um zum Beispiel eine beschreibende Sprache der

Eltern einzuführen, die das Kind länger im Spiel verweilen lässt und es unterstützt, sein eigenes Tun sprachlich zu erfassen und sich selbstwirksam und handlungswirksam zu erleben. Eine Einführung kann auch hilfreich sein, um Eltern zur Selbstreflexion anzuregen, also darauf zu achten, inwiefern sie sich in das Spiel einbringen, ob sie abstinent kommentieren oder sich engagieren und etwas Eigenes einbringen.

Anders als in der heilpädagogischen Spieltherapie im Einzelsetting in einem bewusst therapeutischen Rahmen (vgl. dazu Kiessl 2015) zwischen Therapeutin und Kind wirkt die Beraterin im Hintergrund oder eher am Rand des Geschehens. Es kann aber auch eine sinnvolle Intervention sein, als Beraterin mit allen Anwesenden gemeinsam zu spielen, sich dabei menschlich spielerisch zu zeigen, etwas von sich als Person preiszugeben, authentisch zu sein, um zum Beispiel ›Hierarchien in den Köpfen‹ wie ein wahrgenommenes Machtgefälle zwischen Beraterin und Adressatin zu reduzieren. Durch kooperative gemeinsame Tätigkeiten können die Beziehungen im Beratungssystem insgesamt gestärkt und so eine gleichberechtigte kooperative Beziehung bewusst gestaltet werden.

Bedeutsam und an den Erfahrungsschatz der Beraterin anknüpfend ist es wie bei allen anderen Interventionen wichtig, die Spielidee zum richtigen Zeitpunkt einzusetzen, sei es zum Joining oder zur Stärkung der Beziehungen und dem Fokussieren auf Ressourcen oder zur Stabilisierung bei einer Krise.

Liegt im Auftrag zum Beispiel das Stärken der Eltern-Kind-Beziehung und Eltern-Kind-Interaktion, kann die Beratung unter Einsatz kreativer Methoden gut mit entsprechendem Videofeedback verbunden werden, wie zum Beispiel mit Marte Meo nach Maria Aarts (Hawellek 2012).

Inszenieren als szenisch-gestalterische Methode

Szenisches Arbeiten, das etwas in Szene setzt, schafft eine neue Spielrealität, in der etwas gemeinsam kreiert wird. Ein »Möglichkeitsraum« eröffnet sich (Klein 2010, 196). Dazu können Objekte und Alltagsgegenstände auf dem Tisch platziert werden oder auf einem umrissenen Bereich auf dem Boden aufgestellt werden. Durch das Platzieren können sie andere Bedeutungen oder Zuschreibungen erhalten. Es können Gegenstände oder Personen im Raum aufgestellt werden, auf einem Blatt Papier kann zum Beispiel ein Comic inszeniert werden. Unterschieden wird zwischen Zuschauerinnen und Rollenspielerinnen. Letztere dürfen als Darstellerinnen nicht mit der Rolle gleichgesetzt werden und bekommen entsprechend entwickelte Rollenvorgaben und werden zum Abschluss wieder aus ihren übernommenen Rollen entlassen. Die Zuschauerinnen sind externe Betrachterinnen und Beobachterinnen und bilden einen emotionalen Resonanzrahmen für die Inszenierung. Die Zuschauerinnen können abstinent sein und über ein Feedback oder Sharing in Kleingruppen oder im Plenum nach Abschluss der Inszenierung einbezogen werden. Sie können aber auch je nach Anliegen und Inszenierungsauftrag aktiv einbezogen werden, zum Beispiel durch Befragung.

Ähnlich wie beim oben beschriebenen Reflecting Team (▶ Kap. 5.8) entsteht hier ein Zwei-Kammer-System mit der Betrachterin im Außen, der Zuschauerin bzw.

der Beobachterin in Distanz und denjenigen, die unmittelbar an der Inszenierung beteiligt sind – also die, die im Beratungssystem inszenieren.

Die Beraterin führt die Regie, sie markiert mittels Kommunikation den spielerischen Kontext sowie die Alltagsrealität, begleitet die Übergänge zwischen beiden Ebenen. Sie steuert und rahmt den Prozess mit Respekt und interaktiver Präsenz (Bleckwedel 2010, 262). Sie übernimmt die rollenkonforme Ansprache. Bei jeder Inszenierung ist die vorherige Auftragsklärung (▶ Kap. 5.1.) elementar. Ferner entscheiden die Klientinnen, welche Methode sie ausprobieren wollen. Die Interaktionen im Rahmen der Szene enthalten eine begrenzte Zahl von Elementen (entsprechende Rollen). Die Wechselwirkungen zwischen diesen Interaktionen und dem darin entstehenden Beziehungsnetz werden dabei experimentell untersucht, betrachtet und herausgearbeitet. Jede Szene ist mit ihren Interaktionen ein operativ geschlossenes System (Klein 2010, 198).

Nach Klein (ebd., 201) kommt es nach der Auftragsklärung zur Inszenierungsphase mit Einrichtung der Bühne, der Szene, dem Stellen der Repräsentanten oder dem Setzen der Figuren (zum Beispiel der Männchen auf dem Familienbrett). Dann kommt es zu einer Interventionsphase, in der Lösungsideen passend zum Anliegen entwickelt werden. Das Ganze wird dann mit dem Fokus auf die Umsetzung der Lösung und auf den Transfer in den Alltag abgeschlossen.

Familienskulptur, Familienrekonstruktion

Zum Beispiel ermöglicht die Gestaltung einer Familienskulptur, eine wichtige Methode der Familienrekonstruktion nach Virginia Satir (Satir, Baldwin 2004, 192), das körperliche Ausdrücken von Beziehungen im Raum, wobei diese zu bewegten Choreografien weiterentwickelt werden können. In der Familienskulptur nach Virginia Satir liegt der Fokus auf dem Inszenieren und der Wahrnehmung gegenwärtiger Beziehungen durch Systemangehörige. Inszeniert wird zum Beispiel als Darstellung der gegenwärtigen Familienbeziehungen ein Konflikt auf der Paarebene in der Trennungsphase. So wird in der Wahrnehmung und Betrachtung der Skulptur verdeutlicht, wie sich dieser Konflikt auf die Kinder auswirkt.

In einer Familienskulptur können mehrere Szenen in Folge dargestellt werden. Das Familienmitglied, das die Skulptur gestellt hat, kann sie dann beispielsweise so lange verändern, bis sich jedes Familienmitglied gut in Beziehung zu den anderen fühlt. Die Klientinnen sind in den entsprechenden Rollen aufgefordert, den Sinn für die Handlung bzw. für diese Episode der Szene zu konstruieren. Die Wahrnehmungen der Familienmitglieder zu ihrem Beziehungsgeflecht und die Qualität ihrer Beziehungen kann in ein Bild und nach außen gestellt werden.

Der Einsatz dieser Technik bedarf einen Rahmen, getragen von gegenseitigem Respekt und einer Fehlerfreundlichkeit, um nicht als Zumutung oder Grenzüberschreitung erfahren zu werden oder Konflikte auszulösen (vgl. kritisch Bleckwedel 2009, 237). Mit passendem Timing kann das Problemverständnis aller Beteiligten wachsen und die Lösungsfokussierung und Entwicklung stark anstoßen.

Aufstellungen

Häufiger wird die Skulpturtechnik durch Aufstellungstechnik in Aus- oder Fortbildungssettings oder in der Supervision verwendet, um die Strukturen und Dynamiken sozialer Felder zu erkunden. Dies auf Basis einer aus Psychodrama verwendeten Soziometrie mit einem speziellen Aufbau einer Situation (Bleckwedel 2009, 244).

Jede eingenommene Position und Körperhaltung, jedes Nachvollziehen eines Bewegungsablaufs und jedes Vorstellungsbild löst die Aktivierung eines ganzen Felds von Hirnzellen aus, und das Erleben wird unmittelbar aktiviert (Tschacher & Storch 2015). Es kann auch mit Emotionen oder Erinnerungen verknüpft sein. Diese Handlungs- oder Kognitionsmuster zeigen sich und beleben sich in einer Rolle aus einer eigenen inneren Logik heraus, so dass Rollen insgesamt sehr schnell belebt werden können (Damasio 2003; Bauer 2006). Auch bei sparsamen Rollenvorgaben und geringen Beschreibungen wird bei den Rollenspielerinnen die »repräsentative Wahrnehmung« ermöglicht (Sparrer 2002, 103).

Das Inszenieren und viele andere systemische Interventionstechniken schöpfen die »Bidirektionalität des Embodiments« aus, das heißt, diese körperlich erfahrenen Konstellationen ermöglichen neue psychisch-soziale Sachverhalte. Der Körper wird als Ausdruck der Psyche betrachtet und umgekehrt wird die Psyche zum Ausdruck des Körpers (Tschacher & Storch 2015, 122). Die Auseinandersetzung mit einem Anliegen aus einer Rolle heraus unter Einbindung physischer Aspekte wie dem Erarbeiten einer Körpersprache werden mit der Vorstellung verknüpft, ein Anliegen bewältigt zu haben (wichtige Erkenntnis aus der Embodiment-Forschung über die Wirkung physischer Aktivitäten auf psychische Vorgänge).

Innerhalb der Inszenierung wird ein sicherer Raum geschaffen, um Beziehungsgefüge, Sichtweisen oder Handlungsmuster realitätsnah abzubilden, ohne reale Konsequenzen fürchten zu müssen. Eine Inszenierung ermöglicht Perspektivenwechsel, Distanziertheit (auf der Ebene der Metakommunikation) sowie Begegnung und Beteiligung. Ein Wechsel zwischen Kommunikation und Metakommunikation, zwischen Reflexion und Emotion sowie zwischen Rekonstruieren und Experimentieren wird ermöglicht und macht diese Methode so reich und nachhaltig in ihren Wirkmechanismen. Kontraindiziert ist diese Vorgehensweise bei akuten Psychosen oder bei Traumatisierung, wenn eine Dekompensation möglich erscheint. Gleichermaßen stützen und schützen Inszenierungen durch Distanzierung und Struktur und können je nach Zeitpunkt ihres Einsatzes bei Menschen mit Traumatisierung auch sehr unterstützend und stabilisierend sein (Klein 2010, 203).

Inszenierung bedarf ein Komplexitätsmanagement von Seiten der Beraterin, das sehr zeitintensiv ausfallen kann. Kleinere Inszenierungen und szenische Arrangements können jedoch alltagstauglich als Sequenzen in kleinere Einheiten in die Beratung eingebaut werden (Bleckwedel 2009).

Externalisierung

Innerhalb des systemisch-gestalterischen Methodenspektrums kommt die Externalisierung, die Michael White und David Epston in den 1990er Jahren als Vertreter des Narrativen Ansatzes entwickelt haben, als wichtige und beliebte Methode dazu (White & Epston 1990, 1998). Sie ist kombinierbar mit verschiedenen gestalterischen Methoden, wie zum Beispiel Zeichnen oder Inszenieren im Rahmen von Skulpturen, Aufstellungen und Rollenspielen. Jennifer Freeman und Dean Lobovits haben diese Methode auf die Arbeit mit Kindern übertragen, und sie wird in vielen Handlungsfeldern erfolgreich eingesetzt und fortentwickelt (Gammer 2009). Externalisierung verlagert ›etwas‹ nach außen, sei es ein Symptom, Gedanken oder Vorstellungen der beteiligten Personen (Klein 2010, 202). Eine neue Beschreibung, eine neue Erzählung über das beklagte Problem soll geschrieben und die gewohnte Geschichte dekonstruiert werden (Schlippe 2016, 273).

Die Basis der Externalisierung als Methode ist die Unterscheidung zwischen dem Problem und der Index-Person, zum Beispiel wird zwischen dem Bettnässen als Problem und dem Kind, das dies tut, unterschieden. Mittels Narrativen, dem Einsatz von Sprache, wird ein neuer Name, ein neues Etikett, eine Metapher für das Problem gefunden. Das neue ›Label‹ muss den Eindruck erwecken, dass es die Index-Person von jeglicher Verantwortung freistellt. Das ›Problem‹ wird so zu einer äußeren Kraft, zum Beispiel etwas, das außerhalb der Index-Person und den übrigen Familienmitgliedern liegt wie beispielsweise ›ADHS‹, die ›Anorexie‹, der ›Alkohol‹, die ›Depression‹, das ›Schlagen‹ etc.

Mittels diesem die Index-Person entlastenden Dreh (White & Epston 1990) kann ohne Schuldzuweisung oder Kritik über das Problem gesprochen werden. Das Problem kann humorvoll und kreativ wie ein zu beobachtendes ›Insekt‹, das von der Forscherin eingefangen wurde, betrachtet werden. Das dahinterliegende Thema kann durch veränderte Sichtweisen ins Zirkulieren gebracht werden. Mittels systemischer Fragetechniken wird das Problem weiter exploriert (▶ Kap. 5.3, ▶ Kap. 3). Der Bereich, worüber im Konsens miteinander geredet wird, vergrößert sich:

- Wie lange existiert ›es‹ schon?
- Zu welcher Tageszeit tritt ›es‹ besonders in Erscheinung?
- Wann und wo tritt ›es‹ gar nicht auf?
- Welche Beziehungen haben sich dadurch wie verändert?

Insgesamt wird ein hohes Potenzial zum Handeln erzeugt, wenn dieses metaphorische Werkzeug akzeptiert wird (Gammer 2009). Das Beratungssystem kann diese neuartige Beziehung zum externalisierten Problem aktiv handelnd und kreativ ausgestalten, in dem ganz in lösungsfokussiert Art und Weise (▶ Kap. 5.5) positive Ausnahmen gefunden werden. Neue und angemessenere Repräsentationen können entwickelt werden, die es ermöglichen, etwas an der aktuell als leidvoll oder belastend erlebten Situation zu verändern.

Dieser ›Dreh‹ ist nicht immer leicht zu erreichen, das heißt, das Beratungssystem benötigt Zeit, das Passende zu entwickeln und etwas Griffiges und Klares als Substantiv oder Gerundium zu benennen, womit alle Beteiligten einverstanden sind. Keinesfalls darf das ›Label‹ oder ›Etikett‹ beschämen oder herabwürdigen. Vertreter des Narrativen Ansatzes aus Österreich entwickelten auf Basis eines japanischen Lehrprogramms in einer Filmreihe Lehrprogramme, die auf Externalisierung basieren, angelehnt unter anderem an Vreni Shizo (Schizophrenie), Ronnie Rocket (ADHS) oder Morton Mies (Depression) (Institut für Systemische Therapie Wien, http://www.ist.or.at/dvds/).

Schlippe & Schweitzer sehen in der Externalisierung des Problems auch die Gefahr, dass dem Problem nicht neutral begegnet wird, sondern dieses einseitig negativ konnotiert wird. Dies steht dann im Widerspruch zum Selbstverständnis Systemischer Beratung und Therapie, jedes Phänomen in einem System für dessen Selbstorganisation und Selbsterhalt als sinnvoll zu erachten (Schlippe & Schweitzer 2016, 273).

Das Familienbrett, das System- und Ressourcenbrett

Spielfiguren oder Klötze als Objekte zur Veranschaulichung und zur Gestaltung können das Adressatensystem in seinen Beziehungen und Strukturen in einer Momentaufnahme aus Sicht der ›Gestalterin‹ abbilden. Das Familienbrett wurde dazu in den 1980er Jahren entwickelt (Ludewig, Pflieger, Wilken & Jacobskötter 1983). Mittels Holzklötzen wurden auf einem quadratischen Brett (in der Größe von 50 x 50 cm) innere Bilder von den Beziehungen in der Familie aufgestellt, inszeniert und anschließend reflektiert. Die Dimensionen Nähe versus Distanz, Zentral versus Marginal sowie Unter- versus Überordnung können so beleuchtet werden. Die Adressatin kann den von ihr auf das Brett platzierten Spielfiguren eine Stimme verleihen und sich in verschiedene Personen oder Perspektiven hineinversetzen (Caby & Caby 2016, 241; siehe auch (▶ Abb. 5). Das Problem, Lösungen oder Erfolge können visualisiert werden. Auch kann eine ›Ressourcenmannschaft‹ auf dem Ressourcenbrett für die eigenen vorhandenen und die noch zu entwickelnden Ressourcen aufgestellt werden. Mit der Adressatin wird erörtert, welche Hindernisse oder Herausforderungen anstehen und bewältigt werden sollen. Je nachdem wird die Mannschaft entsprechend aufgestellt, Spielerinnen auf die Ersatzbank gesetzt und andere Spielerinnen vorgerückt oder ausgetauscht (ebd., 243).

Das Familienbrett in seiner ursprünglichen Form hat eine Umrandung, die die Grenze des inneren Systems aufzeigt. Außerdem gibt es ein weiteres Feld zwischen den Personen und Elementen des inneren Systems und solchen, die noch wichtig, aber randständig sind. Alle Figuren haben ein Gesicht, um die Blickrichtungen, ihren Fokus der Aufmerksamkeit sowie ihre Bezogenheit darstellen zu können. Die Klötze verschieden groß, rund (weiblich) bzw. eckig (männlich). Als alternative Objekte können Playmobilfiguren, Biegepüppchen, Spielsteine, Spielmännchen oder Tierfiguren eingesetzt werden. Der Kreativität bezüglich des Einsatzes entsprechender Objekte oder Figuren durch die Adressatinnen ist dabei keine Grenze gesetzt. Caby & Caby (ebd., 241) berichten von einem Jungen, der das Brett mit Autos vollgestellt hat – er stellte damit einen verblüffenden Bezug der Automarken zu entsprechenden Charaktereigenschaften der Personen her.

Der Einsatz von Objekten auf einem Brett statt Personen, mittels derer Affekte und körperliche Reaktionen artikuliert und rückgemeldet werden, kann zurückhaltenden und wenig erlebnisoffenen Personen zugänglicher sein. Für diese Adressatinnen kann das Verfahren so erleichtert werden, zumal es in vielen Settings, zum Beispiel in Einzelsettings, nicht möglich ist, mangels weiterer Personen aufzustellen – schließlich wird nur eine Person beraten. Es könnte aber auch statt einem Brett eine abgegrenzte Fläche (durch Teppich oder Tuch) auf dem Boden eingesetzt werden, wenn zum Beispiel mit der ganzen Familie an einem Thema gearbeitet wird und diese – und das ist oft bei Kindern der Fall – dem Sitzen auf dem Boden offen gegenübersteht. Beispielsweise kann so auch über schwere Erkrankungen (Krebserkrankungen beider Eltern) in der Familie und die vorhandenen Ressourcen ein guter Austausch zu einem sehr angstbesetzten Thema entstehen – zwischen den Eltern und den Kindern.

Das Familienbrett wird heute für die Darstellung weiterer Systemkonstellationen, wie zum Beispiel einer Organisation oder eines Teams, genutzt und deshalb auch als Systembrett bezeichnet. Es kommt häufig in Supervisionen oder Fallbesprechungen zum Einsatz. Dabei kann es sehr gut mit einem systemischen Interview (▶ Kap. 5.3) oder mit dem Hypothetisieren (▶ Kap. 5.4) kombiniert werden. Es stellt eine gute Möglichkeit zur Komplexitätsreduktion oder zur Unterstützung einer visuellen Strukturierung dar, denn es drückt wie jede Aufstellung weit mehr aus, als sich in Worte packen lässt. Es kann also das Fokussieren unterstützen und eine andere oder eigene Art ermöglichen, in tiefergehende Themen einzusteigen, als dies bei der rein verbalen Problembeschreibung der Fall wäre. Die Umsetzung von Zielen in der Beratung oder Therapie, also die erarbeitete Lösung, kann über das Gespräch hinaus in besonderer Weise markiert werden (Caby & Caby 2016, 242). Ein fotografischer Schnappschuss mit dem Handy oder mit einer Polaroid-Kamera kann der Dokumentation und weiteren Verankerung dienen.

5.11.3 Abschließende Empfehlung

Insgesamt gilt jedoch Zurückhaltung bis hin zu Abstinenz in der Deutung gestalterischer Produkte! Im Unterschied zu psychoanalytisch/psychodynamisch geprägten Herangehensweisen sind hier Deutungen, wie sie zum Teil in projektiven Testverfahren zum Einsatz, kommen unangebracht, nicht zielführend und nicht einer konstruktivistischen Grundhaltung entsprechend, da ja nach dieser die jeweilige Wirklichkeit vom jeweiligen Betrachter konstruiert wird (ausführlich ▶ Kap. 2.4).

Eine Sattelfestigkeit im Umgang mit Affekten und ihrer Rahmung ist wichtig, da durch eine gestalterische Aufgabe leicht starke Emotionen aktiviert werden können, wenn sie zu tieferen Repräsentationsschichten vorstößt (Dinkel-Sieber, Hildenbrand, Waeber, Wäschle & Welter-Enderlin 1998). Hier ist es hilfreich, die Körpersprache und Stimmqualität zu beachten. Dazu empfehlen sich die vorherige Selbstreflexion und das eigene Ausprobieren der Beraterin, um die Reich- und Trageweite dieser Methoden sowie die entsprechende Umgangsweise zu erfahren.

5.12 Weitere systemische Interventionen

Der Einsatz systemischer Interventionen erfordert eine gewisse Systemkompetenz. Die Beraterin hat prozessorientiert zu entscheiden, auf welchen Systemausschnitt sie bei der Intervention fokussiert und wann sie das tut. Dazu gehört die prozessorientierte Gestaltung des Settings, möglicherweise ein Switch zwischen Einzel- und Mehrpersonensetting.

In jedem Fall hat die Beraterin ihre Vorgehensweise zu reflektieren und zu begründen, wieso sie das Eine tut und das Andere unterlässt oder wann sie den Prozess entschleunigen und Tempo herausnehmen sollte, wann sie radikal ressourcenorientiert vorgehen oder mit dem Einsatz von Techniken oder Interventionen sparsam umgehen sollte.

5.12.1 Der Schlüssel zur richtigen Intervention

Passend zum Kontext erfolgt durch Interventionen eine Stabilisierung oder eine Irritation, ein Verharren oder ein Agieren. Um die Intervention an den Prozess anpassen zu können, gilt es zwischen Folgendem abzuwägen (▶ Abb. 13).

Abb. 13: Der Schlüssel zur richtigen Intervention – ein Balanceakt, eigene Darstellung

Beobachtungsaufgaben

Diese Intervention eignet sich gut zu Beginn von Beratungsprozessen, denn damit kann Klarheit und Übersichtlichkeit erzielt werden. Für das Auftraggebersystem und die Beraterin wird dadurch eine Fülle von Informationen geriert. Ist die Motivation für Veränderungen noch unklar, wird durch Beobachtungsaufgaben ersichtlich, wie kooperativ und wie motiviert Klientinnen sind (Schwing & Fryszer 2012, 297). Gleichzeitig wird die nachfolgende Beratungssitzung durch die Bezugnahme auf die Beobachtungsaufgabe vorstrukturiert.

Praxisbeispiel: Tim 5

Die Familie kann die Aufgabe bekommen, das Problem ›Verhaltensauffälligkeit‹ genau zu beobachten, also wann, wie oft und in welcher Stärke es auftritt, ferner ob es Ausnahmen gibt, in denen das Problem nicht auftritt. Die Familie kann die Verhaltensauffälligkeit im Kontext beobachten, zum Beispiel der Frage nachgehen, was sich an dem Tag ereignete, bevor das Problem aufgetreten ist, was es an diesem Tag für Aktivitäten gab, welche Personen beteiligt waren und was sich wo ereignet, wenn das Problem nicht auftritt.

Durch Beobachtung kann dann die Aufmerksamkeit auf bestimmte Dinge gerichtet werden, zum Beispiel auf das, was gut lief oder was Freude bereitet hat, oder es können besonders die Ressourcen von Tim und den anderen Familienmitglieder in den Blick genommen werden.

Diese Aufgaben können Adressatinnen überraschen, wenn sie die erfolgte Pathologisierung oder die Fokussierung auf das Problem verinnerlicht haben und dadurch irritiert sind. Diese Irritation kann mit Anstrengung verbunden sein. Gleichzeitig kann sich durch die konsequente Umsetzung der Beobachtungsaufgabe etwas verändern.

Hausaufgabe als lösungsfokussierte Standardintervention

Steve de Shazer, Insoo Kim Berg und Jim Derks entwickelten in den Anfängen der lösungsfokussierten Therapie noch damals im Mental Research Institut (MRI) in Palo Alto, Kalifornien, aus einem Forschungsprojekt heraus eine sogenannte Standardintervention der ersten Stunde. Mit ihr soll eine positive Veränderung bei der Klientin erreicht werden, besonders in dem Fall, wenn aus ihrer Sicht subjektiv kaum Ressourcen vorhanden scheinen und sie deshalb weder vergangenheits- noch zukunftsbezogen Hoffnung schöpfen kann (Shazer & Dolan 2016). Die Hausaufgabe besteht dann in der genauen Beobachtung zwischen den Sitzungen, was im Leben alles gut läuft, mit Blick auf einzelne Facetten wie zum Beispiel Familie, Freunde, Job, Freizeit. Daran anknüpfend sollte die Klientin reflektieren, was so bleiben soll, wie es ist, und was sich möglichst oft ereignen sollte, oder herauskristallisieren, was genau das Gute oder Schöne daran ist. Der weit überwiegende Teil der Klientinnen konnte eine oder mehrere solcher Situationen entdecken.

Weitere Interventionen

Auf einige weitere Interventionen wird hier nicht im Detail eingegangen. Dazu gehört die konkrete handlungsorientierte Psychoedukation, die es ermöglicht zum Beispiel im Rahmen von Elterncoaching ein Training von Kommunikations- und Problemlösefähigkeiten durchzuführen, an der elterlichen Präsenz zu arbeiten (so eindrücklich Uschold-Meier 2011 bei Eltern mit einem erwachsenen Sohn mit Autismus und Traumatisierung), mit Marte-Meo videobasiert an der Verbesserung der Eltern-Kind-Interaktion anzusetzen (Hawellek 2012) oder zum Beispiel verhaltenstherapeutische Interventionselemente der Situationsanalyse einzubauen (vgl. Lieb 2009). Diese Methoden sind je nach Thematik, Auftrag und Setting anschlussfähig und nutzbringend.

Schlussinterventionen

Schlussinterventionen, deren Einsatz seit den Anfängen der systemischen Familientherapie üblich ist, sollten zugleich ›anschlussfähig‹ und ›verstörend‹ sein (Schlippe & Schweitzer 2012). In der heutigen Verwendung sollten sie nur das aufgreifen, worüber gesprochen wurde, und keine oder wenig Spekulationen beinhalten. In der Formulierung einer Schlussintervention ist es hilfreich, die eigenen Metaphern der Adressatinnen aufzugreifen. Die verwendete Sprache sollte möglichst klar und deutlich, anschaulich oder aber auch drastisch sein. Es empfiehlt sich, Bekanntes mit Neuem oder Irritierendem zu kombinieren. Schlussinterventionen können mündlich oder schriftlich formuliert werden. Sie sind zeitlich begrenzt und können nach einer kurzen Gesprächspause umgesetzt werden.

Kommentare und Empfehlungen

Kommentare und Empfehlungen (▶ Abb. 14) zum Abschluss einer Sitzung oder zum Ende einer Beratung werden je nach Systemischem Ansatz in unterschiedlicher sprachlicher Formulierung, aber in einer zweigeteilten Abfolge formuliert (Schlippe & Schweitzer 2012; Kindl-Beilfuß 2012). Sie sind nach dem jeweiligen Stil der Beraterin sprachlich sorgfältig auszuformulieren und können kreativ unterschiedlich ausgestaltet werden.

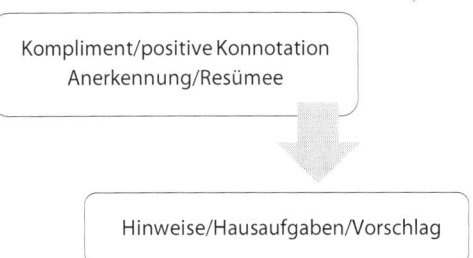

Abb. 14: Kommentare und Empfehlungen, eigene Darstellung

Im ersten Teil gilt es, Wertschätzung und Dank auszudrücken und den Beratungsprozess anerkennend zu würdigen. Dies gilt es auf mehreren Ebenen umzusetzen, so zum Beispiel bezogen auf das Auftraggebersystem als Ganzes sowie bezogen auf die einzelnen Adressatinnen des Systems. Die Verhaltensweisen der Systemmitglieder werden grundsätzlich positiv und wertschätzend beurteilt. Eindrücke aus unmittelbar beobachteten Interaktionen können anknüpfend an diese konkreten Beobachtungen eingefügt werden.

Der Zusammenhalt, die Werte und Traditionen sowie die Geschichte des Systems können honoriert werden. Auch das erfolgreiche Lösen eines Problems in der Vergangenheit kann hervorgehoben werden. Geschichten, Metaphern und Witze können hier gut eingesetzt werden.

Besonders die positive Umdeutung, das sogenannte Reframing, kann als Denkanstoß hier gut eingesetzt werden. Zum einen können Probleme so in Fähigkeiten umgedeutet werden, so dass es zu einem Bedeutungsreframing kommt und Verhaltensweisen neu bewertet werden können. Zum anderen kann der Kontext umgedeutet werden (Kontextreframing), das heißt, der Kontext, unter dem das Problem sinnvoll ist oder der die beste Lösung darstellt, wird fokussiert (Schlippe & Schweitzer 2012, 315).

Der Einsatz des Reframings ist zu üben und der Einsatz von gezielten sprachlichen Umformulierungen ist im Vorfeld gut zu reflektieren. Positive Umdeutungen sind nur dann überzeugend, wenn sie auf der Basis einer guten Beziehung ausgedrückt werden. Die Klientinnen spüren, ob die Beraterin dabei authentisch ist und das ›ernst‹ meint, was sie sagt. Gleichermaßen ist das Leid eines Menschen ausreichend anzuerkennen. Das Mitgefühl der Beraterin muss für die Klientinnen erlebbar sein (ebd., 316).

Ferner sollte keine antrainierte ›Positiv-Liste‹ an umgedeuteten Eigenschaften abgearbeitet werden. Stattdessen sollten authentisch Formulierungen für Umdeutungen erfunden oder gefunden werden, die sich auf die jeweilige Adressatin oder das System in ihrer konkreten Lebenssituation beziehen.

Der zweite Teil der Kommentare und Empfehlungen, der den Hinweis, die Hausaufgabe oder den Vorschlag beinhaltet, bezieht sich auf einzelne Zielstellungen, Hypothesen oder Fragen, die sich dem Adressatensystem als wichtige Entwicklungsaufgaben stellen. Hier kann lösungsfokussiert an dem angeknüpft werden, was das System oder einzelne Systemmitglieder jetzt bereits erfolgreich tun (▸ Kap. 5.5).

Es gilt Handlungsmöglichkeiten zu erschließen, also das, was jede im Beratungssystem – auch die Beraterin – tun kann, einzeln oder gemeinsam. Dabei werden konkrete Handlungsschritte gemeinsam ausgearbeitet, wobei der Einsatz systemischer Fragen hilfreich sein kann. Daraus ergibt sich eine Empfehlung im Sinne von Aufgaben, Experimenten oder Hausaufgaben, die bis zur nächsten Sitzung zeitlich begrenzt durchgeführt werden können. Aufgaben, die Veränderungen einüben oder ausprobieren, können im Rollenspiel in der Beratung vorbereitet werden. In der folgenden Beratungssitzung ist es wichtig, nach dem Ergebnis der Aufgabe zu fragen, zu evaluieren und daran weitere passende Fragen zu knüpfen (▸ Kap. 5.3).

- Was hat gut funktioniert und was schlecht?
- Welche positiven Momente gab es?
- Wo und wann hat sich die Adressatin besonders wohlgefühlt?

Die genauen Bedingungen der Ausnahmen, der Nuancen von Veränderung und der guten Momente werden herausgearbeitet. Diese Intervention der ›Hausaufgabe‹ ist in der Praxis der systemischen Familientherapie in den Anfängen entstanden und wurde besonders von dem Mailänder Team um Mara Selvini Palazzoli in den 1970er Jahren entwickelt und als ›Verordnung‹ erfolgreich eingesetzt.

Die Aufgaben können unter anderem spezifische Symptomverschreibungen, Verhaltensbeschreibungen oder paradoxe Interventionen beinhalten. Sie dienen der Irritation bestehender Interaktionsmuster und regen zu neuem Verhalten und Interaktion an und können mit folgenden Interventionen verknüpft werden:

Zeitbezogene Interventionen

Als zeitbezogene Intervention kann beispielsweise ein ›schnell fahrender ICE notgebremst werden‹, wenn eine Adressatin in einer Krisensituation sehr starke Impulse zum schnellen Handeln zeigt. Dann könnte durch den Einsatz einer kooperativ entwickelten zeitbezogenen Intervention eine Veränderung zeitlich hinausgeschoben werden. Gleichermaßen könnten als zeitbezogene Intervention Symptome noch nicht aufgegeben werden, sondern zunächst zelebriert oder ausgereizt werden.

Praxisbeispiel: Tim 6

In der Beratung von Tim und seiner Familie könnte der Familie empfohlen werden, dass jeden Tag den Symptomen von Tim, zum Beispiel seiner Unruhe, eine besondere Zeit eingeräumt wird, in denen Tim diese Symptome sehr bewusst zeigen soll. Damit soll dem Wunsch nach Veränderung und Abhilfe zunächst widerstanden werden. Anschließend wird mit der Familie über ihre Beobachtungen und den Verlauf dieser Aufgabe reflektiert.

Es können Empfehlungen oder Verschreibungen erfolgen:

Mehr desselben tun	↔	neues Ausprobieren
Idee A ausprobieren	↔	oder vielleicht Idee B
Stark ritualisiert	↔	offen
Auf Kooperation abzielend	↔	auf Widerspruch abzielend

Letzteres basiert auf der Erkenntnis der Praxis, dass wenn man es für einen Menschen, zum Beispiel Tim, schwerer macht, ein Symptom wie ›Unruhe‹ zu haben, als es aufzugeben, der Betroffene das Symptom aufgeben wird (Haley 2002, 13). Umgekehrt knüpft die sogenannte Paradoxe Intervention daran an, dass das Auftreten des Symptoms künstlich herbeigeführt wird und das Symptom nicht aufgegeben werden soll. Dadurch erweist sich das Symptom als kontrollierbar, und eine gewissen Distanz zum Problem oder Symptom kann erlebt werden (Neumann 2015, 81). Diese Effekten können auch bei den im Folgenden beschriebenen ambivalenzbezogenen Interventionen erzielt werden.

Ambivalenzbezogene Interventionen

Diese Interventionen können gut mit Hausaufgaben und Selbstbeobachtungsaufgaben verknüpft werden.

- Mal so mal so (eine Woche Tendenz A, dann eine Woche Tendenz B, eine Woche beide).
- Immer alles auf einmal.
- Splitting des Teams bzw. der Ambivalenz der einzelnen Beraterin, wenn zwei gleichzeitig beraten (widersprüchliche Prognosen, was die Familie tun wird/die Einzelnen tun werden; widersprüchliche Wetten; widersprüchliche Empfehlungen).
- Handlungsvorschläge:
  - gerade Tage, ungerade Tage,
  - kleine Variationen des Problemverhaltens vornehmen;
  - so tun, als ob ein ›Problem‹ noch bestünde oder schon gelöst wäre.

Rituale

Begriffsklärung und Funktionen

Rituale sind verdichtete gemeinschaftliche und symbolische Handlungsabläufe, die einen über diese Handlung hinausweisenden ›Sinn‹ aufweisen und eine Bedeutung ausdrücken. Sie unterstützen dabei Ordnung zu halten, können Zugehörigkeit oder Loslassen vermitteln und sind »eine besondere Art von Aufgabe«, also ein besonderes Verhalten (Schwing & Fryszer 2012, 303). Diese fest umschriebenen Handlungsabläufe fördern im Leben eines Individuums, einer Familie oder sozialen Gruppe eine Veränderung. Als bewusst vom Alltag abgehobene Ereignisse erzeugen Rituale bei den Teilnehmenden eine besondere Gemeinschaftlichkeit (Turner 2000, 127).

Es kann heilsame Rituale und Versöhnungsrituale geben. Rituale werden eingesetzt, um ein Zeichen für Veränderung zu setzen, wie beispielsweise in traditionellen Kulturen im passageren Übergang vom Jungen zum Mann (rites of passage). Rituale sind also bedeutsam in Übergängen und zur Vertiefung der Identität.

In allen Kulturen markieren und unterstützen Übergangsrituale den Abschied und Neubeginn. Damit verbunden sind rituelle Handlungen. Diese sind bei Krisen oder kritischen Situation hilfreich. Rituale schaffen Transformation und Neuorientierung im Lebenskontext oder im Selbst.

Rituale nutzen wiederholende und zeremonielle Elemente. Sie beinhalten formale Aspekte sowie Aspekte von Erfahrungen. Vorgeschriebene rituelle Handlungen werden auf eine bestimmte Art und Weise und/oder in einer bestimmten Reihenfolge ausgeführt, wie beispielsweise eine Stunde jeden Tages oder 30 Tage lang. Sie können Wartezeiten auf ein Ereignis hin beinhalten oder die Durchführung einer Abschlussfeier zelebrieren (Schwing & Fryszer 2012). Ein Auftakt, eine Auftakthandlung, ein Initial markiert den Anfang, daran schließen eine Reihe von Handlungen an, die um ein bestimmtes Thema organisiert sind, um dann einen deutlichen Endpunkt zu setzen. Der gesamte Prozess eines Rituals umfasst die Vorbereitung, die Erfahrung und Durchführung des Rituals selbst und setzt sich mit der Umsetzung und dem Transfer in den Alltag auseinander. Alle drei Phasen sind dabei zu entwickeln, um bewusst neue Traditionen zu schaffen und sich von alten Gewohnheiten zu verabschieden (Imber-Black, Roberts & Whiting 1993, 23).

Verwendung von Ritualen

In den Anfängen der systemischen Familientherapie um die Mailänder Gruppe (Selvini-Palazzoli u. a.) waren Rituale detaillierte Verschreibungen. Die Mailänder Gruppe entwickelte die ambivalenzbezogene Intervention der »geraden und ungeraden Tage«.

Praxisbeispiel: Tim 7

Im Praxisbeispiel von Tim und seiner Familie mit den unterschiedlichen Erziehungsstilen von Herrn und Frau Müller könnte gemeinsam die ambivalenzbezogene Intervention »der geraden und ungeraden Tage« in der Familie installiert werden, an denen sich einmal die Mutter und dazu im Wechsel der Vater um die Erziehung der Kinder kümmern sollte, um durch diese Intervention auf der Elternebene neue Deutungen des kindlichen Problemverhaltens zu erzeugen und der Familie zu erschließen.

In der Weiterentwicklung kann sich die Familie die Inhalte selbst zusammenstellen oder auswählen statt ein exakt verschriebenes Ritual ausführen zu müssen.

Nach der strukturellen Familientherapie nach Salvador Minuchin oder der strategischen Familientherapie nach Jay Haley wäre dann die Struktur der Interaktionsmuster im Fokus, das heißt, wie die Familie mit Problem umgeht und wer was dazu beiträgt oder nicht beiträgt.

Ziel wäre es, die bestehenden Strukturen aus dem Gleichgewicht zu bringen, zum Beispiel durch Unterbrechung, die Umstellung der Sitzordnung oder sitzungsexterne Direktiven, um Musterdurchbrechungen zu erschließen (Roberts 1993, 43). Rituale ermöglichen die Einbeziehung verschiedener Modelle der Familientherapie, in dem ihr Einsatz erlaubt, sowohl auf die Struktur als auch auf die Bedeutung einzugehen.

Bei Systemischen Ansätzen, in denen das Netzwerken im Fokus steht, wie zum Beispiel der Familiengruppenkonferenz, kommen Rituale im Einbezug des erweiterten Familiensystems zum Einsatz.

Mittels eines systemischen Interviews können Informationen zu Ritualen innerhalb einer Familie gewonnen werden, zum Familienleben, zu Familienfeiern, zu Familientraditionen, dem familiären Alltag und Ritualen im Lebenszyklus.

- Mal angenommen, es kommt jemand zur Familie dazu (durch Geburt, Heirat, Wiederverheiratung) oder jemand geht (durch Auszug, Tod oder Scheidung), wie wird das in ihrer Familie zum Ausdruck gebracht (markiert)?
- Wie feiern Sie in ihrer Familie Geburtstage? Hat sich da etwas verändert?
- Wie bringen Sie ihr Kind zu Bett? Gibt es Einschlafrituale und wenn ja, sind daran immer dieselben Menschen beteiligt?
- Haben Sie in ihrer Familie neue Rituale entwickelt?

Durch Rituale können Familien »Rollen, Regeln und Beziehung markieren und umgestalten« (Roberts 1993, 58), in dem sie besondere Zeiten festlegen. Familien können starr ritualisieren oder unterritualisiert sein. Rituale können bedeutungsleer sein oder einseitig eingesetzt werden. Sie können unterbrochen sein oder heimlich gefeiert werden.

Rituale, Systemische Ansätze und Heilpädagogik

Heilpädagoginnen nutzen in ihrer Arbeit gerne Rituale und haben selbst welche. Möglicherweise sitzen sie gerne bei ihrer Arbeit im selben Sessel, haben bestimmte Abläufe, wie sie heilpädagogische Interventionen vorbereiten, durchführen oder auswerten und Zeit, Ort oder Inhalt festlegen.

Zum Beispiel kann der Einsatz spielerischer, analoger Methoden in Verbindung mit Ritualen es erleichtern, dass sich Menschen auf entsprechende Themen in der Beratung oder Begleitung fokussieren und einlassen. Damit wird ein Boden an Sicherheit, Akzeptanz und Zugang bereitet und es allen Beteiligten ermöglicht, sich wiederum leichter von bestimmten Themen, Begleitung oder Beratung verabschieden zu können. Je nach Ausrichtung werden darüber hinaus in allen Facetten des heilpädagogischen Handelns Rituale eingesetzt. Diese ermöglichen es, zu experimentieren und etwas Neues auszuprobieren, um den Transfer in den Alltag herzustellen oder eine Aufgabe im Alltag umzusetzen und die Ergebnisse wieder zurück zu koppeln.

5.12.2 Das gute Ende finden: Beendigung, Abschlüsse, Abschied in Beratung oder Begleitung

Soziale Systeme bestehen so lange, wie eine Interaktion möglich ist. Das soziale System endet dann, wenn personale Systeme sich nicht mehr in Interaktion befinden und die Kommunikation dann dadurch tatsächlich erliegt. In der Beratung geht es um Beendigung und darum, ein gutes Ende durch einen gemeinsamen Abschluss zu finden, da die gemeinsame Interaktion zum Ende kommt. In dieser letzten Phase eines Beratungsprozesses verabschieden sich Beraterin und Klientinnen voneinander. Damit stellen sie ihre Interaktion ein. Hier geht es dabei selten um Abschied durch Sterben. In der Beratung verabschiedet man sich von bestimmten Themen oder Lebensphasen und von Personen. Eine Entscheidung, im Leben ohne Beratung weiterzugehen, ist damit verknüpft.

»Das Leben geht ohne Beratung oder Begleitung für die Auftraggeberinnen einfach weiter – hoffentlich ein wenig besser« (so Eckehard Herwig-Stenzel in unseren Lehrveranstaltungen). Im sozialen Beratungssystem ist die Beraterin mit dem sozialen System verwickelt. Genauso wie ihre Auftraggeberinnen hat sich die Beraterin auf das System eingelassen und war selbst ein Teil davon. Die Grenzen des Beratungssystems verschwimmen dadurch, und diesen Prozess gilt es als Beraterin zu reflektieren. Nun sollten Grenzen angemessen gesetzt und klar gezogen werden. Eine Zäsur wird gemacht, um die Systemgrenzen in der Beratungsbeziehung zu verdeutlichen. Dies sind hier notwendige Prozesse, die auf vielfältige Art und Weise Ausdruck finden können und Orientierung in Raum und Zeit sowie eine gewisse Distanzierung voneinander ermöglichen.

Jeder Mensch ist berührt vom Thema Beendigung oder Schluss machen. Dies kann mit Erfahrungen von Niederlage oder Niedergang genauso wie mit eigenen Erfolgen sowie mit persönlicher Weiterentwicklung hin zu Aufbruch in etwas Neues verbunden sein. In jedem Abschied schwingen vergangene Erfahrungen von Beendigung und Abschied innerlich mit.

Es stellt sich wie zu Beginn die Frage:

- Was brauche ich als Beraterin, was brauche ich als Adressatinnen für einen gelingenden Abschied (für den Beginn einer erfolgreichen Beratung)?
- Wie kann ich als Beraterin dafür sorgen?

Für alle Beteiligten ist eine gute Vorbereitung der Endphase der Beratung oder Begleitung bedeutsam. Der Verabschiedung als Prozess bedeutet, die Zeit zu geben, die es braucht. Die aktive Mitgestaltung durch die Klientinnen ist genauso wichtig, wie das gemeinsame Beschauen des in der Beratung durchlaufenen Wegs, um einen Bogen in eine Zukunft ohne Beratung oder Begleitung schlagen zu können.

Die Verabschiedung muss akzeptiert werden. Die Beendigung ist als Realität anzuerkennen, auch wenn sie manchmal nur schmerzlich auszuhalten ist. Unter anderem können Gefühle von Traurigkeit und Wut vorhanden sein. Alle diese Gefühle haben ihre Bedeutung und bedürfen genauso Anerkennung genauso möglicherweise vorhandener Schmerz. Hierbei gilt es als Beraterin sensibel zu sein für die eigenen Anteile und Muster, aber vor allem auch dafür, welche Regeln und Muster bei Abschied und Trauer für die Klientin aus vorherigen Erfahrungen heraus beachtenswert waren und sind (Schwing & Fryszer 2012, 314). Es stellt sich in der Beratung oder Begleitung die Frage, wie die Klientin mit Beendigung, Schluss oder Abschied als Übergang (dieser Krise) umgegangen ist und ob sie Veränderung in vergangenen Prozessen und auch jetzt zulassen konnte und kann. Laut Karlheinz Geißler (2014) ist Trauer für das Loslassenkönnen eine unverzichtbare Bedingung und notwendige Voraussetzung für einen Neuanfang. Sind Trauerprozesse in der Vergangenheit vermieden worden oder noch nicht abgeschlossen, kann ein Abschluss in der Beratung oder Begleitung möglicherweise nur schwer gefunden werden.

Verabschiedung kann mit Mustern verwoben sein, die durch die erlebten, wenig gelungenen oder auch besser gelungenen Abschiede entstanden sind und nun für diesen Abschiedsprozess hemmend oder förderlich zu Tage treten. Ein Zeichen dafür kann es beispielsweise sein, dass die Klientin nicht darüber reden möchte oder einen Abschied durch Nichterscheinen vermeidet oder einen Konflikt beginnt.

Anknüpfend daran ist es sinnvoll, entweder über systemische Fragetechniken oder auch in der Abschlussintervention (themenbezogen) innere und äußere, persönliche und soziale Ressourcen anzusprechen.

Gleichzeitig strebt der Beratungsprozess eine Lösung an (▶ Kap. 5.5), Ziele werden erreicht. Die Klientinnen nehmen den Verdienst für ihr verantwortliches Verhalten, für das Positive, für die Fortschritte, aber auch für das Negative in Anspruch (Weakland & Herr 1992, 179). Sie emanzipieren sich, sind ›empowert‹ und in gewissem Sinne auch befreit. Auf jeden Fall übernehmen sie die Verantwortung für das Geschehen im eigenen Leben nach der Beratung wieder selbst.

Bedeutsam ist hier möglicherweise der Gebrauch von unterstützenden Ritualen, sowohl für den inneren als auch äußeren Abschiedsprozess, sowie ein Rückblick und eine Würdigung von dem, wovon man sich verabschiedet. Rituale können insbesondere den Abschiedsprozess einer Beratung strukturieren. Zeremonielle oder szenische Rituale der Gesellschaft für Abschied ermöglichen ein friedfertiges zukunftsorientiertes Auseinandergehen. Fehlt einem Abschluss diese rituelle Ordnung einer wohlwollenden Verabschiedung, lässt dies Schuldgefühle oder Schuldvorwürfe zurück. Alte Gefühle von Wut oder Ärger können dann bei der Erinnerung erneut an die Oberfläche gelangen.

Es kann ein Übergangsobjekt eingesetzt und installiert werden (Winnicott 1989). Dieses Übergangsobjekt können die Adressatinnen aus der Beratung oder Begleitung heraus symbolisch mitnehmen, wie beispielsweise einen stärkenden Stein, eine Geschichte oder ein Brief, ein Fotoalbum oder eine Metapher. Seit Langem ist dies in der tiefenpsychologischen Behandlung gebräuchlich. Ein Symbol wird ausgesucht, das eine alte Beziehung in eine neue transformiert, zum Beispiel die Ablösung des Kindes von der Mutter in einer Kindertageseinrichtung erleichtert.

Praxisbeispiel: Mitarbeiterwechsel in der Behindertenhilfe

Die Verabschiedung von Mitarbeitern einer Behindertenhilfeeinrichtung wird Auftraggebern, um es angeblich zu erleichtern, erst am letzten Tag verkündet. Danach ist die Atmosphäre in der Einrichtung noch monatelang belastet und herausforderndes Verhalten hat deutlich zugenommen. Hier können längerfristige heilpädagogische Maßnahmen auch als Übergangshilfe oder Lernzeit den Abschiedsprozess rahmen und in der Organisation erarbeitet werden, wie Abschiede gestaltet werden sollten. Es kann ein Fotoalbum über den Prozess der Begleitung angelegt werden, persönliche Geschichtsschreibung kann erfolgen, ein Erinnerungsbuch gestaltet werden, was gleichzeitig Übergangsobjekt sein kann.

Gleichzeit könnte in den Wohngruppen das Thema Abschied nehmen wollen oder müssen bearbeitet werden, um es Auftraggeberinnen zu ermöglichen, dieses Thema gemeinsam zu reflektieren oder zu diskutieren.

Insgesamt ist es für Heilpädagoginnen bereichernd, über Abschlüsse und Beendigung von Begleitung oder Beratung in ihren Organisationen zu reflektieren. Es kann beispielsweise dann keinen guten Abschluss geben, wenn die Hilfeleistung nach Volljährigkeit eingestellt wurde oder ein Abschlussgespräch in der Frühförderung geführt wird, obwohl der Abschlussbericht erst später geschrieben wurde und sich die Familie die Weiterführung der Frühförderung entgegen der Frühförderstelle wünscht und einen entsprechenden Beschwerdebrief an die Frühförderstelle gerichtet hat. In solchen Fällen wird kein gutes Ende gefunden.

5.12.3 Wirksamkeit Systemischer Ansätze

Mittlerweile erfolgte in Deutschland basierend auf Wirksamkeitsstudien und in einem längeren Verfahrensprozess die Anerkennung der Systemischen Therapie als wirksame Methode psychotherapeutischer Verfahren (Sydow u. a. 2006; Schlippe & Schweitzer 2016; vgl. allgemein zur Wirksamkeit von Psychotherapie Schiepek, Eckert & Kravanja 2013; Wirsching & Levold 2014, 544; zur Wirksamkeit von Systemaufstellungen Hunger, Bornhäuser, Weinhold & Schweitzer 2014). Im In- und Ausland gab und gibt es Forschung über den Einsatz von Systemischer Therapie in klinischen Arbeitsfeldern, zum Beispiel durch zahlreiche empirische Studien in China oder den USA (Schlippe & Schweitzer 2016, 23; Shazer & Dolan 2016; Gelin, Cook-Darzens & Hendrick 2017; Scholz 2017).

Auch in Arbeitsfeldern außerhalb von Kliniken werden Systemische Ansätze inklusive ihrer Methoden und Techniken immer beliebter, zum Beispiel werden Messinstrumente zur Messung des familiären Funktionierens und familiärer Dynamiken entwickelt, zum Teil ins Deutsche übersetzt und in der Systemischen Therapie genutzt (Schlippe & Schweitzer 2016).

6 Transfer Systemischer Ansätze in der Heilpädagogik

Bisher sind in diesem Buch Systemische Ansätze in ihrer Nutzbarkeit für heilpädagogisches Denken und Handeln in den Kapiteln eins bis fünf beschrieben und reflektiert worden. Die Systemtheorie als eher übergreifendes Metakonzept steht mit den systemtheoretischen Grundlagen und den daraus abgeleiteten entsprechenden Haltungen für die Heilpädagogik zur Verfügung, um andere Perspektiven zu eröffnen und zu neuem Denken und modifizierten Haltungen zu inspirieren. Vermittelt wird darüber hinaus konkretes systemisches Knowhow für die heilpädagogische Praxis.

Dieses Kapitel befasst sich nun noch einmal verstärkt mit dem Transfer Systemischer Ansätze in die Heilpädagogik mit dem Fokus auf Schnittstellen und unter der Fragestellung, wie die Heilpädagogik ergänzt und bereichert werden kann. Anschließend werden die Stärken des Systemischen Ansatzes und das Etablieren einer systemischen Heilpädagogik beleuchtet sowie die Grenzen Systemischer Ansätze in der Heilpädagogik und in ihren Handlungsfeldern ausgelotet.

In der Heilpädagogik werden systemökologische und systemisch-konstruktivistische Konzepte schon seit einigen Jahren rezipiert. Sie haben Innovationen mitgetragen (Hellmann 2006, 76). In den erfolgten Paradigmenwechseln von der Subjektzentrierung (Bundschuh 2010) kam es in der Heilpädagogik zur (öko-)systemischen Betrachtung des Menschen mit Behinderung in seinen Beziehungen und Netzwerken, in seiner Lebenswelt in dem jeweiligen Austausch mit Bezugssystemen wie Familie, Kindergarten, Schule oder Arbeitswelt und der Gestaltung von Teilhabe in allen heilpädagogischen Handlungsfeldern und Institutionen.

Die Wechselbezüglichkeit von Person und Umwelt, das Eingebunden sein von Problemen, Herausforderungen, Verhaltensauffälligkeiten und anderen Zuschreibungen der Adressatinnen in ihren Kontext ist für die Umsetzung von Partizipation und Inklusion höchstrelevant und findet in der Heilpädagogik Berücksichtigung. Behinderung zeigt sich in ihren Ausprägungen in Gestalt sozialer Isolation und in ungleichgewichtigen zwischenmenschlichen Austauschbeziehungen. Diese sind geprägt von einer Asymmetrie in Geben und Nehmen. Systemische Ansätze beleuchten diese Austauschbeziehungen. Sie bieten eine Multiperspektivität und Berücksichtigung der im System entstehenden zirkulären Wechselbezüglichkeiten und ergänzen an dieser Stelle die Heilpädagogik.

In der heutigen Selbstverständlichkeit der Rezeption systemischer Denkansätze in der Heilpädagogik und ihrer Verwendung als theoretische Reflexionsfolien gilt es darüber hinaus, nun den Fokus auf den rückgekoppelten Theorie-Praxis-Transfer in der Heilpädagogik zu setzen. Das nun mehr und mehr verankerte systemische Denken und ein gewisses Verständnis für diese Denkweisen muss durch die Etablierung entsprechender Haltungen, schließlich aus Methoden der Systemischen Ansätze heraus inspiriert werden, um die systemische Praxis in der Heilpädagogik weiter zu implementieren und dieses wiederum theoretisch zu beleuchten. Die in den vorherigen Kapiteln eingeflochtenen Praxisbeispiele verdeutlichen die Facetten und Möglichkeiten des Transfers Systemischer Ansätze in die heilpädagogische Praxis und in die heilpädagogischen Handlungsfelder.

Da wo das heilpädagogische Handeln durch die Systemischen Ansätze beflügelt wird, insbesondere wenn sich für die Adressatinnen sinnhafte Entwicklungen durch selbstorganisierte Prozesse ergeben und die Rückmeldungen der Adressatinnen für sich Zufriedenheit mit Beratung oder heilpädagogischer Unterstützung und der Erreichung ihrer Zielvorstellungen bestehen, ist der Methodenmix und die Verflechtung sinnvoll und empfehlenswert. Vergessen werden darf an dieser Stelle jedoch nicht, dass für die Wirksamkeit von Systemischer Beratung und Therapie wie für andere Therapiearten der Stellenwert der Beziehungsqualität der Beteiligten höher einzuordnen ist als die jeweils verwendeten Tools oder Methoden (Grawe 1994, 1998; Nowak 2017, m. w. N.).

Gleichzeitig gilt es, dies und die Systemischen Ansätze nicht absolut zu setzen, sondern die sichere heilpädagogische Ausgangsbasis mit dem damit verbundenen, maßgeblichen inneren Kompass der Heilpädagogischen Haltung zu behalten. Jedoch ist es möglich, flexibel und kreativ Systemische Ansätze an passenden Stellen einzubeziehen und hilfreiche Haltungen zu integrieren und Methoden umzusetzen. Weitere Ansätze mit anderen Vorgehensweisen sind dann zu verfolgen, wenn deren Einsatz angemessener oder passender wäre oder Systemische Ansätze an Grenzen stoßen.

Keinesfalls ist immer alles umzusetzen. Um aus der Vielfalt zu schöpfen, ist die konstruktivistische Haltung hilfreich. Wenn es den Auftraggeberinnen nutzt, lohnt es sich unterschiedliche Tools zu Hand zu haben und diese anzubieten. Vor allem ist es klug und zielführend, die Prozesse der Selbstorganisation zu stützen, eine ausgeprägte Feedbackorientierung zu verankern und sich von den Adressatinnen den Einsatz einer Methode oder eines Tools als eine für sie sinnhafte und sinnvolle Vorgehensweise bestätigen zu lassen, bevor es an das konkrete Handeln geht.

Insbesondere die Vielfältigkeit der Bedeutungen und Deutungsmöglichkeiten eines Problems eröffnen neue Betrachtungsweisen und Strategien für heilpädagogisches Handeln, zum Beispiel in der Diagnostik, in der Planung und Beendigung von Entwicklungsbegleitung (Förderplanung) oder Beratung.

Die Stärke der Systemischen Ansätze liegt unter anderem in der Flexibilität hinsichtlich der Einsatzmöglichkeiten, dem variablen Setting und in der Kontextualisierung von Problemen. Der Einbezug weiterer Systemmitglieder kann nützlich sein, kann aber je nach Kontext auch beschädigen. Die achtsame Haltung der Heilpädagogin unterstützt dabei, behutsam ihre Vorgehensweisen zu reflektieren und zu begründen. Die Verankerung von systemisch-heilpädagogischem Handeln bedeutet nicht, dass immer oder regelmäßig ganze Familien oder/und ihre Netzwerke einbezogen werden müssen oder im Setting entsprechend Berücksichtigung finden sollten. Allein schon der Einbezug der erweiterten Perspektiven weg von der Indexperson hin zu deren wechselbezüglichen Beziehungen und Interaktionen, also der erfolgten Kontextualisierung der Probleme, können durch einen systemischen

Zugang in einem ›Einzelsetting‹ viele Möglichkeiten und Neues eröffnen. Das systemische Arbeiten im ›Einzelsetting‹ kann insbesondere dann zielführend sein, wenn Selbstorganisation und Empowerment bei erlernter Hilflosigkeit und lang andauernder Bevormundung (zum Beispiel bei einer klassischen ›stationären‹ Heimkarriere) neu und erstmalig für Auftraggeberinnen erschlossen wird.

Gleichermaßen gewinnbringend erweist sich die Idee, dass Adressatinnen für sich Verantwortung übernehmen. Die Idee, dass erst dadurch eine wirkliche Kooperation verankert wird, kann essentiell für gelingende und alle bereichernden Prozesse in Begleitung oder Beratung sein und beispielsweise die Qualität im Prozess von Empowerment (einer Schlüsselvariablen im heilpädagogischen Handeln) erhöhen.

Systemische Ansätze sind grundsätzlich anschlussfähig und können im Einsatz einzelner Methoden sinnvolle Ergänzungen für andere Ansätze bedeuten. Sie können dosiert eingesetzt werden oder zu bestimmten Zeitpunkten in einem zeitlich lang angelegten Unterstützungsprozess relevant werden und andere Perspektiven und Wege als die Eingefahrenen eröffnen. Wichtig sind abrufbare konkrete Kompetenzen und das Wissen um ihre mögliche und sinnhafte Nutzbarkeit, sollte ein Bedarf nach ihrem Einsatz entstehen.

Es lassen sich durch den Methodenmix Synergien für das heilpädagogische Handeln nutzen. Abgesehen von einer gewissen Basis an heilpädagogischen Methoden charakterisiert dies die Heilpädagogik, die sich ja selbst als Wissenschaft von ihren Nachbardisziplinen inspirieren lässt. Lupenreine heilpädagogische Methoden gibt es wenige (Greving 2011) und diese beziehen aber auch zum Beispiel das Betrachten der Person in ihren Verflechtungen und Netzwerken in der Gesellschaft ein. Die Heilpädagogin kombiniert in der heilpädagogischen Praxis Methoden situativ und passt entsprechend daran integrativ Interventionen an.

Ein Methodenmix entsteht, wie an anderen Stellen auch, zum Beispiel im aktuell beliebten personenzentrierten Ansatz, der in der Heilpädagogik als selbstverständlich betrachtet wird, aber seine Wurzeln auch an anderen Stellen hat wie in der humanistischen Psychologie (Breitenbach 2011). Dieser Ansatz stützt sich nun gleichfalls zunehmend auf konstruktivistische Annahmen (zum Beispiel Weinberger & Lindner 2011). Vertreterinnen dieses personenzentrierten Ansatzes präferieren ihre Vorgehensweise für die Lösung von verhärteten Problematiken, die ein Reflexion und längerfristige Veränderung grundlegender Haltungen und Einstellungen erfordern (so in der Erziehungsberatung, vgl. Breitenbach 2011). Dies wird an dieser Stelle nicht bestritten. Jedoch kann bei manifesten Problematiken gleichermaßen mittels systemischer Methoden vorgegangen werden oder mit einem Methodenmix verschiedener Beratungsansätze gleichermaßen längerfristig an Veränderungen von Haltungen und Einstellungen gearbeitet werden.

An dieser Stelle ist die Lösungsfokussierung der SFBT (▶ Kap. 5.5, ▶ Kap. 5.6) mit ihrem flexiblen und kurzfristigen Setting nicht auszuschließen. Insbesondere können der lösungsfokussierte und der ressourcenorientierte Ansatz mit anderen systemischen Vorgehensweisen verbunden werden, wie zum Beispiel der Einbeziehung und der Betrachtung der Mehrgenerationenperspektive, dem Hypothetisieren, der Verwendung systemisch-gestalterischer Methoden oder dem Setzen eines systemökologischen Akzents mit Hilfe einer Netzwerkanalyse oder einer Netzwerkversammlung.

Beleuchtet man die Schnittstellen zwischen personenzentrierten und Systemischen Ansätzen, gibt es auf der Ebene des Mikro- und Mesosystems (▶ Kap. 5.10) Überschneidungen, sind doch in beiden Kommunikation, Interaktion und Verstehen bedeutsam. Unterstützt werden sollen das Ermöglichen von Partizipation und das Lösungen-Finden sowie das eigene Nachdenken der Adressatinnen, um diese in ihrer Selbstorganisation anzuregen und in der Wahrnehmung ihrer Selbstwirksamkeit zu unterstützen – dies alles in gelingender Kooperation möglichst ohne Machtgefälle. Erspüren Adressatinnen ihre Selbstwirksamkeit in der Fokussierung und Umsetzung einer ihrer Lösung für ihr Anliegen oder ihr Problem, entfaltet sich Zuversicht. Dann betrachten und erfahren sie sich in ihren inneren und äußeren Ressourcen. Sie erleben sich erfolgreich, was sie wiederum bestärken und weitertragen oder sogar beflügeln kann. Hoffnung verankert sich.

Verschiedene Ansätze dürfen und sollen in ihrer Vielfalt bestehen. Die gezielte Suche nach Verbindungen und flexiblen Anknüpfungen und Transfers erscheint für die heilpädagogische Praxis nutzbringend und in vielerlei Hinsicht bereichernd, statt an dieser Stelle die Konkurrenz und den Wiederstreit zu forcieren.

Die Einbindung Systemischer Ansätze in heilpädagogisches Handeln kann deren Methodenschätze in die Heilpädagogik implementieren. Diese wären grundsätzlich keine originären Methoden der Heilpädagogik (kritisch dazu insgesamt Greving 2011, 168). Aber so wie hier würde der reflektierte und wohl überlegte Transfer sowie Methodenmix verschiedener Ansätze Mehrwert schaffen, zum Beispiel genau an den Stellen und in den Situationen, an denen bisher systemische Methoden überhaupt nicht angedacht wurden.

Hier soll gleichwohl betont werden, dass es Ansätze sowohl in der Heilpädagogik als auch in der Beratung gibt, die nur begrenzt vermengbar oder kombinierbar sind. Die hier vertretene Sichtweise und Empfehlung, Synergien und Schnittstellen zu suchen und zu nutzen, birgt gewisse Risiken sowie einen hohen fachlichen Anspruch (vgl. so zu integrativen Beratungsansätzen Wagner 2004, 2011).

Klar wurde in diesem Buch herausgearbeitet, dass Systemische Ansätze wie auch andere Beratungsansätze auf bestimmten theoretischen Boden fußen und Denkweisen, Annahmen sowie mit entsprechenden Haltungen und einem spezifischen Menschenbild verbunden sind. Der sichere Umgang mit systemischen Methoden und dem Systemischen Beratungskonzept, ihren Transfer und ihre Kombination mit heilpädagogischem Handeln bedarf der sicheren Legitimation und Begründung eingebunden in eine längerfristige reflexive professionelle Praxis: nämlich zu wissen, was man wann und wie tut – theoriegleitet –, das heißt mit einem rückgekoppelten Theorie-Praxis-Transfer.

In der qualitativen Auswertung von mittlerweile über vierzig Lehr-Lernanalysen (schriftlichen Dokumentationen über die persönlichen Lernerfolge) sowie weiteren vierzig ausgearbeiteten Fallanalysen dokumentierter eigener Beratungspraxis unserer berufsbegleitend studierenden Heilpädagoginnen über den Transfer der im Heilpädagogik-Studium erworbenen Kompetenzen Systemischer Ansätze in die konkrete heilpädagogische Praxis bildet sich klar der Mehrwert ab, den die Heilpädagoginnen für ihre Praxis schöpfen, und die große Bereicherung, die bei der Verknüpfung entstehen. Es gab bei den Lehr-Lern-Analysen und der Umsetzung erster eigener Beratung keine einzige ohne persönlichen und fachlichen Zugewinn.

Die Integration einer systemisch-heilpädagogischen Haltung (▶ Kap. 4) kann statt einer manifesten und starren Haltung Flexibilität und Kreativität in die heilpädagogische Praxis einfließen lassen. Eine reflexive heilpädagogische Professionalität entwickelt sich in der Verknüpfung und Verbindung mit Systemischen Ansätzen. Diese kann von der Heilpädagogin in ihrem Denken aufgespürt und ihrem konkreten Handeln eingesetzt werden.

6.1 Systemische Ansätze als Bereicherung in allen Feldern heilpädagogischen Handelns

Systemische Ansätze können in allen Feldern und Settings heilpädagogischen Handelns in beliebigen Kontexten eingesetzt werden. Im Folgenden werden dazu einzelne Aspekte besonders illustriert.

Das systemische Interview kann sowohl im Einsatz einzelner systemischer Fragen als auch im Ganzen wichtiger Bestandteil einer heilpädagogischen Beratung oder Begleitung in verschiedenen Settings sein. Systemische Fragen inspirieren zu Neuem und setzen bei den Adressatinnen über die Antworten hinaus Akzente zu entsprechend anderem Verhalten. Insgesamt ist die systemische Gesprächsführung in vielfältigen heilpädagogischen Settings und Themenfeldern unterstützend.

Eine systemische Auftragsklärung stellt im Zuge der zunehmenden Komplexität und Vielschichtigkeit der Auftragslagen einer Heilpädagogin ein sehr wertvolles und ergiebiges Werkzeug dar, um schwierige Auftragslagen zu beleuchten und gleichermaßen sich selbst auf klarem Kurs zu halten. Mit dieser Arbeitsweise kann ein hohes Maß an Transparenz und eine Orientierung an der Auftraggeberin verankert werden. Sie stellt die wichtigsten Ressourcen, um Kooperationen gelingend werden zu lassen. Gleichermaßen wird diese Herangehensweise den jeweiligen Auftraggeberinnen und den Adressatinnen gerecht. Heilpädagogik und Systemische Ansätze können sich an dieser Stelle wechselseitig beflügeln. Denn sie haben gleichermaßen den Fokus auf Ressourcenorientierung und Ressourcenaktivierung, um die Handlungsspielräume der Adressatinnen zu vergrößern.

Der Einbezug Systemischer Ansätze ist im heilpädagogischen Setting der Jugendhilfe selbstverständlich geworden und wird dort eingefordert (Kiessl 2015). Je nach Ausrichtung ist er sogar in der heilpädagogischen Spieltherapie (Pielmaier & Simon 2013) im Einsatz. In der Psychosomatik und Kinder- und Jugendpsychiatrie werden Systemische Ansätze mitbedacht und umgesetzt.

Für die Frühförderung steht die Umsetzung schon lange in skizzierter familienorientierter Ausgestaltung der Angebote an (Sarimski, Hintermair & Lang 2013, 10; Kilian 1989; Steinebach 1997). Dort werden Systemische Ansätze trotz mangelnder Abrechnung an manchen Frühförderstellen praktiziert und zunehmend als Leistung eingefordert (VIFF-NRW 2016, 1 ff.). Auch in weitere heilpädagogische Settings im Kontext von Kindern, Jugendlichen und Familien werden Systemische Ansätze praktiziert und gerne oder sogar obligatorisch eingesetzt, wie zum Beispiel in den Psychologischen Beratungsstellen (Erziehungsberatungsstellen) oder in einem heilpädagogischen Dienst an Schulen, in der Anleitung oder Beratung von Inklusionsassistentinnen sowie in den Übergängen von der Schule zum Beruf in berufsvorbereitenden Maßnahmen.

Familienorientierte und Netzwerkorientierte Herangehensweisen sind verstärkt im anglo-amerikanischen Ausland, Kanada, Skandinavien und Neuseeland mit Verankerung der familienorientierten Hilfen in den Hilfesystemen im Einsatz (▶ Kap. 5.10.2). Dieser andersartige Ansatz hat sich in seiner Konsequenz noch nicht in der deutschen Sozialgesetzgebung niedergeschlagen.

Ein sozialpolitisches Konzept könnte die Berücksichtigung Systemischer Ansätze bei verfügbarer sozialrechtlicher Leistung und finanzieller Ressource absichern und somit die Verbreitung und den Einsatz deutlicher ermöglichen als bisher. Im Leistungskatalog der Jugendhilfe §§ 28–35, insbesondere im Rahmen der Sozialpädagogischen Familienhilfe nach § 31 SGB VIII, kann in den Hilfen zur Erziehung die systemische Perspektive umgesetzt und finanziert werden.

Erforderlich wäre zu einer strukturell, organisational und finanziell tragenden Umsetzung in Deutschland die Entsäulung des deutschen Sozial-(Leistungs-)Systems als eine wichtige Weichenstellung. Vereinzelt stellen Träger Sozialraumbudgets zur Verfügung die nutzbar gemacht werden könnten.

Der reflektierte Einsatz systemischer Denkweisen und Methoden kann in der heilpädagogischen Begleitung von Erwachsenen an vielen Stellen nutzbringend sein. Dies gilt für die klinischen Arbeitsfelder im Umgang mit seelischen Behinderungen genauso wie in der Behindertenhilfe oder in der Suchthilfe, in Sozialpsychiatrischen Diensten im Umgang mit Menschen mit seelischen oder/und geistigen Behinderungen sowie ihren Angehörigen (so aktuell für letzteren Personenkreis Hermes 2017 mit vielen gelungenen Beispielen der Anwendung).

Im Zuge der weithin voranschreitenden Ambulantisierung der Behindertenhilfe sowie dem nun gefragten sozialräumlichen, klassisch gemeinwesenorientierten Arbeiten bestehen wachsende Bedarfe nach Netzwerkarbeit, psychosozialer Begleitung und Beratung in ambulanten und aufsuchenden Settings (Kiessl & Herwig-Stenzel 2017). Gleichzeitig erfordern komplexe Problematiken längerfristige Beziehungsarbeit, das Wachsen einer vertrauensvollen Beziehung (eine Kerntätigkeit der Heilpädagoginnen), um Stabilität und eine sichere Basis als Grundlage für Beratung und konstruktive Begleitung zu schaffen. Für Systemische Beratung von Menschen mit Behinderung betonen Caby & Caby (2013) die Erforderlichkeit einer besonderen Kompetenz der Beraterin, Anschlüsse für Kommunikation zu eröffnen und sich auf die Klientin mit Behinderung einzulassen. Dies ist etwas, das bei jeder Auftraggeberin bedeutsam ist und gleichermaßen eine heilpädagogische Basis- und Schlüsselkompetenz darstellt, die die Heilpädagogin besonders elegant umsetzen kann.

Keinesfalls obsolet wird das fallspezifische Arbeiten mit einem passgenauen Konzept für individuelle Bedürfnisse und Bedarfe der Adressatinnen und ihrem sozialen Netzwerk. Im Zuge der aktuellen Gesetzesreform und der Implementation des Bundesteilhabegesetzes (BTHG) besteht eine Nachfrage nach heilpädagogischer Kompetenz und heilpädagogischer Fachlichkeit, die nun gesetzlich geforderte Unabhängige Teilhabeberatung für die »Auftraggeberinnen« (hier hält dieser Begriff Einzug) nach dem BTHG auszufüllen. Bei diesem beratenden Tätigkeitsfeld können Elemente Systemischer Ansätze in der Beratung einzelner Personen sowie des gesamten sozialen Netzwerks gut umgesetzt werden.

In den Einrichtungen der Eingliederungshilfe ergeben sich vielfältige Felder des Einsatzes Systemischer Ansätze, wie zum Beispiel in der Beratung von Angehörigen und dem sozialen Umfeld durch zuständige Bereichsleitungen oder die Teilhabemanagerin. Die Partizipation der Familie und der Netzwerke sind für die Planung und Erbringung personenzentrierter Teilhabeleistungen möglichst strukturell zu verankern und vor allem der Blick auf Eltern und Geschwister ist nicht zu vernachlässigen und immer neu zu justieren (Dieckmann 2018, 102). Eltern und Geschwister sind häufig wichtige Unterstützer – auch für Erwachsene mit Behinderung. Sie übernehmen die rechtliche Betreuung, fungieren als Ansprechpartnerinnen bei der Koordination von Hilfen und zur Fürsprache bei komplexen Beeinträchtigungen in der digitalen (verbalen) Kommunikation. Im Zusammenspiel mit Wohndiensten gilt es, die unterschiedlichen Rollen und Aufträge zu würdigen und Kooperationen nutzbringend und lebendig zu gestalten sowie die Familie und die Netzwerke einer Adressatin wertschätzend zu würdigen und als Ressourcen zu betrachten.

Insbesondere dann, wenn die Unterstützungsleistungen nun konsequent nach den Wünschen und Bedarfen der Adressatinnen ausgerichtet werden sollen, kann die systemische Netzwerkarbeit zum Beispiel bei der Einführung von Unterstützungskreisen zur Verstärkung der sozialen Netzwerke, bei den Interaktionen im Sozialraum zur Verwirklichung von Teilhabe und bei der Lobbyarbeit hilfreich sein. Runde Tische und Fachkonferenzen und ihre entsprechenden Aushandlungsprozesse können mit systemischen Methoden initiiert, moderiert und durchgeführt werden. Insbesondere gilt es hier, den organisational noch teilweise stark verwurzelten traditionellen Fokus auf Behinderung als individuelles Problem statt als soziale Kategorie noch deutlicher zu verabschieden und den zeitgemäßen professionellen Auftrag, nämlich die Teilhabechancen zu vergrößern, konsequenter zu vollziehen und Systemischen Ansätzen Raum für die Umsetzung zu verschaffen.

Sowohl in den Werkstätten für Menschen mit Behinderung als auch im Einsatz als Job-Coaches können systemische Werkzeuge nutzbringend eingesetzt werden. Systemische Ansätze sind vielfältig und sowohl in der Arbeitswelt der Menschen mit Behinderung und im Job-Coaching als auch in der heilpädagogischen Arbeitswelt gebräuchlich.

Selbst (!) in der Begleitung älterer Menschen in der letzten Lebensspanne können systemische Haltungen und einzelne methodische Elemente hilfreich sein, zum Beispiel in der Beratung von Menschen beispielsweise zu den Themen Selbstbestimmung am Lebensende, Älterwerden und Verlust der Selbständigkeit, altersentsprechendes Wohnen, Patientenverfügung und Bevollmächtigung. Insbesondere können die systemische Herangehensweise und die Beratung aller Systemadressatinnen hilfreich sein, gangbare und humane Wege des Älterwerdens passgenau zu erschließen und zur Lebensqualität im Alter für alle Beteiligten beizutragen. Dies gilt auch dann, wenn die Heilpädagogin in einer Wohneinrichtung für ältere Menschen tätig ist und es strukturell gefordert wird, dass sie (mit entsprechender Grundausbildung) pflegende Tätigkeiten mit übernimmt.

6.1 Systemische Ansätze als Bereicherung in allen Feldern heilpädagogischen Handelns

Insgesamt ergibt sich darüber hinaus für soziale Dienste und Einrichtungen vielfältiger Hilfeformen das Coaching von Führungskräften, die Beratung von Teams und Organisationen, die Aktivierung von Großgruppen oder das Bestreben, Kooperationen mit anderen Organisationen wirksamer werden lassen, als weitere Einsatzfelder systemischer Ansätze. (Schlippe & Schweitzer 2016, 294). Heilpädagogische Fachkräfte in der Führung von Organisationen sowie in Stabstellen, zum Beispiel in der Personalberatung oder Organisationsentwicklung, können diesbezügliche Kompetenzen für ihre Organisation und eigene Arbeitsweisen gut nutzen.

Heilpädagogik ist unter anderem eingebunden in das »Erziehungssystem«, in das »Gesundheitssystem« und in das »Sozialsystem«, um Exklusionsprozesse zu bearbeiten und zu reduzieren und Exklusionsvermeidung in den genannten Systemen und an den Schnittstellen zu anderen gesellschaftlichen Teilsystemen zu praktizieren (Moser 2003, 160).

Die Eröffnung inklusiver Räume, das Vergrößern von Teilhabe und das Verringern von Exklusion ist in allen »Exosystemen« wie dem »Erziehungssystem«, »dem Gesundheitssystem«, dem »Eingliederungshilfesystem« durch die systemische Betrachtungsweise nachhaltiger möglich, insbesondere wenn die Adressatinnen und ihre sozialen Netzwerke mit entsprechender Vernetzungskompetenz und Netzwerkarbeit systemökologisch unterstützt werden und sozialpolitisches Engagement selbstverständlicher wird (Kiessl & Herwig-Stenzel 2017). Das sozialpolitische Engagement der Heilpädagoginnen und eine gewisse und bewusste professionelle Einflussnahme auf das Makrosystem sind zusätzlich bedeutsam an den Stellen, an denen sich für die Heilpädagoginnen Möglichkeiten dazu eröffnen.

In der Fall- und Hilfesystemkoordination durch die Heilpädagogin gewinnt das Case Management zunehmend an Bedeutung. Es dient dem Fall- und Systemmanagement, unter anderem auch in der Teilhabeplanung und in der Umsetzung des neuen BTHG (König, Wolf 2018). Innerhalb des Case Managements werden zahlreiche systemische Tools und Techniken eingesetzt. Heiko Kleve hat die vier Verfahrensschritte des Case Managements mit systemischen Methoden unterlegt und auf sechs Phasen erweitert, so ersichtlich in folgender Abbildung (▶ Abb. 15) zum systemischen Case Management (ausführlich Kleve 2014, 290).

> **Vielfalt und interdisziplinäre Sprachfähigkeit**
>
> Der systemisch-konstruktivistische Ansatz verstärkt die Idee, Vielfalt und einen gewissen Wertepluralismus als Bereicherung zu sehen und es auszuhalten, wenn etwas mehrdeutig oder unbestimmbar ist, ja den Umgang damit und das Lernen an der Vielfalt und Vielstimmigkeit entsprechend zu fördern. Diese Haltung kann das interdisziplinäre Handeln und die Teambildung sehr gut unterstützen und die Kultur einer Organisation entsprechend verändern. Der systemisch-konstruktivistische Ansatz ist hilfreich, Vielfalt in Teams als Bereicherung zu betrachten. Im Zuge der wachsenden Nachfragen nach systemischen Kompetenzen entwickelt sich in der Auseinandersetzung der Heilpädagoginnen mit Systemischen Ansätzen über methodisches Knowhow hinaus eine damit verbundene interdisziplinäre Sprachfähigkeit.

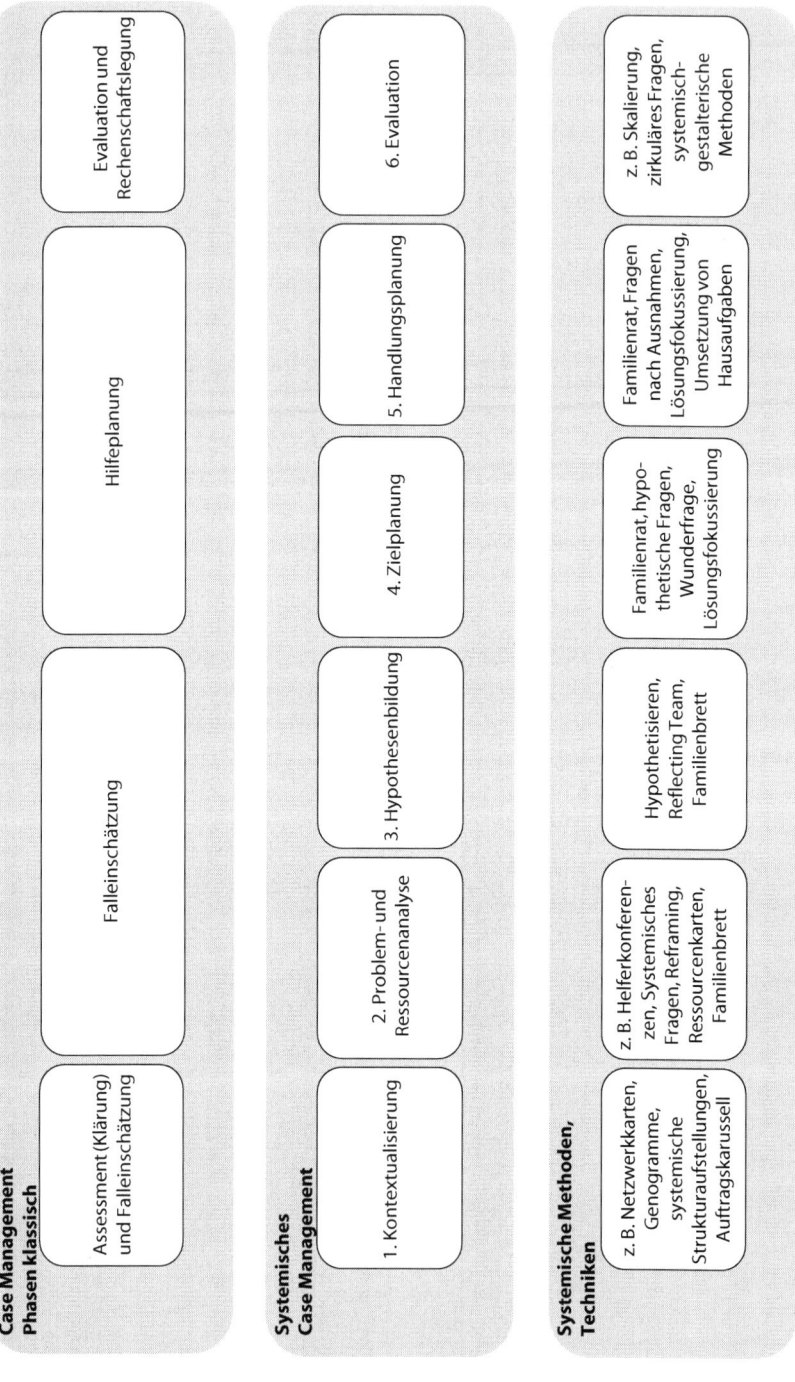

Abb. 15: Das systemische Case Management im Vergleich zum klassischen Case Management, eigene Darstellung

6.2 Grundlagen der Systemischen Heilpädagogik

Wichtig ist es, sehr klar zu formulieren und zugleich zu fordern, dass eine Systemische Heilpädagogik mehr ist und mehr sein muss als Systemische Therapie und Beratung. Durch die vielen Synergien und die sichere Basis und Verankerung in der eigenen heilpädagogischen Fachlichkeit und Professionalität besteht keine Gefahr der Verwässerung der Heilpädagogik, sondern ermöglicht werden die kontinuierliche fachliche Weiterentwicklung und rückbezüglichen Anpassungsleistungen an veränderte Kontextbedingungen.

Durch den Import Systemischer Ansätze in die heilpädagogische Praxis eröffnet sich für diese eine Quelle an Inspiration, Neues zu integrieren, heilpädagogisches Handeln mit den entsprechenden Methoden zu modifizieren oder an der Schnittstelle zwischen Systemischen und heilpädagogischen Ansätzen Neues zu kreieren, aufgeschlossen über Übergänge und Transfer nachzudenken und sich fachlich vertiefend mit einer gewissen Neuorientierung aufzustellen. Auf diese Weise können Bildungsprozesse ermöglicht, Entwicklung begleitet und Kompetenzen für das möglichst barrierefreie Leben in der Gemeinschaft gestärkt werden.

Wie aus folgender Abbildung ersichtlich wird (▶ Abb. 16), kann die Neubenennung »Systemische Heilpädagogik« (statt allein den Fokus »System Heilpädagogik« zu setzen) den vollzogenen Entwicklungen und erfolgten Paradigmenwechseln sowie einer florierenden systemisch-heilpädagogischen Praxis konsequent Rechnung tragen und ist deshalb nicht widersprüchlich.

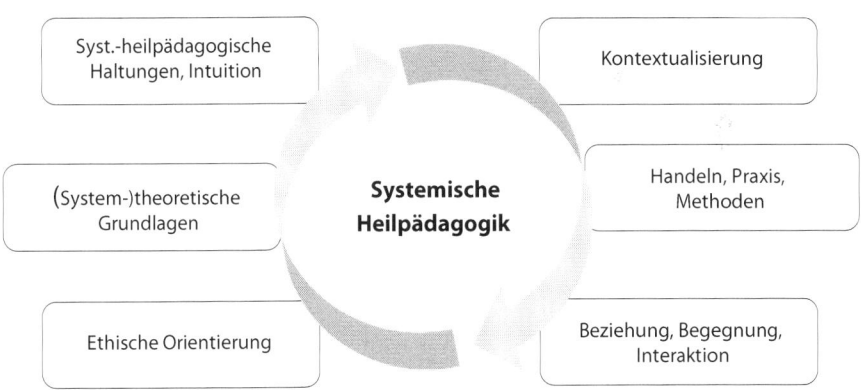

Abb. 16: Systemische Heilpädagogik, eigene Darstellung

6.2.1 Grenzen der Systemischen Ansätze in der Heilpädagogik

In heilpädagogischer oder aber vor allem auch in anderer psychosozialer Praxis fällt ein gewisser inflationärer Gebrauch des Begriffs systemisch ins Auge – jedweder Tätigkeit und Ausrichtung wird gerne das Label »systemisch« verpasst, ohne einen tatsächlichen und fundierten Theoriebezug herzustellen (so kritisch Kühl 2015, 332) und die Methodenkompetenz reflektiert und fundiert zu erarbeiten. Letztere bedarf je nach Arbeitsfeld ein umfänglicheres Training durch Weiterbildung oder Studium sowie einer Verankerung in entsprechend kollektiv weitergebildeten Teams und Organisationen und einer entsprechenden umfassenden Organisationsentwicklung (so zum Beispiel mit SYMPA in der Psychiatrie umgesetzt und erforscht, Schweitzer & Nicolai 2010; Bors & Studer 2007; auch mit Netzwerkdialogen, Seikkula & Alakare 2015). Dann erst kann das systemische Denken in der Praxis nutzbringend implementiert werden. Eine systemisch-heilpädagogische Haltung entwickelt sich in diesem Theorie-Praxis-Transfer, um verantwortlich zu begleiten.

Wie in anderen Bereichen und Themenfeldern in der heilpädagogischen Praxis eröffnen sich im Umgang und bei der Implementation Systemischer Ansätze Ambivalenzen und Diskrepanzen. Diese lassen sich teilweise nicht auflösen und sind mit entsprechender heilpädagogischer professioneller Präsenz auszuhalten, bis sich neue Wege oder Möglichkeiten eröffnen.

Nimmt man beispielsweise die Bedeutung von Empowerment in der SFBT nach Shazer (▶ Kap. 5.5.2) mit ihrer radikalen Orientierung an der Nutzung von dem, was die Adressatinnen mitbringen, um deren Lösungsideen für ihre Probleme zu unterstützen, eröffnet sich eine systemische Haltung frei von hierarchischem Denken. Die Heilpädagogin kann sich dann davon freimachen, ›Fachfrau‹ oder ›Expertin‹ zu sein und daraus den eigenen Status und eine gewisse existentielle Rechtfertigung herauszuziehen. An manchen Stellen in den heilpädagogischen Arbeitsfeldern und verbunden mit eingefahrenen Haltungen gilt es für eine Heilpädagogin, sich konsequent von ihrem ›Expertenstatus‹ zu verabschieden – was eine radikale Veränderung ihrer Haltung bedeutet.

Zum Beispiel wird in der Eltern- und Erziehungsberatung im Rahmen einer heilpädagogischen Entwicklungsbegleitung die Vermittlung ihres kompetenten Fachwissens gefragt. Häufig sind in diesem Kontext die Adressatinnen an konkreten Tipps und Ratschlägen interessiert und weniger offen, ihre eigenen Lösungen zu entwickeln. Es wäre zunächst bequem, an dieser Stelle die deutlich kompetentere und versiertere Fachfrau mit Ratschlägen zu bleiben, statt den radikalen Haltungswechsel zu vollziehen und diesen konsequent in der Erziehungsberatung zu vertreten. Zunächst gilt es, die entstehende Unsicherheit und ein mögliches ›Vakuum‹ auszuhalten und dieses nicht gleich wieder mit Ratschlägen zu füllen. So können neue von den Adressatinnen initiierte Wege beschritten werden. Die Heilpädagogin kann sich durch diese Veränderung und die Erfahrung gelingender Selbstorganisationsprozesse und Kooperation andere persönliche und fachliche Kompetenzen zugestehen, die den Auftraggeberinnen sofort zu Gute kommt. Gelingt der Heilpädagogin dieser Switch und setzen beispielsweise die Eltern ihre selbst entwickelten Lösungsideen in der Erziehungspraxis um, erfahren sie Erfolg und Bestärkung sowie Selbstwirksamkeit aus sich heraus, statt weiter von wohlmeinenden Ratschlägen abhängig zu sein, und kommen dennoch gerne wieder in die Beratung (!).

Es kann aber kontextbedingt Arbeitsbedingungen geben, die ein ›advokatorisches‹ Begleiten oder Beraten erfordern, oft nicht systemischen Haltungen entsprechend und mit geringem Interesse daran, die Selbstorganisation von Adressatinnen tatsächlich zu unterstützen. In diesen Fällen ergeben sich bei der Auseinandersetzung der heilpädagogischen Fachkräfte Grenzen des Transfers Systemischer Ansätze in ihre Arbeitsfelder, besonders wenn diese eher wenig systemisch geprägt sind und der Einsatz institutionell eher abgelehnt wird. Jedoch können beispielsweise ›Psychoedukation‹, Training von Fertigkeiten, Coachings oder Job-Coachings durchaus mit Systemischen Ansätzen verknüpft werden.

Das Verfolgen Systemischer Ansätze wird in der Praxis erschwert, sogar in Handlungsfeldern, in denen explizit ›Elternarbeit‹ stattfinden soll wie etwa in einer Kindertagesstätte. Elternberatung und Elternarbeit (Elternbildung) wird abgelehnt, teilweise mit der Begründung, dass dafür keine Zeit vorhanden ist oder die Rahmenbedingungen ungünstig sind (vgl. dazu die qualitative Studie von Sodogé & Eckert 2007). Möglicherweise gilt es in diesen Fällen zu sensibilisieren hinsichtlich der Praxistauglichkeit und Wirksamkeit sowie dem Mehrwert, den gelingende Kooperationen für alle Beteiligten entfalten können. Es ergibt eine Zeitersparnis trotz Verankerung und Ausbau entsprechender Beratungsmöglichkeiten. Die Nutzung vielfältiger Ressourcen kann Entwicklungen und das heilpädagogische Handeln unterstützen und erleichtern.

Ist die Begleitung zu sehr am Problem oder Symptom festgezurrt, bleibt der Raum für Beratung, besonders für lösungsfokussiertes Arbeiten, begrenzt. In diesem Fall muss das Bewusstsein für die Relevanz des Kontexts und des Umfelds für die konkrete Begleitung von Adressatinnen geweckt und über systemische Arbeitsweisen informiert werden.

In der Praxis, insbesondere in einigen heilpädagogischen Handlungsfeldern besteht darüber hinaus das Erschwernis, Organisationsformen zu finden, in denen Heilpädagoginnen nach Systemischen Ansätzen arbeiten können. Beispielsweise im Kontext der Behindertenhilfe oder der Werkstatt für Menschen mit Behinderung gibt es regelrechte »blinde Flecken«, obwohl es Bedarfe nach Beratung (sowie allgemein sogar nach Psychotherapie; Glasenapp 2011; Buchner 2008) der Auftraggeberinnen und Angehörigen gibt. Sabine Stahl mit ihrem (nicht-systemischen) Beratungsansatz (2012) und Veronika Hermes (2017) mit ihrem systemisch-ressourcenorientierten professionellen Hintergrund sind in diesem Handlungsfeld »Beratung von Menschen mit geistiger Behinderung« – obwohl beide keine Heilpädagoginnen sind – erfolgreiche Pionierinnen in der konkreten und machbaren Umsetzung. Diese Beratungen gelingen dann, wenn die Einrichtungen entsprechend bereit sind, diese Form der Beratung der Auftraggeberinnen mit entsprechenden personellen und finanziellen Ressourcen auszustatten.

Die verantwortlichen Organisationen müssten den Mehrwert an Qualität erfassen und diesen entsprechend in den Leistungsvereinbarungen als Leistung verankern können und dafür günstige institutionelle Rahmenbedingungen schaffen. Dann kann es gelingen, Systemische Ansätze konzeptionell und organisational zu verankern.

Die Anfragen der Kostenträger nach systemischen Arbeitsweisen und dem Verfolgen Systemischer Ansätze sind in manchen Handlungsfeldern gering ausgeprägt. Diesbezüglich werden Anfragen an die sozialpolitischen Adressatinnen gestellt, um die Finanzierung der Beratung der Familien oder Eltern für beispielsweise

Frühförderleistungen ermöglich zu bekommen (vgl. VIFF-NRW 2016). Die Vereinigung für Interdisziplinäre Frühförderung VIFF fordert das für die Frühförderung. Dies gilt es in anderen Praxisfeldern gleichermaßen zu forcieren, verbunden mit einem berufsverbandlichen Engagement. Selbst in der Tätigkeit in einer heilpädagogischen Praxis, in der es viele Möglichkeiten gibt, in die heilpädagogische Begleitung beispielsweise eines Kindes sein sich dahinter entfaltendes System einzubeziehen, systemisches Knowhow praxistauglich umzusetzen und nach Systemischen Ansätzen zu arbeiten, scheitert dies an vorhandenen Auftragskollisionen oder Schwierigkeiten in der Abrechnung.

Leider gibt es in der Heilpädagogik in manchen Einsatzbereichen keine speziellen (heilpädagogischen) Beratungsangebote. Die anderen heilpädagogischen Angebote und Dienstleistungen enthalten jedoch häufig Elemente von Beratung. Dass ausgewiesene Beratungsangebote selten sind trotz wachsender Bedarfe (das ändert sich derzeit möglicherweise, siehe zum Beispiel die Verankerung der unabhängigen Teilhabeberatung nach dem BTHG oder neuere Entwicklungen in der anstehenden Reform des SGB VIII), liegt an den (noch) mangelnden Abrechnungsmöglichkeiten im Hilfesystem.

In anderen Arbeitsfeldern wie zum Beispiel im Einsatz als heilpädagogische Familienhilfe nach dem SGB VIII ist eine Abrechnung entsprechender Fachstunden wiederum möglich. In den Jugendhilfeeinrichtungen wird häufig nach Systemischen oder systemisch-lösungsfokussierten Ansätzen gearbeitet, es ist sogar ein Qualitätserfordernis. Explizit formuliert und regelrecht gefordert werden diesbezügliche Kompetenzen, Qualifikationen oder entsprechenden Weiterbildung der Mitarbeiterinnen – teilweise mit entsprechender Kostenübernahme oder Implementation von ganzen Inhouse-Schulungen. Es werden Angehörige in die Arbeit einbezogen und entsprechend begleitet, insbesondere im familientherapeutisch-heilpädagogischen Dienst oder in Kitas tragen gute Kooperationen zu Eltern zur Reputation und Qualität der Einrichtung bei (Sodogé & Eckert 2007, 208).

Ein wachsender Bedarf nach Supervision und Fallbesprechungen in interdisziplinären und heilpädagogischen Teams und Gruppen trägt zur Sensibilisierung für die Systemischen Ansätze und die Etablierung einer reflexiven heilpädagogischen Professionalität mit entsprechenden Beratungskompetenzen bei. Daraus ergibt sich ein Bedarf an Heilpädagoginnen, die diese Kompetenzen zum Beispiel zum Einsatz im Reflecting Team (▶ Kap. 5.8) mitbringen. Das kreative Wissen eines Teams oder einer Gruppe und die entsprechende Reflexion zu Gunsten einer qualitativ hochwertigen Versorgung und Begleitung können vor allem auch in der Eingliederungshilfe zur Kultur werden. Beispielsweise in der Schweiz gibt es in Einrichtungen der Behindertenhilfe regelmäßige und finanzierte Teamsupervisionen – auch nach Systemischen Ansätzen.

Zum Beispiel könnte die Triangulierung eines Kindes zwischen der Heilpädagogin als Helferin und den Eltern in einer systemischen Fallsupervision reflektiert und vermieden werden. Um Kinder oder Jugendliche in ihren Loyalitätskonflikten zu entlasten, bedarf es einer gelingenden Kooperation mit den Eltern, besonders wenn sie stationär untergebracht wurden. Statt als Unterstützerin in Konkurrenz zu den Eltern zu treten, diese damit zu entwerten, indem ihnen ihre Kompetenz für ihr Kind abgesprochen wird oder indem die Heilpädagogin selbst gezielt als liebevolles und angemessen Grenzen setzendes Rollenmodell an Stelle der Eltern auftritt, erfolgt die familienzentrierte Betrachtung und Unterstützung.

6.2.2 Sprachliche und kognitive Ressourcen

Aus Einschränkungen der Adressatinnen hinsichtlich der Kognition, insbesondere der Abstraktionsfähigkeit oder der Fähigkeiten, sich sprachlich auszudrücken und sprachbasierte Kommunikation verstehen zu können, ergeben sich Grenzen für den Einsatz Systemischer Ansätze in der Heilpädagogik. Insbesondere dann, wenn vorsprachliche Kommunikation entschlüsselt werden muss, entweder mittels des Einsatzes von Unterstützter Kommunikation oder mittels heilpädagogisch geschulter Beobachtung von Körperhaltung, Gestik, Mimik und Atmung.

Systemische Ansätze bemessen dem Interviewen und den Erzählungen der Adressatinnen sehr viel Bedeutung zu und sind trotz Einbezug des non-verbalen Erzählens (Seikkula & Arnkil 2007) dennoch besonders an das Medium Sprache gebunden (Levold 2014c, 67). Dies betrifft über narrative Ansätze hinaus auch kybernetische und konstruktivistische Ansätze.

Systemische Ansätze erscheinen schwer transportierbar in Kommunikationen, die weniger sprachgebunden, sondern analog verlaufen. In Settings, in denen die Alltagsbegleitung und Pflege zum Beispiel im ambulanten Wohnen in der Behinderten- oder Jugendhilfe oder in einer heilpädagogischen Familienhilfe mit der Einbeziehung von Kindern mehr Bedeutung erfährt als die sprachgebundene Kommunikation, die ja an eine gewisse Grundkompetenz an verbalem Ausdruck oder Eloquenz gekoppelt ist, stoßen Systemische Ansätze möglicherweise an Grenzen.

In diesen Fällen bildet die Heilpädagogik mit ihrer beziehungsstiftenden Haltung und mit ihren Methodenschätzen wiederum ein Pendant unter anderem durch den Einbezug kreativer, visualisierender und gestalterischer Methoden, die gut an analoge Kommunikation anknüpfen, gegebenenfalls Leichte Sprache oder Unterstütze Kommunikation einsetzen. Heilpädagogische Interventionen sollen die Situation der Auftraggeberinnen verbessern, sie sind personenzentriert. Gleichzeitig erweist sich die intensive Beschäftigung mit dem Umfeld und den Netzwerken der Klientinnen als besonders wichtig.

Des Weiteren entwickelten sich verhaltensorientierte Richtungen Systemischer Arbeit, beispielsweise durch das Inszenieren szenischer Bilder oder Gestalten sowie durch die Beobachtung von Verhalten in Videoanalyse oder, indem in der Beratung Aktivitäten im Vordergrund stehen (Bleckwedel 2010; Schwing, Fryszer 2012, 44 mit einer tabellarischen Gegenüberstellung). Strukturelle, erlebnis- oder wachstumsorientierte sowie strategische Ansätze (zum Beispiel Satir, Gammer, Minuchin oder Whitaker) greifen Anregungen aus Psychodrama, Körper- oder Gestalttherapie auf, die ja zum Teil schon auf anderen Wegen Eingang in das heilpädagogische Handeln und in die heilpädagogische Praxis gefunden haben. Dies wird in Kapitel 5.11 näher betrachtet (▶ Kap. 5.11; vgl. ferner Hermes 2017).

Die systemischen Haltungen mit ihrer Neutralität und Offenheit (▶ Kap. 4) lässt viel Raum für das Erleben und Empfinden sowie dafür, den vorhandenen Ressourcen vorurteilsfrei und achtsam nachzuspüren. Gleichzeitig sind Beobachtungen per se Konstruktionen (▶ Kap. 2.4) und in diesem Kontext genauso sensibel zu betrachten und stehen zu lassen wie diejenigen aller anderen Adressatinnen in Beratung oder Begleitung.

Ein gewisser Level an Reflexions- und Abstraktionsfähigkeit ist unabdingbar, führt aber auch bei anderen Ansätzen zu entsprechende Grenzen oder Barrieren. Zum Beispiel kann im Umgang und in der Begleitung von Menschen mit einer sogenannten diagnostizierten Autismus-Spektrum-Störung und ihrem Umfeld die Psychoedukation und das verhaltensorientierte Erarbeiten von Handlungsstrategien gefragt sein – genau wie Anleitung und Bedarfe nach konkretem Fachwissen, um entsprechende Verhaltensweisen zu verstehen. Interessant wäre es hier, den mentalisierungsbasierten Systemischen Ansatz umzusetzen und sich hier auf die systemische Betrachtung des ›Problems‹ zu stützen (vgl. Nashef & Mohr 2017, zu basalem Arbeiten an Gefühlsausdrücken vgl. Hermes 2017).

Insgesamt kann eine Begleitung nach Systemischen Ansätzen zunächst einmal zeitintensiver sein, was aber auch für heilpädagogische Begleitung ohne den Einsatz von systemischem Knowhow bei erschwerten Bedingungen und Barrieren gilt. Gleichermaßen kann es erforderlich sein, verkürzte Beratungszeiten einzusetzen, da eine längere Einheit zu anstrengend wäre (zum Beispiel können 30 Minuten statt 60 oder 90 Minuten ausreichend sein). Systemische Fragen können in ihrem Niveau sukzessive heruntergebrochen werden, und ein reines ›offenes‹ Fragen kann durch geschlossene Fragen ergänzt werden (vgl. dazu ebd., 166 ff, für Auftraggeberinnen mit geistiger Behinderung).

Eigene Erfahrungen sowie die Erfahrungen von Heilpädagoginnen, die in diesen Feldern tätig sind, empfehlen an diesen Stellen den Einsatz kreativer und gestalterischer Methoden oder Methodenanpassungen, die insbesondere mit Visualisierung arbeiten. Eingesetzt werden können Kärtchen, Symbole, Klötze, Spielfiguren, es kann mit Fotografie (zum Beispiel über Handy) oder mit Videoaufzeichnung von Interaktionen gearbeitet werden. Für das videobasierte Arbeiten sind Methoden wie Marte Meo nach Maria Aarts oder Video-Home-Training kompatibel mit systemischer Praxis (Hawellek 2012; Kiessl 2015; Schepers & König 2000).

Die Anforderung an Adressatinnen, Veränderungsbereitschaft und Motivation zu gerieren und Lösungen zu fokussieren, können in schwierigen Lebenslagen hoch sein, um die Auftragsklärung entsprechend hinzubekommen oder Lösungen zu erarbeiten, da zunächst Ressourcen entwickelt oder mobilisiert werden sollten. Shazer und Dolan (2016) sehen dies jedoch nicht als Grenze oder Hindernis an, da beispielsweise die SFBT auch in schwierigen Kontexten und bei gering vorhandenen persönlichen Ressourcen einen praktikablen Ansatz darstellt. Insbesondere kann hier durch die Einbindung des Umfelds zum Beispiel in einer Familiengruppenkonferenz Beratung und Begleitung stattfinden.

Eine weitere Ambivalenz besteht bei der Unterstützung von Selbstorganisation und Empowerment (▶ Abb. 17). Das kann besonders dann der Fall sein, wenn eigentlich transparent an der Ermöglichung von Selbstbestimmung und Selbstorganisation angesetzt wird, es von Auftraggeberinnen im Umfeld aber einen Eingriffs- bzw. Kontrollauftrag zum Beispiel nach § 8a SGB VIII gibt und den Adressatinnen Bedingungen gestellt bzw. Sanktionen angedroht werden.

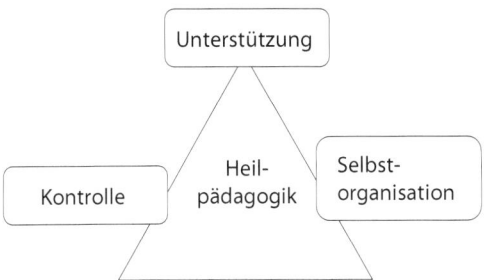

Abb. 17: Heilpädagogische Unterstützung im Spannungsfeld, eigene Darstellung

In diesen Fällen ist es nur mit entsprechend modifizierter Haltung möglich, nach Systemischen Ansätzen bewusst und transparent zu arbeiten (Kiessl 2015). So arbeitet zum Beispiel Cloé Madanes als Vertreterin des strategischen Ansatzes (Madanes 2002). Akzeptiert die Heilpädagogin ihre Kontrollautorität und sich selbst als in einer kontrollierenden Beziehung stehend, kann es ferner hilfreich sein, Kontrolle als Empowerment zu betrachten, und auf die Stärkung der Selbstkontrolle der Adressatinnen hinzuarbeiten. Denn unterdrückende Kontrolle würde die Autonomie der Adressatinnen beschränken (Seikkula & Arnkil 2007, 62). Laut Ritscher (2016, 205) ist es aber wünschenswert, »dass hier systemisches, ressourcen- und entwicklungsorientiertes Denken als Leitlinien des professionellen Handelns dienen«.

6.2.3 Profession, Kompetenzen, Passungen

Nach Heimlich (2004, 258) umfassen heilpädagogische Kompetenzen »stets Handlungs- und Reflexionskompetenz und beziehen sich sowohl auf Theorie als auch auf Praxis.« Heilpädagogische Kompetenz besteht aus einem zweckgerichteten Können, verantwortenden Handeln und vernunftgeleiteten Denken (ebd.). Basale Kompetenzen entstehen in einer mehrjährigen persönlichen und fachlichen Entwicklung und durch Lernen. Sie sind eingewoben in die eigene Sozialisation und Persönlichkeit. Mit einem solchen persönlichen »Kompetenzportfolio« entwickelt sich daraus ein eigener Stil. Differenziert wird unter anderem nach den Kategorien Fertigkeiten, Fähigkeiten, Wissen, Persönlichkeit und Handlungsmustern (so zum Beispiel Krumm, Mertin & Dries 2012).

Aus den Systemischen Ansätzen heraus ergibt sich das Erfordernis von Systemkompetenz. Dies bedeutet konkret das Beherrschen einer Fülle komplexer Fertigkeiten und Qualitäten. Die von Manteufel und Schiepek entwickelte Liste umfasst gleichermaßen theoriegeleitete Handlungs- und Reflexionskompetenz (1999, 417 ff, zit. n. Schlippe & Schweitzer 2016, 211 f). Sie arbeiten bestimmte Merkmale heraus:

1. Sozialstrukturen und Kontexte berücksichtigen:
   Erwartungen, Aufgaben, Aufträge, Kompetenzen, Rollen, Spielregeln erfassen und sie entweder einhalten oder gezielt thematisieren.

2. Mit Zeit gut umgehen:
die zeitliche Eigendynamik von Systemen, spezielle günstige Momente für Veränderung erspüren, nutzen und fördern, warten können und Zeitdruck vermeiden, aber auch Perspektiven, Orientierungen und Ziele entwickeln.
3. Mit der emotionalen Dimension gut umgehen:
keine Angst vor heftigen Gefühlen der Ratsuchenden haben, zugleich auf Selbstfürsorge achten, vorhandene Energien nutzen und sich nicht verzetteln, Beteiligungen und Zugehörigkeiten fördern, aber auch Widersprüche und Paradoxien aushalten.
4. Eine gute soziale Kontaktfähigkeit entwickeln:
Dazu gehören eine verständliche Sprache, Sensibilität für die Aufnahmebereitschaft des Gegenübers und für fremde Sprachen, Regeln, Umgangsformen und Operationsweisen, schließlich die Fähigkeit, über Disziplingrenzen hinweg zusammenzuarbeiten und dabei das eigene Selbstwertgefühl wie das der anderen zu unterstützen.
5. Systemförderung im Sinne der Entwicklung von Selbstorganisationsbedingungen praktizieren:
Dazu gehört die Bereitschaft zum fehlerfreundlichen Experimentieren, umgekehrt die komplementäre Fähigkeit, gerade in kritischen Veränderungszeiten Sicherheit zu vermitteln, und schließlich heuristische Lösungskompetenzen zur Nutzung vorhandener Ressourcen und Motivationen einzusetzen.
6. Systemtheoretisches Wissen zur Modellierung von Systemprozessen nutzen:
die Komplexität des Geschehens in Systemen so reduzieren, dass daraus zielgerichtetes Handeln möglich wird.

Diese Kompetenzen können in Familien Teams oder Organisationen schon vorhanden sein oder zusätzlich ausgebildet werden (ebd., 212). Dazu kommt ein Verständnis für Prozesse in ihrer Dynamik und Komplexität sowie die Fähigkeit, darin die eigene Autonomie bewahren zu können (Levold & Osthoff 2014, 516).

Stellt man dieser Systemkompetenz Kompetenzen der Heilpädagogin gegenüber, ergeben sich Schnittstellen:

Heilpädagogische Fachkräfte, die nach Systemischen Ansätzen arbeiten, beziehen verschiedene Systeme und Netzwerke in ihren wechselseitigen Verflechtungen in die Lösungsfindung ein.

- Sie betrachten und reflektieren Wechselwirkungsprozesse zwischen Person und Umwelten.
- Sie betrachten und beziehen die Adressatinnen umgebenden Kontexte ein.
- Sie machen Multiperspektivität nutzbar für die interdisziplinäre Zusammenarbeit und die Arbeit im Team.
- Sie können Interaktionsprozesse und Kommunikation gelingend begleitend und entsprechend reflektieren.
- Sie haben entsprechende systemische Gesprächsführungskompetenzen und Haltungen.
- Sie identifizieren und thematisieren in Systemen Regeln und Strukturen.
- Sie praktizieren Selbstreflexion und gehen konstruktiv mit Kritik um.

Die oben beschriebene Systemkompetenz ist für bestimmte heilpädagogische oder psychosoziale Praxisfelder gefragt und attraktiv für potentielle Arbeitgeberinnen, besonders mit dem damit verbundenen methodischen Knowhow und der interdisziplinären Sprachfähigkeit. Durch die Erweiterung der heilpädagogischen Kompetenzen um Systemkompetenzen sind Heilpädagoginnen in der Einstellungspraxis konkurrenzfähiger. Entsprechend ist Weiterentwicklung der Ausbildungs- und Studieninhalte für die Verankerung und Entwicklung entsprechender Kompetenzen bedeutsam. Zielführend wäre es, im Rahmen von Ausbildung und da vor allem im Studium eine solide Basis an Kompetenzen zu schaffen.

7 Fazit und Ausblick

Es ist an der Zeit, in der Heilpädagogik über einen Orientierungsansatz hinaus eine systemische Heilpädagogik zu etablieren. Durch den gut bereiteten Boden an systemischer und heilpädagogischer Theorie mit einer soliden Reflexionsbasis, ihrer Bezugsgröße der heilpädagogisch-systemischen Haltungen und der praktischen Anwendung der verflochtenen Methodenschätze in der Vielfalt heilpädagogischer Handlungsfelder kann dieser Prozess immer konkreter werden. Heute ist die Rezeption systemischer Denkansätze selbstverständlich geworden. Systemische Ansätze erfahren in der Heilpädagogik insgesamt einen hohen Stellenwert. So lassen sich die Systemischen Ansätze und Modelle auf die verschiedenen Handlungsfelder der Heilpädagogik übertragen und einsetzen. Sie sind aus der heilpädagogischen Praxis nicht mehr wegzudenken.

Alle Facetten von heilpädagogischer Professionalität können berührt und inspiriert werden. In der heilpädagogischen Berufspraxis stößt das praktikable und vielseitig einsetzbare Knowhow Systemischer Ansätze schon längere Zeit, nun aber immer nachhaltiger auf Resonanz und zunehmenden Einbezug. Besonders bedeutsam ist in diesem Zusammenhang die Reflektion und Integration der eigenen systemisch-heilpädagogischen Haltungen durch die Heilpädagogin, bevor es an das konkrete Handeln und die Umsetzung der Methodenschätze in den jeweiligen Praxisfeldern geht.

Systemische Ansätze tragen zu gelingenden professionellen Beziehungen zwischen der Heilpädagogin und ihren vielfältigen Auftraggeberinnen mit ihren Besonderheiten, Bedarfen und Bedürfnissen bei. Das soziale Netzwerk der Auftraggeberinnen und das Netzwerken, Ressourcen mobilisieren und Moderieren der Heilpädagogin stehen gleichermaßen im Fokus. Denn die Heilpädagogin bedient und bezieht das Umfeld, also den Kontext der Adressatinnen, ein und nutzt die Synergien und Möglichkeiten der Kontextualisierung, die sich in den sozialen Netzwerken durch alle beteiligten Menschen mit ihren aktivierten Ressourcen erschließen lassen.

Als Beziehungsstifterin, Begleiterin, Beraterin und Netzwerkerin hat die Heilpädagogin die Rolle und Aufgabe, mit allen Beteiligten tragfähige und gelingende Kooperationsbeziehungen einzugehen, Kommunikationsanschlüsse zu ermöglichen und diese konstruktiv nutzbar zu machen. Die Heilpädagogin agiert dabei auf hohem fachlich-professionellen Niveau und mit persönlicher Reflexionsbereitschaft sowohl für ihr eigenes als auch fremdes Handeln. Unter anderem wird sie geleitet von ihren heilpädagogisch-systemischen Haltungen und ihrer Systemkompetenz. Dabei reicht eine ›Instant-Version‹ an Techniken und Methoden nicht aus, sondern es bedarf einer tiefergehenden mehrjährigen persönlichen und fachlichen Entwicklung und einem entsprechenden Kompetenzerwerb und Kompetenzzuwachs unter Einbezug und in Wechselbeziehung von Theorie, Haltung, methodischem Knowhow und der Praxis.

Derzeit leidet die Umsetzung des ›geballten‹ heilpädagogisch-systemischen Knowhows an den Begrenzungen im professionellen heilpädagogischen Setting. Heilpädagogisch-systemischem Arbeiten wird leider kaum Zeit eingeräumt und ist außerdem mit einem engen finanziellen Rahmen versehen. Der Heilpädagogin gelingt daher in ihrer Berufspraxis häufig nur eine fragmentarische, reduzierte Vorgehensweise, indem sie Zuständigkeiten aufzeigt und klärt und sich weitestgehend der Adressatin widmet. Deshalb werden Synergien zu selten hergestellt und genutzt, Potenziale zu wenig erschlossen und entfaltet, die eigentlich die Arbeitsweisen verfeinern, klären, verkürzen oder erleichtern und andere Horizonte und Perspektiven für alle Beteiligten eröffnen könnten.

In der systemisch-heilpädagogischen Begleitung, Assistenz oder Beratung werden die Auftraggeberinnen als solche in einer Radikalität in ihrer Verantwortlichkeit ernst genommen und in ihrer Selbstorganisation aktiviert und begleitet, wie es in anderen Ansätzen kaum möglich ist. Passgenaue, kreative und lebensnahe Lösungen können mit Hilfe systemisch-heilpädagogischen Arbeitens von den Auftraggeberinnen selbst gefunden werden. Auf diese Weise können sie in ihren Prozessen und Themen bestärkt werden und letztendlich ihr Leben in ihrem sozialen Umfeld gelingender und bereichernder werden.

An dieser Stelle erscheint es der Autorin angebracht, nun mit einer systemischen, einer hypothetischen Frage einen Schlusspunkt zu setzen, um trotz der thematischen Fülle ein Ende zu finden: »Mal angenommen wir betrachten die Situation der Heilpädagogik in zehn Jahren, wie wäre die Etablierung der systemischen Heilpädagogik weiter vorangeschritten?«

Begrüßenswert wäre es, wenn sich für die Verankerung einer systemischen Heilpädagogik weitere Organisationsformen und Räume in allen Handlungsfeldern etablieren lassen und günstigere sowie begünstigende Bedingungen geschaffen werden, damit Heilpädagoginnen selbstverständlich nach Systemischen Ansätzen arbeiten können und die multikontextuelle Arbeitsweise konsequenter und qualitativ verbessert umzusetzen können. Es lassen sich dazu sicherlich in Zukunft auch anwendungsorientierte Forschungsvorhaben entwickeln und durchführen.

Im Feld der verschiedenen psychosozialen Berufsgruppen wird eine Heilpädagogin in ihrer heilpädagogischen Fachlichkeit und gleichermaßen in ihrer Systemkompetenz geschätzt. Mit diesem heilpädagogisch-systemischen Kompetenzportfolio ist eine Heilpädagogin als Teamkollegin, als Mitarbeiterin erwünscht und für Arbeitgeberinnen in hohem Maße attraktiv.

Diese zeitgemäße heilpädagogische Fachlichkeit sollte auch auf der Meso- und Makroebene getragen und ausgestattet werden durch einen nutzbringenden strukturellen Rahmen und adäquate finanziellen Ressourcen. Nur dann wird der Mehrwert dieser Arbeitsweise klar erkannt werden und müsste nicht als ein ›Add-On‹ ohne entsprechende Bezahlung quasi ›mit erledigt‹ werden.

Es bleibt dabei, die Entwicklungen der nächsten Jahre und die Diskussionen in der heilpädagogischen Fachwelt, im Berufsstand und in der Praxis abzuwarten. Dieses Buch will dazu einen Beitrag leisten. Es soll besonders für angehende und praktizierende Heilpädagoginnen Lernort, Wissensspeicher, Ideengeber, Inspirationsquelle und vor allem Mutmacher sein, Systemische Ansätze noch mehr in ihrer Praxis zu erproben, entsprechende Haltungen zu etablieren und diese wiederum in heilpädagogisches Handeln einfließen zu lassen.

Wünschenswert wäre es, wenn dieses Buch in und für die Heilpädagogik weitergehende Diskussionen eröffnen kann. Der damit verbundene Zugewinn für die heilpädagogische Fachlichkeit und Berufspraxis kann den Austausch in der Fachwelt und darüber hinaus in interdisziplinären Räumen und weiteren psychosozialen Handlungsfeldern befördern.

Literatur

Aderhold, V. & Borst, U. (2016): »Stimmen hören lernen« Qualifizierung für systemisches Arbeiten bei der psychiatrischen Grundversorgung. Familiendynamik 41, 34–43.
Aichinger, A. (2013): Einzel- und Familientherapie mit Kindern. Wiesbaden: VS-Verlag.
Amering, M. & Schmolke, M. (2012): Recovery. Das Ende der Unheilbarkeit. 5. Auflage. Bonn: Psychiatrie Verlag.
Anderson, T. (1990): Das reflektierende Team. Dortmund: Modernes Leben.
Anderson, T. (1996): Das Reflektierende Team. In T. Anderson (Hrsg.), Das Reflektierende Team. Dialoge und Dialoge über Dialoge. 4. Auflage. Dortmund: Modernes Leben.
Anderson, T. & Goolishian, H. (1992): Der Klient ist Experte: Ein therapeutischer Ansatz des Nicht-Wissens. Zeitschrift für systemische Therapie 10 (3), 176–189.
Asen, E. (2017a): Das Mentalisierungsmodell und seine praktische Umsetzung in der Multifamilientherapie, In E. Asen & M. Scholz (Hrsg.), Handbuch der Multifamilientherapie (40–57). Heidelberg: Carl Auer.
Asen, E. (2017b): Entwicklung der Multifamilientherapie. In E. Asen & M. Scholz (Hrsg.), Handbuch der Multifamilientherapie (19–24). Heidelberg: Carl Auer.
Asen, E. & Fonagy, P. (2017): Mentalisierungsinspirierte Arbeit mit gewalttätigen Familien. In E. Asen & M. Scholz (Hrsg.), Handbuch der Multifamilientherapie (244–260). Heidelberg: Carl Auer.
Asen, E. & Scholz, M. (Hrsg.) (2017): Handbuch der Multifamilientherapie. Heidelberg: Carl-Auer.
Bamberger, G. (2015): Lösungsorientierte Beratung. Praxishandbuch. Weinheim, Basel: Beltz.
Bannink, F. (2015): Lösungsfokussierte Fragen. Handbuch für lösungsfokussierte Gesprächsführung. Göttingen: Hogrefe.
Bateson, G. (1985): Ökologie des Geistes: Anthropologische, psychologische, biologische und epistemologische Perspektiven. Frankfurt am Main: Suhrkamp.
Bauer, J. (2006): Warum ich fühle, was du fühlst. Intuitive Kommunikation und das Geheimnis der Spiegelneurone. Hamburg: Hoffmann und Campe.
Baumann, S. & Epple H. (2013): Zugänge und Anwendungen systemischer Diagnostik. In S. B. Gahleitner, K. Wahlen, O. Bilke-Hentsch & D. Hillenbrand (Hrsg.), Biopsychosoziale Diagnostik in der Kinder- und Jugendhilfe. Interprofessionelle und interdisziplinäre Perspektiven (210–220). Stuttgart: Kohlhammer.
Beushausen, J. (2012): Genogramm- und Netzwerkanalyse. Die Visualisierung familiärer und sozialer Strukturen. Göttingen: Vandenhoeck & Ruprecht.
BHP e. V. (Hrsg.) (2006): Den Wandel gestalten – Heilpädagogik in Aktion. Bericht der 40. Bundesfachtagung des Berufsverbandes der Heilpädagogen vom 17. bis 19.11.2006 Urania Berlin e. V. in Berlin. Berlin: BHP-Verlag.
Bleckwedel, J. (2009): Systemische Therapie in Aktion. Kreative Methoden in der Arbeit mit Familien und Paaren. Göttingen: Vandenhoeck & Ruprecht.
Borst, U. & Studer, K. (2007): Navigieren, Driften und Wellen schlagen. Unternehmensentwicklung in einer psychiatrischen Klinik. Organisationsentwicklung 1, 53–60.
Boszormenyi-Nagy, I. & Spark, G. (1995): Unsichtbare Bindungen. Die Dynamik familiärer Systeme. Stuttgart: Klett-Cotta.
Breitenbach, E. (2011): Klientenzentrierte Beratung. Handlungsstrategien für die Schule. Stuttgart: Kohlhammer.

Brisch, K-H. (2013): Bindungsstörungen. Von der Bindungstheorie zur Therapie. Stuttgart: Klett-Cotta.
Brisch, K.-H. (2016): Säuglings- und Kleinkindalter. Bindungspsychotherapie – Bindungsbasierte Beratung und Therapie. Stuttgart: Klett Cotta.
Brisch, K.-H. & Hellbrügge, T. (2007): Der Säugling – Bindung, Neurobiologie und Gene. Grundlagen für Prävention, Beratung und Therapie. Stuttgart: Klett Cotta.
Bronfenbrenner, U. (1981): Die Ökologie der menschlichen Entwicklung. Natürliche und geplante Experimente. Stuttgart: Klett Cotta.
Bronfenbrenner, U. (2005): Making Human Beings Human. Bioecological Perspectives on Human Development. California: Sage.
Buchner, T. (2011): Erleben von Psychotherapie aus Sicht von Menschen mit sogenannter geistiger Behinderung. PID – Psychotherapie im Dialog 9 (2), 178–182.
Buchner, T. (2013): Was wirkt und wie? Faktoren für ein erfolgreiches Gelingen von Psychotherapie für Personen mit intellektueller Behinderung. In K. Hennicke (Hrsg.), Praxis der Psychotherapie bei erwachsenen Menschen mit geistiger Behinderung. Marburg: Lebenshilfe-Verlag.
Buchka, M. (2013): Grundlegendes zur Biografiearbeit. In H. Greving & S. Schäper (Hrsg.), Heilpädagogische Konzepte und Methoden (186 ff). Stuttgart: Kohlhammer.
Bundschuh, K. (2010): Allgemeine Heilpädagogik. Eine Einführung. Stuttgart: Kohlhammer.
Büschges-Abel, W. (2000): Systemische Beratung in Familien mit behinderten oder chronisch erkrankten Angehörigen. Ein lösungsorientierter Ansatz Heilpädagogik und klinische Sozialarbeit. Neuwied: Luchterhand.
Caby, A. & Caby, F. (2013): Die kleine psychotherapeutische Schatzkiste. Teil 2: Weitere systemisch-lösungsorientierte Interventionen für die Arbeit mit Kindern, Jugendlichen und Erwachsenen oder Familien. Dortmund: Borgmann.
Caby, A. & Caby, F. (2016): Systeme visualisieren: Das Familienbrett und andere kreative Darstellungen. In T. Levold & M. Wirsching (Hrsg.), Systemische Therapie und Beratung. Das große Lehrbuch. Heidelberg: Carl Auer.
Cecchin, G. (1988): Zum gegenwärtigen Stand von Hypothetisieren, Zirkularität und Neutralität – eine Einladung zur Neugier. Familiendynamik 13 (3), 190–203.
Cierpka, M. (Hrsg.) (2008): Handbuch der Familiendiagnostik. Berlin: Springer.
Ciompi, L. (1997): Die emotionalen Grundlagen des Denkens. Fraktale Affektlogik und Kommunikation. System Familie 10, 128–134.
Conen, M.-L. (2015): Zurück in die Hoffnung. Systemisches Arbeiten mit »Multiproblemfamilien«. Heidelberg: Carl Auer.
Dallos, R. & Vetere, A. (2009): Systemic Therapy and Attachment Narrative. Applications in a Range of Clinical Settings. New York, London: Brunner-Routledge.
Damasio, A. (2003): Der Spinoza-Effekt. Wie Gefühle unser Leben bestimmen. München: List.
Deissler, K. G. (2014): Sozialer Konstruktionismus – Wandel durch dialogische Zusammenarbeit. In T. Levold & M. Wirsching (Hrsg.), Systemische Therapie und Beratung. Das große Lehrbuch (67–70). Heidelberg: Carl Auer.
Dieckmann, F. (2018): Den Blick auf Eltern und Geschwister neu justieren. Teilhabe 57 (3), 102–103.
Dinkel-Sieber, S., Hildenbrand, B., Waeber, R., Wäschle, R. & Welter-Enderlin, R. (1998): Aktive Rahmungsprozesse in der therapeutischen Praxis. In R. Welter-Enderlin & B. Hildenbrand (Hrsg.), Gefühle und Systeme (228–274). Heidelberg: Carl Auer.
Doose, S. (2011): »I want my dream!« Persönliche Zukunftsplanung. Neue Perspektiven und Methoden einer individuellen Hilfeplanung mit Menschen mit Behinderungen. Kassel, http://bidok.uibk.ac.at/library/doose-zukunftsplanung.html; abgerufen 26.4.2018.
Fingerle, M. (2010): Risiko und Resilienz. In: A. Kaiser, D. Schmetz, P. Wachtel & B. Werner (Hrsg.), Bildung und Erziehung (= Behinderung, Bildung, Partizipation. Enzyklopädisches Handbuch der Behindertenpädagogik. Bd. 3). Stuttgart: Kohlhammer.
Fischer, H.-R., Retzer, A. & Clement, U. (2006): Wozu brauchen wir Hypothesen in der Systemischen Therapie? Familiendynamik 31 (3), 200–206.

Foerster, H. von (1981): On Cybernetics, of Cybernetics and Social Theory. In: G. Roth & H. Schwegler (Hrsg.), Self Organizing Systems. Frankfurt am Main: Campus Verlag.
Foerster, H. von (1988): Abbau und Aufbau. In: F. B. Simon (Hrsg.), Lebende Systeme (19–33). Berlin: Springer.
Foerster, H. von (1999): Sicht und Einsicht. Heidelberg: Carl Auer.
Frederickson, B. L. (2003): Glücksforschung. Die Macht der guten Gefühle. Geist & Gehirn 6, 38–42.
Früchtel, F. & Budde, W. (2014): Familienrat/Family Group Conference. In T. Levold & M. Wirsching (Hrsg.), Systemische Therapie und Beratung. Das große Lehrbuch (291–294). Heidelberg: Carl Auer.
Fuertes, Al B. (2012): Transformative Impact of Storytelling on the IDPs in the Philippines. Conflict Resolution Quarterly 29 (3).
Furmann, B. & Kujasalo, K. (2017): Ich schaff's! Spielerisch und praktisch Lösungen mit Kindern finden. Das 15-Schritte-Programm für Eltern, Erzieher und Therapeuten. Heidelberg: Carl Auer.
Gahleitner, S. B., Wahlen, K., Bilke-Hentsch, O. & Hillenbrand, D. (2013): Biopsychosoziale Diagnostik in der Kinder- und Jugendhilfe. Interprofessionelle und interdisziplinäre Perspektiven (210–220). Stuttgart: Kohlhammer.
Gammer, C. (2009): Die Stimme des Kindes in der Familientherapie. Heidelberg: Carl Auer.
Geiling, W. (2002): Möglichkeiten und Grenzen lösungsorientierter Beratung und Therapie. Eine kritische Methodenreflexion. neue praxis. Zeitschrift für Sozialarbeit, Sozialpädagogik und Sozialpolitik 32, 77–94.
Gelin, Z., Cook-Darzens, S. & Hendrick, S. (2017): Evidenzbasis. In E. Asen & M. Scholz (Hrsg.), Handbuch der Multifamilientherapie (354–375). Heidelberg: Carl Auer.
Geißler, K. (2014): Die Kunst des Loslassens. Über das Gehen, das Beenden und das Abdanken. Supervision 1, 6 ff.
Gergen, K. J. (2002): Konstruierte Wirklichkeiten. Eine Hinführung zum sozialen Konstruktivismus. Stuttgart: Kohlhammer.
Gergen, K. J. (2005): Therapie als soziale Konstruktion. Systhema 3, 256–266.
Glasenapp, J. (2011): Hilfe – mein Therapeut versteht nur Nichtbehinderte! Über den mühsamen Weg in und durch die Verhaltenstherapie. In K. Hennicke (Hrsg.), Praxis der Psychotherapie bei erwachsenen Menschen mit geistiger Behinderung. Marburg: Lebenshilfe-Verlag.
Görlitz, Gudrun (2009): Psychotherapie für Kinder und Jugendliche. Erlebnisorientierte Übungen und Materialien. Stuttgart: Klett Cotta.
Grabbe, M. (1998): Zum Umgang mit Tabus und Geheimnissen in der systemischen Therapie und Familienrekonstruktion. Systhema 1, 35–42.
Granovetter, M. (1983): The Strength of Weak Ties: A Network Theory Revisited. Sociological Theory 1, 201–233.
Grawe, K. (1994): Psychotherapie ohne Grenzen. Von den Therapieschulen zur Allgemeinen Psychotherapie. Verhaltenstherapie und psychosoziale Praxis 26, 357–370.
Grawe, K. (1998): Psychologische Therapie. Göttingen: Hogrefe.
Grawe, K. & Grawe-Gerber, M. (1999): Ressourcenaktivierung – ein primäres Wirkprinzip der Psychotherapie. Psychotherapeut 44, 63–73.
Greving, H. (2011): Heilpädagogische Professionalität. Eine Orientierung. Stuttgart: Kohlhammer.
Greving, H. & Ondracek, P. (2013): Beratung in der Heilpädagogik. Grundlagen – Methodik – Praxis. Stuttgart: Kohlhammer.
Griese, B. & Griesehop, H. (2007): Biografische Fallarbeit. Theorie, Methode und Praxisrelevanz. Wiesbaden: VS Verlag.
Gröschke, D. (2008): Heilpädagogisches Handeln. Eine Pragmatik der Heilpädagogik. Bad Heilbrunn: Klinkhardt.
Gudjons, H., Wagener-Gudjons, B. & Pieper, M. (2008): Auf meinen Spuren. Übungen zur Biografiearbeit. Bad Heilbrunn: Klinkhardt.
Haeberlin, U. (2005): Grundlagen der Heilpädagogik. Einführung in eine wertgeleitete erziehungswissenschaftliche Disziplin. Bern: UTB.

Häußler, M. (2000): Skepsis als heilpädagogische Haltung. Reflektionen zur Berufsethik der Heilpädagogik. Bad Heilbrunn: Klinkhardt.

Häußner, R. (2016): Elternberatung im heilpädagogisch-inklusiven Kontext unter Berücksichtigung der kindlichen Entwicklung im Rahmen von Frühförderung und Eingliederungshilfe – mit Beratungsleitfaden. Berlin: BHP-Verlag.

Hagmann, T. & Simmen, R. (Hrsg.) (1994): Systemisches Denken und die Heilpädagogik. Luzern: SZH.

Haley, J. (2002): Ordeal-Therapie. Salzhausen: Iskopress.

Hawellek, C. (2012): Entwicklungsperspektiven öffnen. Grundlagen beobachtungsgeleiteter Beratung nach der Marte-Meo-Methode. Göttingen. Vandenhoweck & Ruprecht.

Heimlich, U. (2004): Heilpädagogische Kompetenz – Eine Antwort auf die Entgrenzung der Heilpädagogik. VHN 73, 256–259.

Hennecke, C. (2011): Professionelle Präsenz in Coaching und Beratung sowie mögliche Auswirkungen situativer Kräfte. Systhema 25, 237–249.

Hennicke, K. (2011): Praxis der Psychotherapie bei erwachsenen Menschen mit geistiger Behinderung. Marburg: Lebenshilfe-Verlag.

Hellmann, M. (2006): Innovative Konzepte und Methoden in der Heilpädagogik – eine kritisch-reflexive Auseinandersetzung mit der Methodenvielfalt in Heilpädagogischen Handlungsfeldern. In BHP e. V. (Hrsg.), Den Wandel gestalten – Heilpädagogik in Aktion. Bericht der 40. Bundesfachtagung des Berufsverbandes der Heilpädagogen vom 17. bis 19.11.2006 Urania Berlin e. V. in Berlin (70–83). Berlin: BHP-Verlag.

Hermes, V. (2017): Beratung und Therapie bei Erwachsenen mit geistiger Behinderung: Das Praxishandbuch mit systemisch-ressourcenorientiertem Hintergrund. Göttingen: Hogrefe.

Herriger, N. (2014): Empowerment in der Sozialen Arbeit. Eine Einführung. Stuttgart: Kohlhammer.

Herwig-Lempp, J. (2004): Die VIP-Karte – ein einfaches Instrument für die Systemische Sozialarbeit. Kontext 35 (4), 353–364.

Hildenbrand, B. (2011): Einführung in die Genogrammarbeit. Heidelberg: Carl Auer.

Hofer, R. (2007): Heilpädagogische Haltung. Schweizerische Zeitschrift für Heilpädagogik 2, 25–32.

Hofstede, G. & Hofstede, G. J. (2011): Lokales Denken, globales Handeln. Interkulturell Zusammenarbeit und globales Management. 5. Auflage. München: Deutscher Taschenbuch Verlag.

Hölzle, C. & Jansen, I. (Hrsg.) (2011): Ressourcenorientierte Biografiearbeit. Grundlagen – Zielgruppen – Kreative Methoden. Wiesbaden.

Huber, G. (1990): Beratung als Lehren und Lernen. In E. J. Brunner & W. Schönig (Hrsg.), Theorie und Praxis von Beratung. Pädagogische und psychologische Konzepte (41–61). Freiburg im Breisgau: Lambertus.

Hubschmid, T. (1983): Der Wohnungsgrundriß – ein Instrument in der Familientherapie. Familiendynamik 8 (3), 221–234.

Hunger, C., Bornhäuser, A., Weinhold, J. & Schweitzer, J. (2014): Erleben in sozialen Systemen. Kurzvorstellung eines neuen Fragebogens und Darstellung seiner Ergebnisse in der Heidelberger RCT-Studie zur Wirksamkeit von Systemaufstellungen. Familiendynamik 39 (4), 316–325.

Imber-Black, E., Roberts, J. & Whiting, R. A. (2001): Rituale. Heidelberg: Carl Auer.

InGeno (2017): Abschlussbericht des InGeno-Forschungsprojektes, https://dgsf.org/ueber-uns/foerderpreise/projektbericht-in-geno/view, abgerufen 20.2.2018.

Isebaert, L. (2005): Kurzzeittherapie – Ein praktisches Handbuch. Stuttgart: Thieme.

Jegodtka, R. & Luitjens, P. (2016): Systemische Traumapädagogik. Traumasensible Begleitung und Beratung in psychosozialen Arbeitsfeldern. Göttingen: Vandenhoeck & Ruprecht.

Jong, P. de & Berg, I. K. (2014): Lösungen (er-)finden. Das Werkstattbuch der lösungsorientierten Kurztherapie. Dortmund: Modernes Leben.

Kaimer, P. (1999): Lösungsfokussierte Therapie. Psychotherapie Forum 7 (1), https://psychotherapie-wissenschaft.info/index.php/psywis/article/view/560/920, abgerufen 20.2.2018.

Kiessl, H. (2015): Heilpädagogisches Know-How in der Begleitung von Kindern und Jugendlichen mit besonderen Herausforderungen im Kontext der Hilfen zur Erziehung nach dem SGB VIII. In BHP e. V. (Hrsg.), Inklusion und Heilpädagogik. Freiburg im Breisgau: Lambertus.

Kiessl, H. & Herwig-Stenzel, E. (2017): Systemische Beratung im Kontext von Community Mental Health und Digitalisierung. In Hagemann, T. (Hrsg.), Digitalisierung im Sozial- und Gesundheitswesen (321–344). Baden-Baden: Nomos.

Kilian, H. (1989): Einige Anmerkungen zur Frühförderung und -therapie aus systemischer Sicht. Praxis der Kinderpsychologie und Kinderpsychiatrie 38 (8), 277–282.

Kindl-Beilfuß, C. (2012): Einladung ins Wunderland. Systemische Feedback- und Interventionstechniken. Heidelberg: Carl Auer.

Klein, R. & Kann, A. (2007): Einführung in die Praxis der systemischen Therapie und Beratung. Heidelberg: Carl Auer.

Klein, U. (2010): Das Spiel mit der Komplexität. Zu den systemischen Grundlagen szenischer Arbeitsformen. Familiendynamik 3, 196–209.

Klein, U. & Bleckwedel, J. (2010): Systemisches Denken in lebendiges Handeln verwandeln. Ulf Klein im Gespräch mit Jan Bleckwedel. Familiendynamik 3, 262–266.

Kleve, H. (2014): Case Management. In T. Levold & M. Wirsching (Hrsg.), Systemische Therapie und Beratung. Das große Lehrbuch (287–291). Heidelberg: Carl Auer.

Kleve, H. (2017): Die Wechselseitigkeit von Geben und Nehmen. Netzwerke als soziale Systeme. Systhema 31, 110–121.

Kobi, E. (2004): Grundfragen der Heilpädagogik. Eine Einführung in heilpädagogisches Denken, Berlin.

Kobi, E. (2010): Heilpädagogische Haltung aufbauen und bewahren. Heilpaedagogik.de. Fachzeitschrift des Berufs- und Fachverbandes Heilpädagogik e. V. 15 (4), 7–10.

Köhn, W. (2013): Beziehung – Grundlage und Ziel der Heilpädagogischen Erziehungshilfe und Entwicklungsförderung (HpE). In H. Greving & S. Schäper (Hrsg.): Heilpädagogische Konzepte und Methoden (73 ff). Stuttgart: Kohlhammer.

König, M. & Wolf, B. (2018): Steuerung in der Behindertenhilfe. Das Bundesteilhabegesetz und seine Folgen. Freiburg im Breisgau: Lambertus.

Kriz, J. (2009): Systemische Familientherapie. In T. Slunecko (Hrsg.), Psychotherapie. Eine Einführung. UTB: München.

Kriz, J. & Tschacher, W. (2013): Systemtheorie als Strukturwissenschaft: Vermittlerin zwischen Praxis und Forschung. Familiendynamik 28 (1), 12–21.

Kronbichler, R. (2014): Narrative Therapie. In T. Levold & M. Wirsching (Hrsg.), Systemische Therapie und Beratung. Das große Lehrbuch (71–74). Heidelberg: Carl Auer.

Krumm, S., Mertin, I. & Dries, C. (2012): Kompetenzmodelle. Göttingen: Hogrefe.

Küfner, H., Coenen, M. & Indlekofer, W. (2006): PREDI Psychosoziale ressourcenorientierte Diagnostik. Ein problem- und lösungsorientierter Ansatz. Version 3.0. Lengerich: Pabst.

Kühl, S. (2015): Die fast unvermeidliche Trivialisierung der Systemtheorie in der Praxis: von der Gefahr des systemischen Ansatzes sich in Beliebigkeit zu verlieren. Gruppendynamik & Organisationsberatung. Zeitschrift für die Entwicklung von Gruppen, Personen und Organisationen 46 (3), 327–339.

Kulig, W. & Theunissen, G. (2016): Empowerment. In I. Hedderich, G. Biewer, J. Hollenweger & R. Markowetz. (Hrsg.), Handbuch Inklusion und Sonderpädagogik (113–117). Bad Heilbrunn: Klinkhardt.

Lattschar, B. & Wiemann, I. (2013): Mädchen entdecken ihre Geschichte. Grundlagen und Praxis der Biografiearbeit. 4. Auflage. Weinheim: Beltz Juventa.

Levold, T. (1997): Affekt und System. Plädoyer für eine Perspektivenerweiterung. System Familie 10 (3), 120–127.

Levold, T. (2014a): Kommunikation und Beobachtung: Die Kybernetik 2. Ordnung. In T. Levold & M. Wirsching (Hrsg.), Systemische Therapie und Beratung. Das große Lehrbuch (53–58). Heidelberg: Carl Auer.

Levold, T. (2014b): Radikaler Konstruktivismus. In T. Levold & M. Wirsching (Hrsg.), Systemische Therapie und Beratung. Das große Lehrbuch (58–60) Heidelberg: Carl Auer.

Literatur

Levold, T. (2014c): Die Systemtheorie Niklas Luhmanns. In T. Levold & M. Wirsching (Hrsg.), Systemische Therapie und Beratung. Das große Lehrbuch (64–67). Heidelberg: Carl Auer.

Levold, T. (2014d): Methoden. In T. Levold & M. Wirsching (Hrsg.), Systemische Therapie und Beratung. Das große Lehrbuch (220–223). Heidelberg: Carl Auer.

Levold, T. & Osthoff, K. (2014): Aus- und Weiterbildung. In T. Levold & M. Wirsching (Hrsg.), Systemische Therapie und Beratung. Das große Lehrbuch (510–520). Heidelberg: Carl Auer.

Levold, T. & Wirsching, M. (2014): Systemische Therapie und Beratung. Das große Lehrbuch. Heidelberg: Carl Auer.

Levold, T. & Wirsching, M. (2016): Systemische Therapie und Beratung. Das große Lehrbuch. 2. Auflage. Heidelberg: Carl Auer.

Lieb, H. (2009): So hab ich das noch nie gesehen. Systemische Therapie für Verhaltenstherapeuten. Heidelberg: Carl Auer.

Lindemann, H. & Vossler, N. (1999): Die Behinderung liegt im Auge des Betrachters. Konstruktivistisches Denken für die pädagogische Praxis. Neuwied: Luchterhand.

Loth, W. (1998): Auf den Spuren hilfreicher Veränderungen. Das Entwickeln Klinischer Kontrakte. Dortmund: Modernes Leben.

Loth, W. & Schlippe, A. (2004): Die therapeutische Beziehung aus systemischer Sicht. In: Psychotherapie im Dialog 5 (4), 341–347.

Ludewig, K. (1992): Systemische Therapie: Grundlagen klinischer Theorie und Praxis. Stuttgart: Klett-Cotta.

Ludewig, K. (2014): Theorie autopoietischer Systeme – Humberto Maturana. In T. Levold & M. Wirsching (Hrsg.), Systemische Therapie und Beratung. Das große Lehrbuch. Carl Auer: Heidelberg.

Ludewig, K., Pflieger, K., Wielken, U. & Jacobskötter, G. (1983): Entwicklung eines Verfahrens zur Darstellung von Familienbeziehungen: das Familienbrett. Familiendynamik 8 (3), 235–251.

Madanes, C. (2002): Hinter dem Einwegspiegel. Fortschritte in der Strategischen Therapie. Iskopress: Salzhausen.

Maturana, H. & Varela, F. (1987): Der Baum der Erkenntnis, Bern.

McGoldrick, M., Gerson, R. & Petry, S. (2008): Genogramme in der Familienberatung. 3. Auflage. Bern: Huber.

McGoldrick, M. & Gil, E. (2008): Genogramme im Familienspiel. In M. McGoldrick u. a. (Hrsg.), Genogramme in der Familienberatung, 255 ff. Bern: Huber.

Menth, M. (2018): Heilpädagogische Haltung. Eine Annäherung aus philosophischer Perspektive. Heilpaedagogik.de. Fachzeitschrift des Berufs- und Fachverbandes Heilpädagogik e. V. 1, 16–21.

Michalak, U. (2013): Anliegenentwicklung und emotionale Rahmung – Zwei Seiten einer Medaille. Systhema 27 (1), 35–48.

Miethe, I. (2014): Biografiearbeit. Lehr- und Handbuch für Studium und Praxis. 2. Auflage. Weinheim, Basel: Beltz Juventa.

Minuchin, S. (2015): Familie und Familientherapie. Theorie und Praxis struktureller Familientherapie. Freiburg im Breisgau: Lambertus.

Molter, H. (2016): Von der Familientherapie zur systemischen Praxis. Systhema 30, 20–27.

Moreno, J. L. (1974): Die Grundlagen der Soziometrie. Opladen: Westdeutscher Verlag.

Moser, V. (2003): Konstruktion und Kritik. Sonderpädagogik als Disziplin. Opladen: Leske & Budrich.

Moser, V. & Sasse, A. (2008): Theorien der Behindertenpädagogik. Basel, München: Reinhardt Verlag.

Mutzeck, W. (2007): Beratung. In H. Bundschuh, U. Heimlich & R. Krawitz (Hrsg.), Wörterbuch Heilpädagogik. 3. Auflage (38–45). Bad Heilbrunn: Klinkhardt.

Nashef, A. & Mohr, L. (2017): Kinder und Jugendliche mit einer Autismusspektrumstörung. In E. Asen & M. Scholz (Hrsg.), Handbuch der Multifamilientherapie (105–112). Heidelberg: Carl Auer.

Neumann, K. (2015): Systemische Interventionen in der Familientherapie. Berlin: Springer.

Nowak, C. (2017): Systemisch, was denn sonst! Zur inflationären Verwendung des Begriffs in der Beratung. Organisationsberatung, Supervision, Coaching 24, 477–487.
Oaklander, V. (2016): Verborgene Schätze heben. Wege in die innere Welt von Kindern und Jugendlichen. Stuttgart: Klett-Cotta.
Opp, G. & Peterander, F. (1997): Die Gesellschaft im Umbruch: Die Heilpädagogik vor neuen Herausforderungen. VHN 66 (2), 135–139.
Palmowski, W. (2010): »Normal bin ich nicht behindert!«. Wirklichkeitskonstruktionen bei Menschen, die behindert werden – Unterschiede, die Welten machen. 3. Auflage. Dortmund: Borgemann.
Papousek, M., Schieche, M. & Wurmser, H. (Hrsg.) (2004): Regulationsstörungen in der frühen Kindheit. Frühe Risiken und Hilfen im Entwicklungskontext der Eltern-Kind-Beziehungen. Bern: Huber.
Pielmaier, H. & Simon, T. (2013): Systemische Implikationen. In T. Simon & G. Weiss (Hrsg.), Heilpädagogische Spieltherapie (95 ff). Stuttgart: Klett-Cotta.
Radice von Wogau, J., Eimmermacher, H. & Lanfranchi, A. (Hrsg.) (2004): Therapie und Beratung von Migranten. Systemisch-interkulturell denken und handeln. Weinheim: Beltz.
Retzer, A. (2002): Passagen. Stuttgart: Klett-Cotta.
Retzlaff, R. (2012): Familien-Stärken. Behinderung, Resilienz und systemische Therapie. Stuttgart: Klett Cotta.
Ritscher, W. (2011): Systemische Diagnose: Eine Skizze. Kontext 1, 4–28.
Ritscher, W. (2016): Kinderschutz und Jugendhilfe heute. Was ist möglich, was ist nötig, was ist hilfreich? Familiendynamik 41 (3), 198–206.
Roth, G. (2015): Bildung braucht Persönlichkeit. Wie Lernen gelingt. Stuttgart: Klett-Cotta.
Rufer, M. & Schiepek, G. (2014): Therapie als Förderung von Selbstorganisationsprozessen. Ein Beitrag zu einem integrativen Leitbild systemischer Psychotherapie. Familiendynamik 39 (4), 326–335.
Ryan, T. & Walker, R. (2007): Wo gehöre ich hin? Biografiearbeit mit Kinder und Jugendlichen. 4. Auflage. Weinheim: Juventa.
Sander, Alfred (2003): Kind-Umfeld-Analyse als Förderdiagnostik. Vorlage des Impulsreferates zum Workshop am 25.11.2003. In Schulamt für den Kreis Aachen (Hrsg.), Inklusive Pädagogik – vor Ort – verwirklichen. Im Gedenken an Jakob Muth – zehnjähriger Todestag. Bd. 5: Dokumentation. (1–9). Aachen: Selbstverlag des Herausgebers.
Satir, V. & Baldwin, M. (2004): Familientherapie in Aktion. Die Konzepte von Virginia Satir in Theorie und Praxis. Paderborn: Junfermann.
Sarimski, K., Hintermair, M. & Lang, M. (2013): Familienorientierte Frühförderung von Kindern mit Behinderung. München: Reinhardt Verlag.
Schepers, G. & KÖNIG, C. (2000): Video Home Training. Eine neue Methode in der Familienhilfe. Weinheim, Basel: Beltz Juventa.
Schiepek, G., Eckert, H. & Kravanja, B. (2013): Grundlagen systemischer Therapie und Beratung. Psychotherapie als Förderung von Selbstorganisationsprozessen. Hogrefe: Göttingen.
Schindler, H. (2014): Die Arbeit mit der Zeitlinie (Timeline). In T. Levold, M. Wirsching (Hrsg.), Systemische Therapie und Beratung. Das große Lehrbuch (246–249). Heidelberg: Carl Auer.
Schlippe, A. von (2003): Grundlagen systemischer Beratung In: B. Zander & M. Knorr (Hrsg.), Systemische Arbeit in der Erziehungsberatung (30–54). Göttingen: Vandenhoeck & Ruprecht.
Schlippe, A. von (2014): Das Auftragskarussell. In T. Levold & M. Wirsching (Hrsg.), Systemische Therapie und Beratung. Das große Lehrbuch (223–227). Heidelberg: Carl Auer.
Schlippe, A. von & Schweitzer, J. (2010): Systemische Interventionen. Vandenhoeck & Ruprecht: Göttingen.
Schlippe, A. von & Schweitzer, J. (2012): Lehrbuch der systemischen Therapie und Beratung. Bd. 1: Das Grundlagenwissen. Göttingen: Vandenhoeck & Ruprecht.
Schlippe, A. von & Schweitzer, J. (2016): Lehrbuch der systemischen Therapie und Beratung I. Das Grundlagenwissen. Göttingen: Vandenhoeck & Ruprecht.

Schmitt, A. (2014): Die Mängel des systemischen Theoriegebäudes aus praktischer Sicht. Familiendynamik 39, 144–155.
Scholz, M. (2017): MFT-Forschung in Deutschland. In E. Asen & M. Scholz (Hrsg.), Handbuch der Multifamilientherapie (376–386). Heidelberg: Carl Auer.
Schulze, H. (2014): Handeln, Erzählen, Verstehen. Bedingungen schaffen für das Sprechen und anerkennende Hören von Kindern, die Gewalt erlebt haben. Systhema 28, 8–31.
Schulte, D. & Rudolf, G. (2008): Gutachten zur wissenschaftlichen Anerkennung der Systemischen Therapie, hrsg. v. Wissenschaftlicher Beirat Psychotherapie, http://www.wbpsychotherapie.de/page.asp?his=0.113.134.135, abgerufen 20.2.2018.
Schumann, M. (2017): Eine gute Bindung – ein Schutzfaktor. Plädoyer für bindungsbewusstes professionelles Handeln. Heilpaedagogik.de. Fachzeitschrift des Berufs- und Fachverbandes Heilpädagogik e. V. 4, 17–22.
Schweitzer, J. & Nicolai, E. (2010): SYMPAthische Psychiatrie. Handbuch systemisch-familienorientierter Arbeit. Göttingen: Vandenhoeck & Ruprecht.
Schwing, R. & Fryszer, A. (2012): Systemisches Handwerk. Werkzeug für die Praxis. Göttingen: Vandenhoeck & Ruprecht.
Seikkula, J. & Alakare, B. (2015): Bedürfnisorientierter Ansatz und Offener Dialog. Von der Mobilisation familiärer Entwicklungsprozesse in der Therapie psychotischer Störungen. Psychotherapie im Dialog 3, 28–33.
Seikkula, J. & Arnkil, T. E. (2007): Dialoge im Netzwerk. Neumünster: Paranus Verlag der Brücke Neumünster.
Selvini Palazzoli, M., Boscolo, L., Cecchin, G. & Prata, G. (1981): Hypothetisieren, Zirkularität, Neutralität: Drei Richtlinien für die Leiter der Sitzung. Familiendynamik 6 (2), 123–139.
Shazer, S. de (2006): Der Dreh. Überraschende Wendungen und Lösungen in der Kurzzeittherapie. Heidelberg: Carl Auer.
Shazer, S. de & Dolan Y. (2016): Mehr als ein Wunder. Lösungsfokussierte Kurztherapie heute.
Simon, F. B. (1988): Unterschiede, die Unterschiede machen. Berlin: Springer.
Simon, F. B. (2015): Einführung in Systemtheorie und Konstruktivismus. Heidelberg: Carl Auer.
Simon, F. B. & Weber, G. (2004): Vom Navigieren beim Driften. Post aus der Werkstatt der systemischen Therapie. Heidelberg: Carl Auer.
Sodogé, A. & Eckert, A. (2007): Kooperation mit den Eltern – ein Hindernislauf? Zehn mögliche Kooperationshindernisse und die Suche nach Lösungsansätzen – Spielregeln und ihre Hintergründe verstehen und verändern. VHN 76, 195–211.
Sparrer, I. (2002): Wunder, Lösung und System. Lösungsfokussierte systemische Strukturaufstellungen für Therapie und Organisationsberatung. Heidelberg: Carl Auer.
Speck, O. (2008): System Heilpädagogik. Eine ökologisch reflexive Grundlegung. 6. Auflage. München, Basel: Reinhardt Verlag.
Stahl, S. (2012): So und So. Beratung für Erwachsene mit sogenannter geistiger Behinderung. Marburg: Lebenshilfe-Verlag.
Steinebach, C. (1997): Familienberatung in der Frühförderung: Bedingungen und Wirkungen aus Sicht der Mütter. Praxis der Kinderpsychologie und Kinderpsychiatrie 46, 15–35.
Steiner, T. & Berg, I.-K. (2008): Handbuch Lösungsorientiertes Arbeiten mit Kindern. Heidelberg: Carl Auer.
Stierlin, H. (1982): Delegation und Familie. Frankfurt am Main: Suhrkamp.
Stierlin, H. (1997): Prinzipien der systemischen Therapie. In F. B. Simon (Hrsg.), Lebende Systeme. Frankfurt am Main: Suhrkamp.
Storch, M. (2006): Wie Embodiment in der Psychologie erforscht wurde. In M. Storch, B. Cantieni, G. Hüther & W. Tschacher (Hrsg.): Embodiment. Die Wechselwirkung von Körper und Psyche verstehen und nutzen (35–72). Bern: Huber.
Sydow von, K., Beher, S., Retzlaff, R. & Schweitzer, J. (2006): Die Wirksamkeit der systemischen Therapie/Familientherapie. Hogrefe: Stuttgart.
Theunissen, G. (2014): Empowerment und Inklusion behinderter Menschen. Freiburg im Breisgau: Lambertus.

Tschacher, W. & Storch, M. (2015): Embodiment und Kommunikation. Der Körper im Fokus von Beratung und Therapie. Familiendynamik 40, 118–127.

Uschold-Meier, E. (2011): Der Sprachlosigkeit Stimme und Raum geben. Begleitung von Eltern eines autistischen und traumatisierten Mannes und dessen Pflegeteam im Rahmen eines Coachings zur Stärkung der elterlichen und professionellen Präsenz. Systhema 25, 256–270.

VIFF-NRW – Vereinigung für interdisziplinäre Frühförderung NRW (Hrsg.) (2016): Die Bedeutung und die Aufgaben der Elternberatung innerhalb der Interdisziplinären Frühförderung als Komplexleistung, https://www.viff-fruehfoerderung.de/assets/LV-Nordrhein-Westfalen/2016-06-27-NRW-Elternberatung-IFF-VIFF-NRW.pdf, abgerufen 10.5.2018.

Vogt-Hillmann, M. & Burr, W. (Hrsg.) (2009): Lösungen im Jugendstil – Systemisch-lösungsorientierte kreative Kinder- und Jugendlichentherapie. Dortmund: Modernes Leben.

Wagner, F. (2012): Theorie und Praxis der Beratung in sonderpädagogischen Handlungsfeldern: Aktuelle Tendenzen und Herausforderungen. Zeitschrift für Heilpädagogik 7, 287–293.

Wagner, R. (2004): Integrative Beratungsansätze. In F. Nestmann, F. Engel & U. Sickendiek (Hrsg.), Das Handbuch der Beratung. Bd. 2: Ansätze, Methoden und Felder (663–674). Tübingen: dgvt.

Watzlawick, P., Beavin, J. H. & Jackson D. D. (1967): Pragmatics of Human Communications: A Study of Interctional Patterns, Pathologies, and Paradoxes. New York: Norton.

Weakland, J. H., Fisch, R., Watzlawick, P. & Bodin, A. M. (o. J.): Brief Therapy: Focused Problem Resolution. Family Process 13, 141–168.

Weakland, J. H. & Herr, J. J. (1992): Beratung älterer Menschen und ihrer Familien. Bern: Huber.

Weinberger, S. (2015): Kinder spielend helfen. Eine Einführung in die Personenzentrierte Spielpsychotherapie. Weinheim: Beltz Juventa.

Weinberger, S. & Lindner, H. (2011): Personzentrierte Beratung. Stuttgart: Kohlhammer.

White, M. & Epston, D. (1990): Die Externalisierung von Problemen. In: M. White & D. Epston, Die Zähmung des Monsters. Literarische Mittel zu therapeutischen Zwecken (55–82). Heidelberg: Carl Auer.

White, M. & Epston, D. (1998): Die Zähmung des Monsters. Der narrative Ansatz in der Familientherapie. Heidelberg: Carl Auer.

Wiener, N. (1952): Mensch und Menschmaschine – Kybernetik und Gesellschaft. Frankfurt am Main: Alfred Metzner.

Winnicott, D. (1989): Vom Spiel zur Kreativität. Stuttgart: Klett-Cotta.

Wirsching, M. & Levold, T. (2014): Systemische Therapie – Perspektive und Ausblick. In T. Levold & M. Wirsching (Hrsg.), Systemische Therapie und Beratung. Das große Lehrbuch (544–549). Heidelberg: Carl Auer.

Wohlfahrt, N. (2016): Inklusion und Exklusion. Anmerkungen zur theoretischen Konstruktion sinnentleerter Abstraktionen und zu ihrer Fruchtbarmachung für die Soziale Arbeit. Soziale Arbeit 12, 462–467.

Abbildungsverzeichnis

Abb. 1:	Frühe Ansätze (1970 +)	10
Abb. 2:	Methodenschätze ausgewählter Systemischer Ansätze (Kybernetik I) (1970 +)	11
Abb. 3:	Methodenschätze ausgewählter Systemischer Ansätze (Kybernetik II) (1980 +)	11
Abb. 4:	Neuere Entwicklungen (1990 +)	12
Abb. 5:	Die Betrachtung von Problemen aus systemischer Perspektive	37
Abb. 6:	Kontextualisierung heilpädagogischen Handelns	43
Abb. 7:	Basis systemischer Gesprächsführung	48
Abb. 8:	Funktionen der Prozessmitsteuerung	63
Abb. 9:	Inhalte der Prozessorientierung	64
Abb. 10:	Lösungsfokussierte Sprache	83
Abb. 11:	Genogrammerstellung	98
Abb. 12:	Das Ökosystemische Modell von Bronfenbrenner bezogen auf Max und seine Umwelt	110
Abb. 13:	Der Schlüssel zur richtigen Intervention – ein Balanceakt	129
Abb. 14:	Kommentare und Empfehlungen	131
Abb. 15:	Das systemische Case Management im Vergleich zum klassischen Case Management	148
Abb. 16:	Systemische Heilpädagogik	149
Abb. 17:	Heilpädagogische Unterstützung im Spannungsfeld	155